コロナ後の
アジア金融資本市場

アジア資本市場研究会編

公益財団法人 日本証券経済研究所

はじめに

　新型コロナウイルス感染症は、世界経済を共通して大きく様変わりさせつつある。（財）日本証券経済研究所では2021年３月、「アジア資本市場研究会」を立ち上げ、大学や民間シンクタンクの専門家により2022年８月までに13回の研究会を持ち、コロナ禍後のアジアの持続的な成長と発展を維持していくための金融資本市場の在り方を検討してきた。本書はその研究成果である。研究過程で見えてきたのは、コロナ禍の中で、従来からの課題である「環境・社会・ガバナンス（ESG）」、「デジタル・トランスフォーメーション（DX）」及び「高齢化」に対応する金融資本市場の必要性が増強されるとともに、コロナ禍、債務危機等の「グローバル・リスク」に「耐性（resilience）」を持つ市場と政策が必要となるということである。以下、各章の概要を示す。

　第１章（澤田論文）では、歴史・現在・未来という時間軸からコロナ前後のアジア経済動向について概観した。まず、第二次世界大戦後におけるアジアの驚異的な発展は、災害や危機を経て市場志向の改革が導入され、民間主体の経済活動を政府が支援・補完することで支えられてきたものである。第二に、アジアにおけるコロナ禍は甚大な経済被害を生み出したものの、３年を経過して着実な復興の兆しが見られる。とはいえ、ウクライナ戦争による一次産品価格上昇や欧米の金融政策正常化による新たな経済・金融リスクが発生している。第三に、未来に向けてポストコロナの持続可能なニューノーマル（新常態）を構築しなければならない。とりわけ、災害に対するレジリエンス（強靭性）を高め、気候変動対策や高齢化への対応といった課題に対して効果的に取り組むことが不可欠である。そのためには、年間1.5兆ドルを超える、経済・社会インフラ投資を実行する必要があり、その投資ギャップを埋めることが必要である。従って、持続的な開発のための資本市場を育成すると同時に、民間・政府・市民社会が密に連携し、ビルド・ベター・SDGs（持続可能な開発目標）

達成に向かっていくことが求められている。

　コロナショックや米国の金融引き締め等の「グローバル・ショック」に対し、アジア諸国（日本、中国、韓国、香港、ASEAN 諸国）では異なる政策反応と為替レートの動向が見られる。**第2章（小川・羅論文）**では、2020年以降のアジア諸国の金融政策と為替レートを考察し、米国の金融政策、グローバル金融リスク、グローバル経済政策リスク、石油価格などのグローバル要因がどのようにアジア諸国の金融政策と為替レートに影響を及ぼすかについての実証研究を行っている。コロナショック後のアジア諸国の金融政策と為替レート制度、金利と為替レート、グローバル・リスク要因と石油価格等の推移を考察した後、外生変数を持つベクトル自己回帰モデル（VARX）を用いて、各グローバル・リスク要因の金融政策・為替レートへの影響を実証した。その結果、ほとんどのアジア諸国が米国の金利引き上げに追随し、自国金利を上げたが、中国は追随せず政策金利を下げて国内経済を刺激することが明らかになった。また、グローバル金融・経済政策リスクの上昇が多くのアジア諸国で自国通貨の減価と短期金利の低下を引き起こし、石油価格上昇時に通貨が減価し、国内物価上昇により国内金利も上昇することが示唆された。

　リーマンショック以降、新興国向け債券投資が急増するとともに、一部の国では現地通貨建て債券投資も拡大したことから、**第3章（大野論文）**では、新興国向け債券投資を行う投資家の通貨選択の決定要因についてパネル分析を行った。外国人投資家が現地通貨建て債券を選択する際には為替リスクや政情の安定している国を選択していることが窺えるが、先進各国が大規模金融緩和を実施した際には利回り追求行動により現地通貨建て債券への投資を拡大させていた可能性がある。新興国は現地通貨建て債券発行により通貨のミスマッチ問題を回避できると考えられていたが、金融政策が反転する際には投資家のポートフォリオ調整により通貨の減価、資本流出による深刻な影響を受ける可能性がある。アジア諸国は潤沢な国内貯蓄と国内債券の市場環境整備により、相対的に現地通貨建て債券の比率が高いが、金融政策の反転時に投資家がどの

ような反応を示すのか留意すべきである。

コロナ禍の中、医療・保健対応・所得補償・債務減免等の経済支援により各国とも財政支出が大幅に増加し、先進国・途上国を問わず財政赤字が拡大し、債務不履行が債務拡大以上のペースで増大している。**第4章（木原論文）**では、近年利用可能となった公的債務不履行・債務再編のデータベースを用いて、債務不履行・再編等の「発生」要因や債務不履行「規模」の決定要因、及び債務不履行・再編等の実質 GDP 成長率への影響を、全世界サンプル及び債務困難国サンプルにより推定し、先行研究の結果等を確認するとともに、「証券市場等の資本市場の発展」が債務困難を回避し、債務不履行・再編に陥った際の経済回復に有効であることを頑健に示した。債務不履行・再編を惹起する「金融危機」等のグローバル・ショック対応に併せ、途上国政府は脆弱な「金融システム」を強化し、債務危機時に銀行等の金融機関が及ぼす負の影響を緩和する意味でも、株式・債券等の証券市場の育成、特に「証券市場規模の拡大・深化」を図る必要があろう。

第5章（清水論文）では、シンガポール・インドネシア・マレーシアを中心に ASEAN 諸国のグリーン・ファイナンスの現状と課題について詳細に分析した。気候変動の緩和、気候変動への適応、世界的な脱炭素の潮流への対応に加え、新型コロナ感染症からのリカバリーの為にも、グリーン・ファイナンスの拡大が求められている。各国ともエネルギー・運輸・鉱工業・ビルディング・農林業部門を中心に脱炭素政策を進めてきているが、ASEAN 地域全体で毎年約2000億ドルのファイナンスが必要である一方、実行額は400億ドル程度に留まる等、グリーン・ファイナンスは大幅に不足している。政府がリーダーシップを発揮して制度構築等を行うとともに、金融機関・企業の意欲・専門性を、特にトランジション・ファイナンス分野で向上させる必要がある。また、日本を含む先進国や MDBs が、資金・技術支援、能力構築・金融システム整備への協力をこれまで以上に行うことが重要であろう。

第6章（薛論文）では、中国経済の「脱工業化」（製造業の付加価値・雇用

の継続的減少）に見られるマクロ構造変化を詳細に分析している。特に、脱工業化の主要原因と指摘される「海外直接投資」（OFDI）とマクロ経済との相関を用いた協働性分析により、OFDIの視点から脱工業化の現状、経常収支問題を明らかにする。そのために、まず各種OFDIの件数・金額データに基づき「中国OFDI総合指数」を作成し、マクロ経済成長、国民経済とマクロ政策、消費・投資と貯蓄、構造変化、人的資本と科研投入、対外経済と貿易、国際政治と経済といったマクロ経済指標との相関係数を求めた。その結果、総じて脱工業化の理論と整合的な相関が見られる。また、OFDIと脱工業化の関係を、所有制・企業規模・投資パターン・投資ターゲットの視点から分析し、特徴を明らかにした。更に、経常収支とOFDIとの相関は見られないが、これは貿易黒字と投資収益赤字が同時に生起しているためであり、今後脱工業化・人口高齢化が進むにつれ、経常収支が赤字に転落し、OFDIの維持が困難となる可能性がある。

　第7章（馬論文）では、コロナショック後に強化措置が採られた中国の社会保障政策が個人のリスク金融資産の保有に与える影響について、中国の人口高齢化、公的年金・医療保険の改革等を概観した上で、中国健康と退職パネル調査（CHARLS）のデータを用いた実証分析を行った。その結果、公的年金・医療保険制度の加入はいずれもリスク金融資産（株式・債券）の保有確率及び保有割合を高める効果を持つが、個人間の異質性がリスク資産保有に大きな影響を与えることが示された。また、社会保障のリスク資産保有増大効果は株式の方が債券より大きく、公的年金の効果は中年齢層・農村戸籍住民で大きい一方で、公的医療保険の効果は高齢層・都市戸籍住民で大きい。個人間の異質性を減らし金融市場の安定的発展を促すためにも、戸籍制度による社会保障制度の格差是正と低学歴者・高齢者・農村戸籍住民等に対する金融知識の普及が必要となろう。

　第8章（北野論文）では、タイの資本市場に焦点を当て、コロナ禍の中での発展を概説するとともに、特に、サステナビリティとデジタル分野における取

り組みを詳細に検討した。コロナ禍においてもタイの債券市場は政府債・社債ともに規模を拡大させている。株式市場では、上場企業数・時価総額ともに増加傾向にあり、個人投資家の取引拡大により流動性（売買回転率）がASEAN主要国の中で最も高い水準にある。このような中で、SDGs、パリ協定、コロナ禍による社会的課題対応のため、政府・金融規制当局の施策を通じて「サステナブルファイナンス」が強化され、ESG債（特にサステナビリティボンド）の発行が増加し、株式市場でもコーポレート・ガバナンスの改善やESG情報開示の強化等が行われている。デジタル分野においては、ブロックチェーン技術を活用し、政府貯蓄債券の販売プロセスの効率化、デジタル資産に関する制度・規制整備、中央銀行デジタル通貨（CBDC）の導入準備等が進められている。今後、資本市場のさらなる発展に向けて、機関投資家の育成や若年層を中心に金融リテラシーの向上等が求められよう。

　格差拡大、気候変動、新型コロナ等のグローバル・イシューの影響が大きくなるにつれ、資本主義の在り方も従来の株主資本主義から、企業は全てのステークホルダー（利害関係者）のために利益を追求すべきという「ステークホルダー資本主義」の考え方が重視されるようになった。**第9章（神尾論文）**では、ステークホルダーの視点を重視するコーポレート・ガバナンス（CG）の強化、特にサステナビリティ情報（非財務情報、ESG情報）の開示を中心とした施策の進展について、国連の責任投資原則（PRI）提唱等、その背景となった世界的動向や、アジア（特にシンガポール、マレーシア、日本）の規制当局の施策を詳細に分析している。いずれの国のおいてもCGコードの中に気候変動・人的資本・多様性等の非財務情報の開示やステークホルダーへの対応が共通に見られるが、遵守と説明責任の範囲、裁量の度合い等に違いもあり、今後、ステークホルダーにとって適切な情報開示の程度を模索することとなろう。

　本書が今後のアジア金融資本市場の更なる発展のための、ひとつの指針となれば幸甚である。

末筆になるが、当研究会に毎回ご出席いただき卓見を頂いた、増井喜一郎理事長、高木隆常務理事、牧島靖彦研究参与に改めて感謝申し上げたい。

2023年3月

アジア資本市場研究会座長

木　原　隆　司

執筆分担

はじめに　木原　隆司　NIRA 総合研究開発機構評議員

第1章　　澤田　康幸　東京大学大学院経済学研究科教授

第2章　　小川　英治　東京経済大学経済学部教授

　　　　　羅　　鵬飛　摂南大学経済学部講師

第3章　　大野　早苗　武蔵大学副学長・経済学部教授

第4章　　木原　隆司　NIRA 総合研究開発機構評議員

第5章　　清水　聡　　株式会社 日本総合研究所調査部主任研究員

第6章　　薛　　軍　　中国南開大学経済学院教授

第7章　　馬　欣欣　　法政大学経済学部教授

第8章　　北野　陽平　野村資本市場研究所主任研究員（シンガポール駐在）

第9章　　神尾　篤史　大和総研政策調査部主任研究員

目　次

第 **1** 章

コロナ後のアジア経済動向

はじめに

　新型コロナウイルス感染症（COVID-19）パンデミックでは世界中で
6,600万人以上が亡くなり[1]、現代史上最悪の激甚災害となった。今回のパン
デミックは、感染症蔓延による健康被害だけでなく、国境封鎖やロックダウ
ンに伴う深刻な社会経済上の悪影響を伴い、特に小売業やサービス業での膨
大なビジネスと雇用が失われた。アジア地域の経済のみならず世界経済は疲
弊し、とりわけ多くの途上国ではそれまでの経済発展や貧困削減の成果が大
きく削がれてしまった。翻れば、コロナ禍直前の世界経済は米中貿易紛争や
世界的な脱グローバリーゼーションのさなかにもあっが、それが加速し、ロ
シアのウクライナ侵攻と相まって、世界のエネルギー価格や農作物価格は急
上昇した。また、テロ事件が先進国・途上国を問わずに深刻な悪影響をもた
らし続けている。

　新型コロナウイルス感染症の世界的大流行が３年もの間続く中、国際社会
は、貧困や格差拡大を抑制し、社会的包摂を保ちつつ、気候変動など地球規
模問題に対して有効な「インクルーシブで持続可能なポストコロナ社会」と
いうニューノーマル（新常態）の実現に向けて軸足を動かしつつある。近代
人類史上最悪レベルの世界的健康危機という大災害から、持続可能な開発目
標（Sustainable Development Goals: SDGs）が謳うように「誰ひとり取り
残さない」ための社会的包摂と環境の持続可能性を達成することが求められ
ている。コロナ禍から着実に回復し、将来の災害に対するレジリエンス（強
靭性）も高めてゆくという「よりよい復興（Build Better）」のためには、
コロナ禍において加速したデジタル化や技術革新を最大限有効活用したデジ
タルトランスフォーメーション（DX）、あるいは社会的包摂と持続可能性を
達成する復興、特にそうした復興を支える資金の調達が核となるであろう。
本章では、こうした大きな社会経済の変動下にあるアジア経済にフォーカス
をあて、三つの議論を展開したい。第一に、現状から少し距離を置き、第二

---

[1]　WHO Coronavirus（COVID-19）Dashboard ＜https://covid19.who.int/＞。2022年12
　　月18日にアクセス。

次大戦後から現在に至るまでの過去70年以上にわたるアジア経済の成功を整理することである。それを踏まえた上で第二の議論として、現在の新型コロナウイルス感染症の影響、さらにはウクライナ戦争のリスクをアジア経済から整理する。最後に、急速に進化したDXや高齢化の傾向を含め、アジア経済におけるポストコロナのニューノーマルについて、特に資金面における課題を議論する。本章では、いわば、歴史・現在・未来という三部構成で世界とアジア経済について議論する。

■ 第1節 ■
コロナ前夜：アジアにおける経済発展[2]

　最初に、第二次世界大戦後におけるアジア経済の成功について振り返ることにする。多様な経済指標のいずれにおいても、アジア経済の目覚ましい発展の成果がわかるが、特に重要なことは、世界経済に占めるアジア経済の重要性が着実に高まったということである。アジア開発銀行（2021）によると、1960年においてアジアの途上国が世界経済に占めるシェアはわずか4％であったが[3]2018年にはそのシェアは24％にまで上昇した。これに日本・オーストラリア・ニュージーランドといったアジア太平洋地域の先進国を加えると、1960年時点におけるアジア経済のシェアは13％であったのが2018年では世界経済の3分の1を占めるところまで来ており、それがさらに拡大する傾向を見せている。発展の結果、域内の様々な社会経済指標も劇的に改善した。アジアの途上国の貧困人口比率は1980年に7割程度あったのが、今や7％以下と急減している。さらに、出生時の平均余命は、1960年の45.0歳から2018年には71.8歳にまで延び、同じ期間において教育年数は平均3.5年から8.9年にまで伸びた。継続した所得の成長を通じ、一人一日10ドルから100ドルの生活水準などで定義される中間層の人口も世界最大に達しており、アジアは「世界の工場」と呼ばれる存在から、同時に「世界のマーケット」へと

2　本節はアジア開発銀行（2021）に基づいている。
3　アジア開発銀行（ADB）では、アジア太平洋地域における46の国と地域を「アジアの開発途上国」と定義している。

変貌を遂げた。

図表 1 − 1　1960年および2018年の世界の GDP に占めるアジア経済の割合

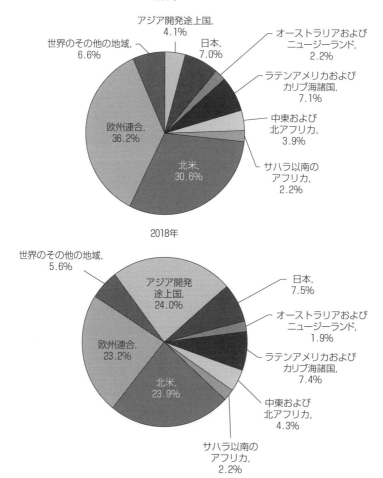

1960年

アジア開発途上国, 4.1%

世界のその他の地域, 6.6%

日本, 7.0%

オーストラリアおよびニュージーランド, 2.2%

ラテンアメリカおよびカリブ海諸国, 7.1%

中東および北アフリカ, 3.9%

サハラ以南のアフリカ, 2.2%

北米, 30.6%

欧州連合, 36.2%

2018年

世界のその他の地域, 5.6%

アジア開発途上国, 24.0%

日本, 7.5%

オーストラリアおよびニュージーランド, 1.9%

ラテンアメリカおよびカリブ海諸国, 7.4%

中東および北アフリカ, 4.3%

サハラ以南のアフリカ, 2.2%

北米, 23.9%

欧州連合, 23.2%

GDP＝国内総生産。

注：1960年に関して，「中東および北アフリカ」と「ニュージーランド」のデータはそれぞれ1968年と1970年を指している。各割合は，2010年米ドルベースのGDPを使用して算定。

（出所）アジア開発銀行（2021）

Ⅰ　アジアの発展を支えた五つの要因

　1993年に出版された世界銀行の政策研究報告書『東アジアの奇跡』でも議論されているように、アジア経済の成功の主要因については多様な解析が行われてきた。アジア開発銀行（2021）では、5つの決定要素を挙げている。

　1点目には、将来を見据えた政府のサポートにより、民間企業の活力や、広く市場の資源配分機能を最大限活用したことが最大の要因である。とはいえ歴史的に見てみると、アジア諸国はすべからく当初から将来を見据えた政府のサポートによって市場メカニズムを活用していたわけではない。むしろ、第二次世界大戦直後のアジア諸国における開発政策は、市場というよりも政府主導の工業化政策、特に内向きの輸入代替工業化政策が軸になっていた。その後、各国が順に市場メカニズム、市場志向の改革を行い、成長が強まってきたという傾向がみられる。特に強調すべき点は、経済危機や政治的混乱などの何らかの危機が起こった際に、それをきっかけとして改革・開放化への大きな動きが起こり、経済成長などにつながる構造変化が起こったという点である。例として、中国では文化大革命によって経済社会が大きく疲弊した後、鄧小平が登場して改革・開放に向かったことがあげられる。インドは、湾岸戦争時に国際収支危機に瀕したが、それをきっかけに対外的な自由化・市場化政策を進めた。さらに、1997〜98年のアジア通貨危機をきっかけに、東アジア・東南アジアの国々は市場志向の経済改革を行い、より急速に成長することができた。日本については、第二次世界大戦が過去100年における最大の「災害」だったといえるが（Barro and Ursúa, 2012）、そこからの民主化と一連の構造改革が、日本経済の復興と高度成長・発展を支えたことは疑いようがないだろう。

　第2には、農業主体の経済から、製造業・サービス業へと産業構造が順調に高度化していったことである。香港やシンガポールのように農業部門を基本的に持っていない国・地域もあるが、今日の先進国と同様、アジアの国々は農業から非農業へと経済と雇用の重心を転換させるのに成功した。アジア地域の特徴としては、構造変化のスピードが先進国のケースよりも速かったこと、そして農業部門・製造業部門・サービス業部門それぞれの部門内での

生産性が継続して伸び、国全体の生産性の継続した上昇へとつながっていったことがあげられる。

　3点目は、生産能力への投資、つまり物的資本やインフラストラクチャーへの投資が継続して行われたことや、教育・健康など人的資本の構築に対して人々や政府による旺盛な資金の投資が行われたことである。アジアにおいては、主に銀行部門（間接金融）が発達することを通じ、高水準の国内貯蓄を経済発展に動員することができ、生産的な投資が促進されたとともに、資本市場の深化が図られてきた。さらに、基礎としての義務教育、技術職業教育訓練（TVET）、高等教育、予防接種などにターゲットを絞った保健介入、そして日本に代表されるように国民皆保険等の推進を通じた、教育と保健分野への投資が経済成長の礎となった。

　第4に、旺盛な物的資本投資や人的資本投資が、同時に技術進歩の基礎となった点である。当初のアジア諸国は、技術（ライセンス）を海外から輸入したり、留学や海外への技術者の派遣、あるいはリバースエンジニアリングなどによって先進技術を模倣したりする形式で技術進歩を遂げ、経済成長を達成した。このようにして、アジアの発展の初期においては、技術導入や模倣が生産性向上の礎になったのであるが、その後徐々に模倣から、自ら技術革新・イノベーションを起こす方向に向かっていった。一例として、アメリカ合衆国における海外からの特許承認数を国・地域別で見ると、1965～69年はドイツ、イギリス、フランス、日本、カナダがトップ5で、アジアから唯一日本が入っていたが、2015年においては日本が1位で、韓国、ドイツ、台湾、中国とトップ5のうちアジアの国が4つ入っている。インドもトップ10に顔を出しており、中進国のアジアがまさに世界全体の技術革新を担うようになったという大きな変化が見て取れる。今やアジア、特に東アジアは、世界の技術革新を牽引するところまで来ているのである。

　そして5点目に、アジアの開発途上国は、開放的な投資環境・貿易環境を維持し、開発パートナーとして日本を含む先進国やADB・世界銀行等の国際開発金融機関と有効な関係を築いてきたことが重要である。日本がアジアにおける生産・貿易のトップランナーとして、より高度な製品や財を生産し、韓国や台湾、香港、シンガポールが日本の後を追い、その後を東南アジ

ア・南アジアの国々が追うという、いわゆる「雁行形態型」の経済発展の理論がこれまでのアジア経済を特徴づけてきた。事実、製品複雑性指標とアジア全体の輸出に占めるシェアによって貿易パターンを見てみると、2013〜17年のデータでは、最も複雑なハイテク製品を日本が最も多く輸出し、その後を韓国、台湾、中国が追うという、まさに雁行形態パターンが確認できる（アジア開発銀行，2021）。他方、より高度な財を日本が作り、それに遅れて他の国がキャッチアップしていく構図から、技術としては同水準の中間財を各国が製造し、それを持ち寄って中国でスマートフォンを組み立てるような、いわゆるサプライチェーンネットワーク、あるいは GVC（グローバルバリューチェーン）と呼ばれる貿易形態が近年は増加している。確かに、アジア各国における中間財の貿易割合は年々大きくなっており、まさに「産業間貿易」を主体とする雁行形態的貿易構造から、GVC に基づく「産業内貿易」へと軸足が動いている。そうした構造変化もまた持続的なアジア経済の成長の礎になっていると考えられる。

　こうしたアジアの発展を支えたのが、外国の資金である。国内の貯蓄も重要な役割を果たしてきたが、海外の資金は、国内貯蓄を補完する、重要な役割を果たしてきた。インフラの整備や人的資本・教育への投資、技術の輸入、さらには生産活動を高度化して輸出を持続するためなど、実にさまざまな分野においてアジア地域は二国間あるいは多国間の経済協力、開発協力、資金協力を受けてきた。初期の資金流入をデータで見ると、公的開発協力資金がかなり重要な役割を果たしたことがわかる。その後、特に1985年のプラザ合意による円の増価を契機に日本企業がアジアやその他地域に進出していったこともあり、1990年代以降、アジア諸国では海外直接投資の受け入れが増加し続けている。近年は、海外からの銀行融資や債券や株式に対する投資も活発に行われている。いずれにしても二国間・多国間の公的資金協力、そして民間の資金がアジアの発展にとって重要だったことがわかる。

アジアにおけるコロナ禍と
ウクライナ戦争

　こうした中長期におけるアジア経済の成長を踏まえつつ、つぎにコロナ禍とウクライナ戦争が生み出した影響について議論する。既に概観したように、アジア太平洋地域は飛躍的な経済発展を遂げ、世界経済の一角を占める存在になったものの、アジアにおいては、個人も企業もコミュニティも世界の他地域に比べてより多くの多様な自然災害や人災に絶えずさらされ続けてきた。

Ⅰ　アジアにおけるコロナ禍

　新型コロナウイルス感染症は中国湖北省武漢市で見つかった原因不明の一連の肺炎症例を皮切りに、瞬く間に国際的に懸念される公衆衛生上の緊急事態（PHEIC）へと発展し、2020年3月11日、WHO（世界保健機関）は「新型コロナウイルス感染症がパンデミックに至った」との認識を示したのである。コロナ禍はアジアが震源地であり、パンデミックへの広がりにおいても、2021年のデルタ株蔓延など、アジアが最も悪影響を受けた地域の一つであった（図表1－2）。

　世界全体の感染者数を見ると、2022年初頭から世界全体あるいはアジアでも、感染力の強いオミクロン株がパンデミックに大きな拍車をかけたことがわかる（図表1－2）。オミクロン株は2021年後半に出現したが、それを受けて開発途上アジア地域においても感染者が急増した。2022年末現在、感染者数はアジアを含む世界全体で感染者が微増する傾向にあり、パンデミック収束はまだ途上にあるといえる。ワクチン接種率をアジアの開発途上国全体とユーロ圏、アメリカで比べると、2回接種の人口比率では、開発途上アジア全体でアメリカよりも高い水準を達成しているものの、3回接種の比率に

図表1－2　世界とアジア開発途上国の新型コロナウイルス累計感染者数
(7日の移動平均、単位＝千人)

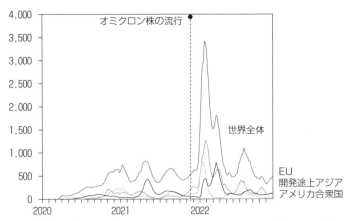

（出所）ADB（2022b），OurWorldInData.org のオンライン公表データを7日間の
　　　　移動平均で示したもの。https://ourworldindata.org/coronavirus を2022
　　　　年12月2日に検索。

　ついては、ユーロ圏のみならずアメリカ合衆国に対しても、アジアの接種率
には立ち遅れが見られる（ADB, 2022a）。
　一般に、オミクロン株の健康への影響はそれほど深刻ではないと考えられ
ており、対応ワクチンの接種も進んでいる。開発途上アジア地域において
は、ワクチン接種を通じた免疫力の向上と相まって、「ゼロコロナ政策」を
採用してきた中国を除けば、2022年を通じてより開放的な方向へ政策の舵を
切ってきた。このことは、多様な高頻度データを複合することで構築された
各国のコロナ対策の厳格度指数の推移からも見て取れる（図表1－3）。中
国についても、2023年初頭から急速に活動制限の緩和へと向かっている。
　とはいえ、図表1－3によれば、2020年3月～4月にかけてのパンデミッ
ク勃発初期における経済封鎖は極めて厳格であり、経済活動への厳しい制限
によって生み出された、パンデミックによる経済への悪影響は深刻であっ
た。ADB が作成した、2020、2021年の新型コロナウイルス感染症による経
済的悪影響に関する分析によると、地域全体としての国内需要の大きな低下
に加え、観光業に依存する太平洋島嶼国やモルディブ・タイなどでは、観光

図表1−3 アジアにおける政府のコロナ対策厳格度指数

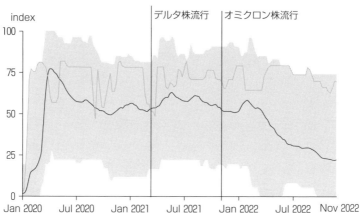

（出所）ADB（2022b），OurWorldInData.org のオンライン公表データ https://ourworldindata.org/coronavirus を2022年12月9日に検索。

図表1−4 アジア開発途上国における新型コロナウイルス感染症の影響（GDP 比）

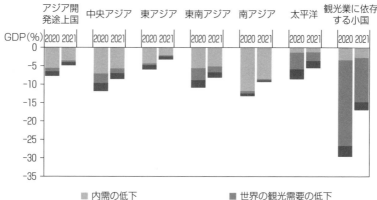

（出所）アジア開発銀行（2021）. Abiad, Abdul, Reizle Platitas, Jesson Pagaduan, Christian Regle Jabagat, and Editha Laviña. 2020. The Impact of COVID-19 on Developing Asia: The Pandemic Extends into 2021. ADB Brief No. 159. Manila: Asian Development Bank.

（注）観光業に依存する小国とはモルジブ、クック諸島、パラオ、バヌアツ、フィジーなどである。

需要の激減が大きな問題となった。図表１－４はアジアにおける５つのサブ地域と観光業に依存した小国グループにおける新型コロナウイルスの影響を、３つの構成要素、すなわち内需の低下、世界の観光需要の低下、観光業を除く世界の波及効果で示したものである。外出制限策によって個人消費が大きく落ち込むことを反映して内需が激減し、輸送業や観光業が特に大きな打撃を受け、外需も大きく低下したことが分かる。国内外の需要の冷え込みは、生産や貿易のネットワークを介して他の経済セクターや他国にも波及した。地域別に見てみると、最も影響が大きかったのは、南アジア地域と観光業に依存する小国であり、それぞれ内需と観光セクターの急激な落ち込みが、コロナによる経済的悪影響の主原因となった。2020年から2021年にかけて、これら悪影響の深刻度は全体として軽減されつつも、定性的には同様の損失パターンが続いていたと考えられる。

　こうした経済被害に対処するために、人々の移動と経済活動を制限する感染拡大防止策を導入しつつも、各国政府は同時に大規模な財政金融政策を打ち出してきた。ADBの新型コロナウイルス感染症政策データベース（COVID-19 Policy Database）によると、コロナ対応の初期において、先進国を含むADB加盟国が公表した政策パッケージは、群を抜く米国の８兆1,000億ドルを筆頭に総額27兆1,000億ドルにも上った。2021年初頭の時点においてアジア開発途上国が公表した支援策は、総額３兆6,000億ドル、この地域のGDPの15.2％にも相当していた（図表１－５）。こうした支援策の半分以上は、コロナ禍における各世帯や企業の影響を軽減するための医療や現金給付・食糧配給などの生活サポート、ビジネスに対する直接的支援が占めており、各国政府が、国全体の社会経済活動を維持するためのさまざまな支援を行っていたことが分かる。

　アジア開発銀行のアジア経済見通し（Asian Development Outlook, ADO）データベースによると、アジア開発途上国のGDP成長率は、2019年には5.1％を達成していたものの、2020年には－0.8％という過去半世紀で初めてのマイナス成長となり、2021年には急速な回復を見せて7.0％成長を達成し、その後安定化して、最新の見通しでは2022年・2023年には4.2％から4.6％へと推移すると予測されている（ADB, 2021, 2022a, 2022b, アジア開発

図表1-5 アジア開発途上国で公表された政策パッケージ、サブリージョン・政策措置別

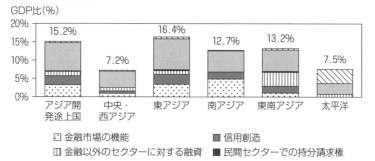

（出所）アジア開発銀行（2021）．ADB COVID-19 Policy Database（2021年1月16日にアクセス）．データベースについては次を参照：Felipe，Jesus，and Scott Fullwiler．2020．ADB COVID-19 Policy Database: A Guide. *Asian Development Review* 37（2）：1-20.

（注）2021年1月11日現在。46の開発途上加盟国中1カ国（ニウエ）はゼロ。

図表1-6 輸出の推移（米ドルの名目値、2019＝100）

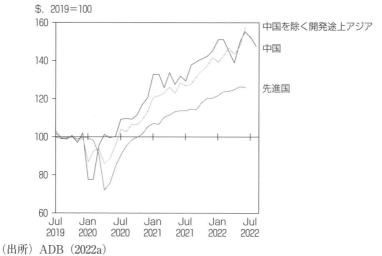

（出所）ADB（2022a）

銀行，2021）。同様に、アジア全体の貿易の推移を名目輸出額で見てみると、コロナの勃発によって2020年前半には輸出が大きく落ち込んだものの、中国のいち早いリバウンドを皮切りに、その後は2022年の半ばにかけてアジア開発途上地域全体として着実に回復してきている（図表1－6）。コロナによって最も大きな悪影響を受けた観光業についても、2020年3月のWHOのパンデミック宣言以降、ほぼ100％休止されていた海外からの観光客の受け入れが徐々に緩和されつつあり、特にモルディブなどにおいてはパンデミック前の水準にほぼ戻っている（ADB, 2022a）。

　2022年後半における現状の世界経済とアジア経済の動向に焦点を絞ってみてみると、第3四半期には経済全体が堅調に推移したものの、米国やユーロ圏における政策金利の引き上げ、中国におけるコロナ対策が重しとなり、成長率がやや減速してゆく見通しとなっている。特に中国の経済活動は、コロナの再流行、2023年初頭から緩和されつつあるもののゼロコロナ政策の実施、および不動産市場の継続的な低迷によって妨げられていると考えられる。中国における第3四半期の成長率は、オミクロン波が弱まったことで前年同期比3.9％まで上昇したものの、第4四半期においては勢いを失いつつある。例えば、11月の中国における購買担当者景気指数（PMI）は49.4と、建設業を除くすべての業種で悪化し、改善と悪化を分ける基準値である50を下回った。

　中国におけるコロナ対策について、最近の状況を人流データ等から作成した移動制限指標で見てみると、中国は上海におけるロックダウンの再発動などにより、移動制限が全体として高止まりしてきた（図表1－3）。他方、既にみたように、中国以外のアジア諸国においては、オミクロン株が依然流行しているにもかかわらず、社会経済活動制限を順次緩める方向にある（図表1－3）。こうした傾向は、小売業やリクリエーション地区における月別の人流データからも見て取れる（図表1－7）。オミクロン株流行の初期である2022年の前半には、多くの国で消費活動にかかわる人流が制限されていたが、2022年半ばから、インドネシア、フィリピン、インド、韓国、タイ、ベトナムなど多くの国で消費者の移動が活発化している。その結果、景気の速報値である国別のPMI（購買担当者景気指数）によれば景気も全体とし

て上向きになっており、特にインドネシア、マレーシア、韓国、シンガポール、タイ、ベトナムなどにおける小売業の売り上げは力強い成長を見せた（図表1－8）。シンガポールでは人流がまだ制限的であるため（図表1－7）、図表1－8でみられるようなシンガポールにおける小売売上の強い回復の背後には、商取引の急速なデジタル化の進展があると考えられる。

図表1－7　小売業やリクリエーション地区における人流の変化（2022年、月別、%）

| | 2022年 | | | | | | | | | |
	1月	2月	3月	4月	5月	6月	7月	8月	9月	10月
インドネシア	7.5	3.8	7.8	8.9	18.6	12.0	14.3	14.7	13.9	11.4
フィリピン	−13.9	0.0	3.0	5.1	12.6	14.1	14.7	20.3	21.2	26.5
インド	−9.2	3.3	7.5	9.4	10.2	8.7	6.1	13.9	13.2	18.4
韓国	1.6	−3.3	−10.5	0.2	9.9	6.8	5.9	5.3	4.5	6.7
タイ	−0.9	7.9	−4.0	−4.2	−1.9	−1.3	−1.6	−2.5	3.2	1.3
ベトナム	−13.0	−13.5	−13.6	−0.9	0.4	1.6	4.0	5.2	6.0	5.7
マレーシア	−7.2	−12.2	−12.1	−9.1	0.2	−0.4	−2.7	−1.2	0.6	0.1
シンガポール	−9.0	−16.1	−16.5	−14.3	−9.5	−8.7	−8.5	−5.4	−4.5	−4.7
香港	−10.8	−30.5	−41.0	−25.7	−15.9	−14.9	−15.3	−13.1	−12.4	−10.3
台湾	−11.8	−14.8	−17.2	−21.4	−33.2	−27.9	−20.3	−17.8	−19.6	−17.9

（注）2020年1月3日－2月6日を基準とした人流の変化を%で示したもの。
（出所）ADB（2022b）

図表1－8　小売業売上の成長率（2022年5月から9月、%）

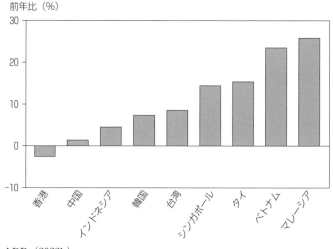

（出所）ADB（2022b）

Ⅱ　ロシアによるウクライナ侵攻の影響

　以上のように、アジア経済は順調に回復が進んでいるように見えるが、ロシアのウクライナ侵攻が、地域全体の大きなリスク要因としてのしかかっている。図表1−9は、欧米の主要新聞のテキストサーチによってADBが作成した「地政学リスク指標」を示したものである（ADB, 2022a）。ロシアが最初にウクライナに侵攻した2022年2月24日において、リスク指標が急上昇し、2001年の米同時多発テロ以来の最高レベルに達していたことが見て取れる。

　ウクライナ危機によって、エネルギー価格や農作物価格が世界的に押し上がり、結果として中央アジアを中心にインフレ率が急上昇した（図表1−10）。図表1−10において、インフレのうちエネルギー価格上昇と食糧・非アルコール飲料価格上昇によって説明される部分が別々に示されているが、2022年の1月から7月にかけてのインフレ率の大部分がこれらエネルギー価格と食糧価格の上昇で説明されうることが分かる。また、図表1−10からは、中央アジア諸国のみならず、債務問題を抱えるスリランカやパキスタン・ラオス、国内政治問題が表面化したミャンマーで物価がより顕著に上昇したことが分かる。

　世界全体においても、エネルギー価格や一次産品価格の上昇にけん引され

図表1−9　地政学リスク指標

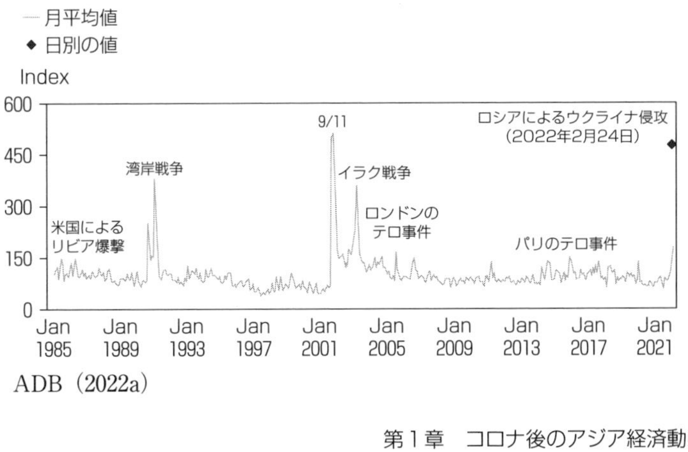

（出所）ADB（2022a）

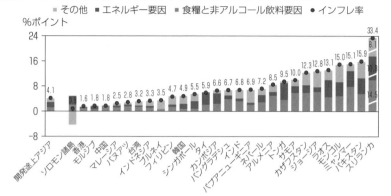

図表１−10　2022年１月〜７月のアジアにおけるインフレ率分解

（出所）ADB（2022a）

図表１−11　世界とアジアのインフレ率推移

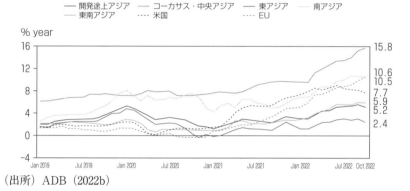

（出所）ADB（2022b）

る形で、2022年のインフレ率はヨーロッパや北米を中心として世界的に上昇してきた。国際比較を通じてみてみると、アジアのインフレは他地域と比べて今のところ比較的軽微にとどまっているものの、域内地域別で見るとウクライナやロシアに近く経済関係も深い中央アジアのインフレ率が高まってきていることが分かる（図表１−11）。アジアの新興国全体としても、世界的なエネルギー価格上昇や商品価格上昇、さらにはコロナからの経済回復に伴い、インフレ率はマイルドであるものの、継続して上昇すると予想されている。

Ⅲ　金融の動向

　次に、金融の動きについて見ていくと、特に2021年後半から全体としては
アジアの金融市場のパフォーマンスが弱まる傾向が出てきている。第一に、
2021年11月にアメリカのFRB（連邦準備制度理事会）が金融スタンスを変
え、政策金利を上げる方向に舵を切ったことで世界的なドル高となり、アジ
アにおいても大部分の国において対米ドル為替レートが減価してきた。それ
に対応する形で、アジアの中央銀行や金融当局は、インフレのコントロール
と為替レートや資本移動の制御・金融安定化のために、2022年に入ってから
政策金利を上昇させてきた（図表1－12）。特に、2022年に入ってからの各
国の政策金利の変化を見ると、経済危機に瀕したスリランカや債務危機を抱
えるパキスタンのみならず、多くの国で政策金利を上方に調整する傾向が見
られる。また、OECDメンバーであり、コロナからの復興も順調とみられ
る韓国についても政策金利を上げている点は注目すべきである。

　こうした傾向を受け、株価を含む金融市場のパフォーマンスは減速してい
る。とりわけFRBの利上げ政策がアナウンスされるたびに、あるいはロシ
アのウクライナ侵攻が激しくなるたびに、アジアの株価が下落する傾向がみ
られる（図表1－13）。また、金融市場で評価される、経済のリスクの程度

図表1－12　2022年1月1日から12月8日にかけての政策金利変化

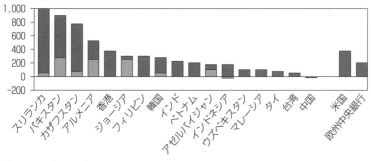

（出所）ADB（2022b）

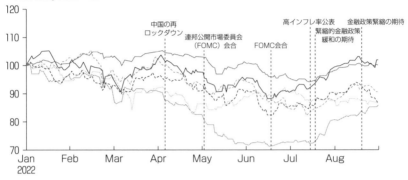

図表1-13 アメリカ合衆国・アジアと非アジア新興市場における株価の動向

―― コーカサス・中央アジア
……… 東アジア
―― 南アジア
―― 東南アジア
‑‑‑‑ 米国
‑‑‑‑ アジア以外の新興工業国家

1 January 2022=100

（出所）ADB（2022a）

を示すリスクプレミアムを見てみると、最近急上昇したのが、経済危機に陥いったスリランカである。また、パキスタンについても大きな債務問題を抱えていることを反映してリスクプレミアムが高くなっている。さらに、ウクライナ危機の影響を受けて、中央アジアでもリスクプレミアムが昨年と比べると急上昇している。

　一方、対外的なポートフォリオ資金（民間の短期資金）が2022年に入ってどのような推移を遂げたのかを見てみると、中国を除き、全体的にアジア開発途上国から短期資金が流出していることが分かる。つまり、FRBの金融政策の「正常化」を反映して、全体として域内から海外へ資金が流出していると考えられるのである（ADB、2022a）。

ポストコロナの
ニューノーマルに向けて

　三番目のトピックとして、ポストコロナでアジアはどのような課題に直面するか、いかなる問題を解決していかなければならないかという「未来」について議論したい。

Ⅰ　ポストコロナにおける政策課題

　ニューノーマルに向けた課題として、ここではまず四つを挙げておきたい。第1に、パンデミックとウクライナ危機という二つの危機とかかる政策課題に適切に対処し、これらの危機をまずは克服することである。さらには、将来また起こるであろう、自然災害・経済危機や政治的不安定化にそなえ、広い意味での災害に対して、レジリエント（強靭）な社会経済を構築しておくことが大きな課題となっている。第2に、コロナ禍でデジタル化が加速している状況にあるが、その動きを止めずに、むしろそれを土台にして技術革新による成長をさらに進めていくことである。第3に、デジタル化が急速に進むと、「デジタルデバイド」、すなわち技術アクセスの違いによる経済・社会格差が広がる恐れがあるため、社会扶助政策などを通じて政府が社会的な包摂を達成することが重要となる。また、持続可能な形で社会包摂を達成するには、社会のより大きな課題として気候変動対策にも取り組むことで、いわば健全なビルド・ベター、復興・復旧を持続的に進めていくことが重要になる。第4に、日本は世界最速で高齢化が進んでいる課題先進国であり、東アジア地域のみならずタイやベトナムなどの東南アジア地域を含め、アジア全体としても高齢化が速いスピードで進行しつつある。急速な人口動態変化に対して着実に対応してゆくことが今後のアジアにおける中長期の大きな課題である。

Ⅱ ニューノーマルの達成に向けた資金調達

　より重要な点は、以上のような諸課題に対して有効に対処するためには、かなりのリソース（資金）が必要になるということである。ポストコロナのニューノーマルを考える際には、持続可能な社会経済を達成するための必要な資金をどう手当てするかということが最も重要なポイントとなる。

　新型コロナウイルスからの復興・復旧、ビルド・ベターに必要な資金を、SDGsの中長期的な達成に必要な資金額として考えてみると、ニューノーマルの達成に向けた必要資金額がある程度推計できる。国連アジア太平洋経済社会委員会（UNESCAP）の2019年の推計によると、クリーンエネルギーへの転換、貧困対策、教育・保健への投資、ICTや技術サポートを含めたインフラ支援、さらには生物多様性の維持を行い、SDGsを達成するためには、アジア太平洋地域全体として年間1.5兆ドルが必要となる（図表1-14）。これはコロナ前の推計値であるので、パンデミックの発生によって生じた、コロナからの追加的な復興資金を考えてみると、既に挙げたポストコロナのニューノーマルのための4課題に取り組むために必要な資金額として、年間1.5兆ドルを必要資金の下限額とみなすことができよう。

　とはいえ、図表1-5で見たように、アジア諸国の政府は既に財政・金融支援のための巨額の歳出を行っているため、公的部門だけでさらに1.5兆ド

図表1-14　アジア太平洋地域においてSDGs達成のために必要な資金（年平均値）

単位10億ドル
2016年価格

年間1.5兆ドル
（地域GDPの4％）

クリーンエネルギー・気候変動対策	貧困・飢餓対策	保健・教育	交通・ICT・水関連インフラ	生物多様性
434	373	296	196	156

（出所）ADB（2021）

ルもの資金を追加的に融通するのは現実的ではない。そうなると、世界全体の民間資金、とりわけ年金基金や保険基金などの資産をいかに動員していくかが鍵となる。従って、特に自国通貨建ての債券市場がアジアにおいて順調に成長し、世界中の資金のみならずアジア域内で生み出された富が地域内で再投資されるための市場インフラが構築されることが一つの鍵となる。図表1－15によれば、ASEANと中国・香港・韓国における自国通貨建て債券市場は、コロナ禍にもかかわらず順調に拡大し、2022年の第3四半期においては、総額2.2兆ドルを上回る規模に拡大している。とはいえ、図表1－13に見たように、世界および域内の積極的な金融引き締めは、これら東・東南アジア新興国の株式価格の成長鈍化につながっている。

　社会的包摂や持続可能な開発を達成するという見地からすれば、ソーシャルファイナンス、グリーンファイナンスが重要な資金調達メカニズムとなるであろう。コロナ勃発前後での世界全体のグリーンボンド、ソーシャルボンドといった資金市場の動きを見てみると、いずれの市場取引も急拡大しており、アジアもその中心にあることが分かる。ASEAN＋3（ASEANと日中

図表1－15　いくつかのアジア諸国における自国通貨建て債券市場の規模

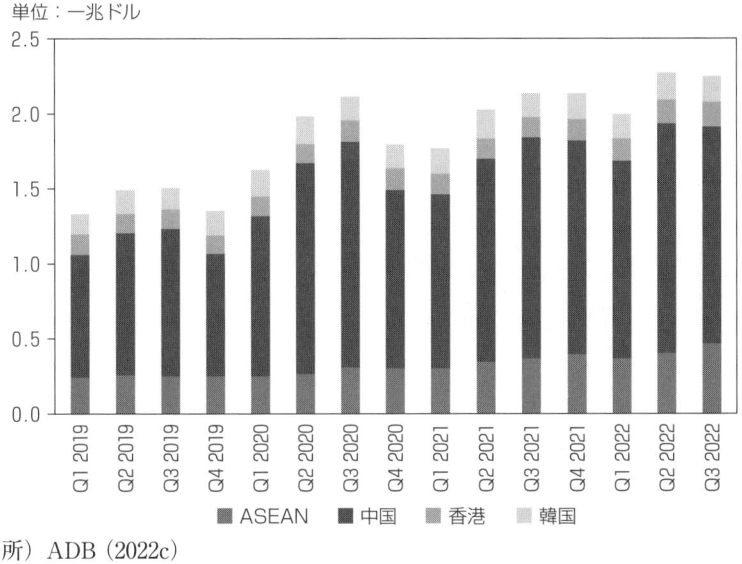

単位：一兆ドル

（出所）ADB（2022c）

韓）のデータを見ても、社会的あるいはグリーンな投資を進めるための資本市場の規模は、コロナ禍にもかかわらず順調に拡大してきた。ASEAN＋3のソーシャルキャピタルマーケット、グリーンキャピタルマーケットの拡大は、ASEAN諸国もさることながら、中心的な役割を果たしているのは日中韓であることもデータから読み取ることができる（ADB, 2021, ADB, 2022c）。とはいえ、2022年第3四半期のASEAN+3におけるサステイナビリティボンド発行額は、先進国とアジア諸国における金融引き締めを受けて投資マインドが冷え込む中、前期比25.3%減と縮小しており、今後の動向を注視する必要がある（ADB, 2022c）。

　今後はビルド・ベターやSDGsの達成に向けて、まずは民間の資金を導入するための資本市場インフラをさらに整備し、国際基準のグリーンファイナンス、ソーシャルファイナンスの投資基準を各国政府が設定してゆくことが不可欠であろう。政府は、サステナビリティリスクだけでなく、通常の経済危機のリスクも併せた、より統合的な金融・市場規制の枠組みを設計・構築し、全体として投資がより促進されるように、市場環境を整備していかなければならない。さらには政府自身が財政改革に着手し、課税を強化したり、あるいは国際的な租税協力を推し進め、いわゆる国内資源動員（domestic resource mobilization, DRM）を通じて政府自身のフィスカルスペース（財政スペース）を広げ、政府も一部であれ、ニューノーマルの達成に向けた必要な投資をファイナンスしてゆくことが不可欠と考えられる。

■ 第4節

まとめ

　本稿では、いわば歴史・現在・未来という三部構成でコロナ後のアジア経済動向について概観した。まず、第二次世界大戦後におけるアジアの驚異的な発展は、基本として市場を通じた民間主体の経済活動を政府が支援・補完することで支えてきたものである。技術が模倣から革新へ転換を遂げた点についても、実践的な市場志向の政策・改革が行われることで生み出されてきたものである。

第二に、アジアにおけるコロナ禍自体は甚大な経済被害を生み出したが、最近の動向を見ると着実な復興の兆しが見られる。とはいえ、ウクライナ戦争で新たなリスクが発生しているため、金融市場もその悪影響を受けており、日本を含むアジアの政府は引き続き適切な政策をもって危機に対処してゆく必要がある。それによって、ある程度堅調な経済成長・経済復興は達成されると考えられる。

　未来に向けて必要なことは、ポストコロナの持続可能なニューノーマルの構築である。これを達成するために、アジアはさまざまな課題に直面している。自然災害や経済危機・政治的紛争などのリスクはこの先も、アジア開発途上国がこれまで努力し、成し遂げてきた発展に対する大きな脅威であることに変わりはない。したがって、災害の短期的のみならず中長期的影響を軽減するには、広く多様な災害に対するレジリエンス（強靭性）を継続して強めてゆくことが重要である（澤田編，2014）。また、デジタル化推進の流れを止めないこと、デジタルデバイドを最小化し社会的包摂を達成すること、さらには気候変動対策や環境対策、高齢化への対応といった中長期的な重要課題に対する取り組みも不可欠になる。

　これらの諸課題に対して、有効な取り組みを行ってゆくためには、広い意味での社会・経済インフラへの必要な投資を広く実行する必要があり、年間1.5兆ドル以上に及ぶその必要投資額の資金ギャップを埋めることが最も重要なイシューであると言える。そのためには、政府が自らの財政改革を通じてDRMを推進し、さらに持続的な開発に向けた資金調達のための資本市場を育成すると同時に、民間・政府・市民社会が密に連携し、ビルド・ベター、SDGsに向かっていくことが不可欠であると考えられる。

<参考文献>

・Asian Development Bank（ADB）（2022a）*Asian Development Outlook（ADO）2022 Update: Entrepreneurship in the Digital Age*, Asian Development Bank.
・Asian Development Bank（ADB）（2022b）*Asian Development Outlook（ADO）December 2022 Supplement December: Global Gloom Dims*

Asian Prospects, Asian Development Bank.

・Asian Development Bank（ADB）（2022c）*Asia Bond Monitor November 2022*, Asian Development Bank.

・Asian Development Bank（ADB）（2021）*Asian Development Outlook （ADO） 2021 Asia remains resilient, amid divergent recovery paths*, Asian Development Bank.

・Barro, R. J., & Ursúa, J. F.（2012）. Rare Macroeconomic Disasters. *Annual Review of Economics* 4 83-109.

・アジア開発銀行（澤田康幸監訳）（2021）「アジア開発史－政策・市場・技術発展の50年を振り返る」・同補章「アジアにおける災害レジリエンス」勁草書房.

・澤田康幸編（2014）『巨大災害・リスクと経済』日本経済新聞出版.

第**2**章

コロナ・ショック後のアジア諸国の金融政策と為替レート

はじめに

　国際金融のトリレンマ、すなわち、自由な国際資本移動と為替レートの安定と金融政策の自律性という三つの政策目標が同時に達成できないことが認識されている。現在、アジア諸国（本論文では、アジア諸国として、日本、中国、韓国、香港及び東南アジア諸国連合（ASEAN）10か国、いわゆるASEAN＋4諸国が含まれるとする）が選択した政策目標が大きく異なって、多様な為替レート制度が採用されている。そのなか、韓国と多くのASEAN諸国は為替レートの安定と自由な国際資本移動を選択する一方、日本と中国が金融政策の自律性を重視し、米国の金融政策に追随せず、自律的な金融政策を実施している。そのために、日本では為替レートの安定性が失われる一方、中国では国際資本移動に規制が課されている。

　2020年の新型コロナウイルス感染症の世界的な感染拡大（コロナ・ショック）と2022年の米国金融引き締め政策によって、アジア諸国の金融政策と為替レートが大きく影響される一方、各国の政策目標と為替レート制度の違いによって政策反応が異なるため、アジア諸国の金融政策反応と為替レートの動向も異なった。

　2020年のコロナ・ショック後に、アジア諸国で採用されたコロナ対応政策をみると、多くのアジア諸国の中央銀行は政策金利の引下げや短期・長期流動性を供給し、一部の国では金融規制緩和も実施した。こうして、短期流動性が確保されるとともに、金利差縮小によって対米ドルの為替レートも安定していた。その後、2022年3月に米国で金融引締め政策が開始されると、米国での急速な金利上昇がアジア諸国の対米金利差を大幅に拡大した。また、アジア諸国が異なる金融政策を実施していたため、アジア諸国通貨の為替レートの変動も大きく異なった。そのなか、日本が量的質的緩和金融政策を維持しているため、他のアジア諸国通貨と比べて劇的な為替レート減価を引き起こした。米国金融政策のほか、近年にグローバルリスクと石油価格を含むグローバル要因もアジア諸国の金融政策と為替レートに大きく影響を及ぼすことが認識されている。

　本研究では、2020年以降の日本、中国、韓国、香港とASEAN諸国から

構成されるアジア諸国の金融政策と為替レートを考察し、米国の金融政策、グローバル金融リスク、グローバル経済政策リスク、石油価格などのグローバル要因がどのようにアジア諸国の金融政策と為替レートに影響を及ぼすかについて実証研究を行う。

　本稿の内容は次のように構成される。第1節でコロナ・ショック後のアジア諸国の金融政策と為替レート制度を考察する。第2節と第3節では2020年以降のアジア諸国の金利と為替レートの推移を考察する。第4節ではアジア諸国の金利と為替レートに影響するグローバルリスク要因と石油価格の推移を考察する。第5節では、外生変数を持つベクトル自己回帰（Vector autoregressive model with exogenous variables, VARX）モデルを用いて、米国金融政策などの各グローバル要因がアジア諸国の金融政策と為替レートに及ぼす影響について実証研究を行う。

■ 第1節
アジア諸国の金融政策と為替レート制度

Ⅰ　国際金融のトリレンマと金融政策・為替レート制度・資本規制

　現在、アジア諸国が固定相場制、管理相場制、自由相場制などの様々な為替レート制度を採用している。それぞれの国はどのように為替レート制度を選択しているのだろうか。為替レート制度の選択には、国際金融のトリレンマが存在する。図表2-1が示すように、①為替レートの安定、②自由な国際資本移動、③金融政策の自律性という三つの政策目標を持つが、各政策目標の間にトレードオフがあるため、同時に三つの政策目標を実現するのは不可能であり、どれかの2つしか達成できない。したがって、上記の三つの政策目標のなかで、どれを優先し、何を放棄すべきかは、難しい選択となる。

　アジア諸国をみると、中国は2005年7月以前には米ドルペッグを維持し、人民元の対米ドル為替レートを安定させながら、自由な国際資本移動を諦めて厳しい資本規制を行っていた。しかし、中国が2005年7月に人民元改革を行って、人民元為替レート制度を米ドルペッグから管理変動相場制に移行

図表2−1　国際金融のトリレンマ

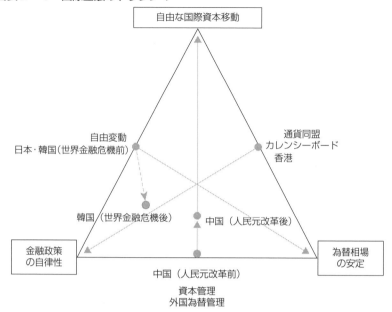

し、資本規制を緩和しつつ、為替レートの柔軟性を高めた。また、マレーシアやインドネシアなどの東南アジア諸国が1997年アジア通貨危機まで事実上、対米ドル為替レートの固定相場制を採用したが、米国の金融政策変更によって経常収支が悪化し、自国通貨が大きな減価圧力を受けて、多くの東南アジア諸国通貨が固定相場制から変動相場制に移行した。こうして、為替レートの安定と自由な国際資本移動を実現できたが、金融政策の自律性をあきらめざるをえなかった。日本の場合、1973年以降に変動相場制を採用し、自由な国際資本移動と金融政策の自律性を実現したが、為替レートの安定を諦めた。そのため、もし日本と米国との間で金融政策の相異が拡大すると、日本円が米ドルに対して大きく減価あるいは増価することになった。

　また、中間的な為替レート制度や変動相場制を選択している国では、国内の物価安定を新たに金融政策の名目アンカーとして採用することが多い。インフレターゲット（Inflation Targeting）を採用する国では、中央銀行が国内物価上昇率（インフレ率）に一定の数値目標を設定し、流通通貨量などを

調整することにより、緩やかなインフレを誘導し、安定した経済成長を実現する。例えば、2013年1月に日本銀行が量的質的金融緩和を行って、消費者物価の前年比上昇率2％というインフレターゲットを設定した。

Ⅱ　アジア諸国の金融政策と為替レート制度

　現在、アジア諸国はどのような金融政策と為替レート制度を実施しているのか。国際通貨基金（International Monetary Fund, IMF）が全加盟国187ヵ国の国際金融取引に関する規制・為替レート取極め・為替制限・資本流入規制およびその他の外国為替に関わる措置についての包括的記述「為替取極および為替管理に関する年次報告書」（The Annual Report on Exchange Arrangements and Exchange Restrictions, AREAER）を公表している。図表2−2は2021年度版 AREAER（IMF 2021）によるアジア諸国（日本、中国、韓国、香港、ブルネイ、カンボジア、インドネシア、ラオス、マレーシア、ミャンマー、フィリピン、シンガポール、タイ、ベトナム）の為替レート制度と金融政策を示す。

　2020年までのデータによると、日本、韓国、インドネシア、マレーシア、フィリピンとタイが変動相場制とインフレターゲットの政策目標を選択していた。こうして、自由な国際資本移動を達成できる一方、為替レートの安定と金融政策の自律性が二者択一になる。一般には、日本が金融政策の自律性を選択し、韓国と東南アジアの諸国が為替レートの安定を選択すると認識される。米国が金融政策を変更すると、東南アジア諸国が追随し自国の金融政策を調整するが、日本と韓国が自国の金融政策を維持する傾向がある。

　アジア諸国の中で管理相場制を実施している国は中国とミャンマーである。中国は2005年7月と2015年8月の2回の人民元為替改革を経て、人民元為替レートの変動性が高まった。中央銀行である中国人民銀行が毎朝、中心レート（対米ドル公定レート）を発表し、当該日においては為替レートを中心レート±2％以内の変動を許容する幅に抑えている。近年、人民元の国際化と新シルクロード「一帯一路」政策などを通じて、海外の人民元建て取引を拡大しながら、資本取引の自由化をしつつ、海外投資家の直接投資と証券

図表 2－2　アジア諸国の為替レート制度と金融政策

国別	為替レート制度			金融政策目標		
	分類	公定相場	為替レートアンカー	通貨供給量目標	インフレターゲット	その他の政策目標
中国	管理相場制	対米ドル公定レート±2%	—	為替レートの安定と経済発展の促進	—	—
日本	変動相場制	—	—	—	2%	—
韓国	変動相場制	—	—	—	2%	—
香港	カレンシーボード制	対米ドルレート7.80	米ドル	—	—	—
ブルネイ	カレンシーボード制	対シンガポールドル1.00	シンガポールドル	—	—	—
カンボジア	為替バンド制度	対米ドル公定レート±2%	米ドル	—	—	—
インドネシア	変動相場制	—	—	—	2022-2023：3%±1% 2024-2025：2.5%±1%	—
ラオス	クローリング制	—	—	—	—	GDP成長率を7%以上に維持し、GDP成長率を下回る一桁のインフレを維持するための量的金融目標と為替アンカーの混合体制。
マレーシア	変動相場制	—	—	—	—	経済の発展を考慮しながら価格安定を維持することを目標とする体制
ミャンマー	管理相場制	—	—	準備通貨目標	—	—
フィリピン	変動相場制	—	—	—	3%±1%	—
シンガポール	為替バンド制度	名目実効為替レート±2%	実効為替レート	—	—	—

（出所）IMF, The Annual Report on Exchange Arrangements and Exchange Restrictions (AREAER), 2021

投資の規制を段階的に緩和した。こうして、中国が自由な資本移動を強めたが、為替レートの安定と金融政策の自律性は以前より弱まっている。通貨供給量と基準金利などの金融政策手段を使用し、資本移動規制や外国為替管理を合わせて為替レートの安定と経済発展の促進というマルチタスクの金融政策を実施している。

また、中間相場制と自由相場制が採用される国において、名目上と事実上で為替レート制度が異なるという「*de facto* vs. *de jure*」問題がある。特に新興市場国において、当局が公式に公表する為替レート制度とは異なるものを実施することはよく見られる。Luo（2018）では2015年人民元改革前後の人民元参照通貨バスケットの構成を比較し、2015年改革後に米ドルが通貨バスケットにおいて極めて高い割合を占めたため、事実上、人民元が米ドルにクローリングペッグを採用していたことによって、改革後に為替レートの安定という金融政策目標は大きく変わらなかったと指摘された。

香港とブルネイはカレンシーボード制を採用し、通貨流通量を主要通貨（香港：米ドル、ブルネイ：シンガポールドル）の外貨準備高に応じて発行し、この交換比率を固定している。準備通貨の裏付けをもとに自国通貨の交換性と安定した為替レートを実現できるが、準備通貨発行国の金融政策に左右されるため、金融政策の自律性はない。一方、シンガポールとカンボジアが為替バンド制を実施している。清水・大野・松原（2016）は、通貨当局があらかじめ決められた許容変動幅内で自国通貨を維持し、為替レートを安定化するとともに、金融政策の裁量の余地があると指摘している。

Ⅲ　アジア諸国の資本規制

前述のように、現在、アジア諸国の多くの国が自由な国際資本移動を実現し、あるいは従来の資本規制を緩和させたが、資本規制が完全になくなったとはいえない。世界各国の資本開放度について、日本などの先進国を中心に資本開放度が高くなっている一方、中国と一部の ASEAN 諸国は資本開放度が相対的に低い国として位置づけられる。

中国が2015年人民元改革後に一時的に資本規制を強め、資本流出による人

民元安に対処した。人民元為替レートが安定してから、2016年から徐々に外国投資家への規制を緩和しつつあった。特に、外国投資家の国内金融市場への参入に対する規制は、近年に大きく緩和されていた。例えば、2020年に外国人投資家が中国本土の株式や債券に投資する際の資格制度である適格外国機関投資家（QFII）と人民元適格海外機関投資家（RQFII）の投資枠撤廃に向けた規則をまとめ、国内金融市場の開放をさらに進めた。しかし、国内居住者に対する年間5万ドルの通貨交換上限制約、外国投資家の海外送金や資本の本国還流などの為替管理要件は以前通りに実施されている。このように、自由な国際資本移動が中国の長期的な目標であるものの、短期的には資

図表2－3　アジア諸国の資本開放度

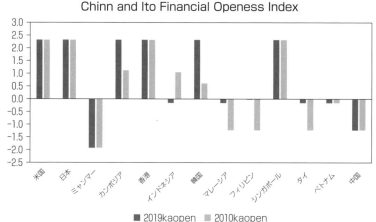

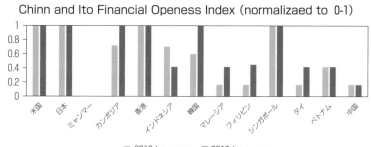

（出所）The Chinn-Ito Index ウェブサイト

本規制を大きく緩和するのは難しい。

　また、ASEAN諸国でも資本移動の安定化のため、近年に資本規制を強化した。例えば、タイは外国企業に対して国内産業への参入規制を実施し、合併企業に対する外資比率に対する規制もある。

　現在、アジア諸国では様々な資本規制が実施されているため国別の資本規制の比較が難しいが、Chinn and Ito（2006）が開発したChinn-Ito指数（KAOPEN）によって国の資本開放度を定量に測定することが可能である。この指数は、前述のIMF AREAERに報告される資本規制に関する要件をまとめて測定し、国の資本開放度指数を年次ごとに作成される。図表2−3はアジア諸国の2010年と2019年にChinn-Ito指数を示し、アジア諸国資本開放度の推移を表す。2019年のデータによって、日本、カンボジア、香港、韓国が米国に並び、最高水準の資本開放度を有する。一方、中国、タイ、ベトナム、マレーシア、フィリピンの資本開放度は2010年より高まったが、いまだに世界において低水準と認識されている。資本規制緩和によってアジア諸国の資本開放度が最近の十数年で高まったが、いまだに一般的に資本規制が存在している。

Ⅳ　米国の金融引締めに対するアジア諸国の金利・為替レートの反応

　アジア諸国間では政策目標の重点が異なるために、為替レートの安定と金融政策の自律性に相異が見られる。米国の金融引締め政策の時に、アジア諸国の政策金利および為替レートの変化を見てみよう。

　まず、資本規制がなく、変動相場制を採用している国では、日本がマイナス金利とイールドカーブコントロールを実施し、米国の金利引上げの時にも政策金利を変えず、金融政策の自律性を維持する。日本と米国の政策金利差（円政策金利―米ドル政策金利）が拡大し、円安になる恐れがある。一方、韓国と変動相場制を実施するASEAN諸国は為替レートの安定を選択するため、米国の金利引き上げの時に米国の金融政策に追随し自国の政策金利を引き上げている。もし米国と同程度に政策金利の引き上げを行えば内外金利差が変わらず、為替レートの安定が実現できるが、米国より低い程度で政策金

利が引き上げられれば、内外金利差の拡大による自国通貨減価に直面する。

　一方、管理相場制を実施する中国は、米国の金利引上げの時に内外金利差の拡大による人民元安圧力を抑えるため、政策金利の引き上げや資本規制強化などによる大規模な資本流出の抑制はもちろん、為替介入も選択する。2015年チャイナ・ショック時の経験をみると、中国人民銀行が大規模な元買いドル売り介入を実施しながら、資金流出の抑制を目的として一時的に資本規制を強化した。また、香港のオフショア人民元市場と国内のオンショア人民元市場の裁定取引による元安圧力を抑えるため、オンショア市場とオフショア市場を厳しく規制して、両市場を分断した。こうして、国際資本移動の自由と金融政策の自律性が弱まるが、人民元為替レートの安定が実現できる。

　最後に、カレンシーボード制の香港とブルネイは自律的な金融政策を放棄したため、米国金融引き締め政策の時に米国の金利引き上げに追随して自国の政策金利を引き上げる必要がある。こうして、アンカー通貨に対して為替レートを安定させる。また、為替バンド制を実施しているシンガポールとカンボジアは資本規制がないが、為替レートの変動幅を制約しているため、参照通貨バスケットに対して為替レートを安定させることができる。

Ⅴ　コロナ・ショック後のアジア各国の中央銀行の政策反応

　2020年年初からの新型コロナウイルス感染症（COVID-19）の世界的な感染拡大（コロナ・パンデミック）が、アジア諸国の金融市場と実物経済活動に深刻な影響を与えている（コロナ・ショック）。世界経済がコロナ・ショックから回復するのは予想より緩やかになった。世界各主要国に加え、アジア諸国が経済復興を目指して量的金融緩和と追加財政政策を実施していた。

　図表2-4はコロナ・ショック後のアジア各国の中央銀行の政策反応を示す。まず、危機後の流動性不足を防ぐために、アジア諸国の中央銀行は政策金利の引き下げを実施していた。中国はリバースレポ金利、1年貸出ファシリティ金利（MLF）、および目標MLF金利などの政策金利を下げ、インドネシアが政策金利、銀行の支払い準備率と毎日のレポオークション金利を引き下げ、マレーシアが翌日物政策金利と法定準備預金比率を引き下げ、タイ

図表2－4　コロナ・ショック後のアジア諸国の中央銀行の政策反応

アジア諸国中央銀行のコロナ救済金融政策	
中国	再貸付と再割引の適用拡大 政策金利の引き下げ（リバースレポ金利、1年貸出ファシリティ金利（MLF）、および目標 MLF 金利） 事業への貸付を支援するための与信枠の拡大、および新しい貸付手段の導入 銀行の中小企業への貸付を奨励することにより、融資困難の緩和 ローンプライム貸付金利引き下げ（1年物と5年物） 中小企業向けローンの元本および利息の返済の一時的な延期 金融システムをサポートするための複数機関パッケージの導入
インドネシア	政策金利の100bps の引き下げ、銀行の支払準備率の引き下げ、毎日のレポオークションなど。 パンデミック時の資金調達を支援するための中央銀行と政府の間の負担分担制度の導入 国債買い入れ 企業を支援するための支出の予算利息費用の助成
日本	上限なし国債購入および流動性供給 金融機関への融資を行うための特別資金供給業務の増加 上場投資信託、不動産投資信託、コマーシャルペーパー、社債の年間購入額の一時的な増加 中小企業への資金調達を支援するための新しい資金供給手段の安定化
マレーシア	翌日物政策金利と法定準備預金比率の引き下げ 資金調達ファシリティの増加、貸出制約の一時的な緩和、タカフル参加者のための救済措置 2021年12月31日まで、スタンデューティー免除、特定のマーゲージに必要なローン・トゥ・バリューの解除、 および住宅の処分に対する不動産の免税という形での不動産セクターへの支援 指定範囲に6か月間の貸出資金返済猶予
シンガポール	為替レートの政策変動幅年間0％を採用、現在の参照レート（SGDNEER）の中間レートを引き下げ 金融サービスのスキルアップと強化、およびデジタル化と運用の回復力のためのサポートパッケージ 銀行システムにおけるシンガポールドルと米ドル資金へのアクセス強化 個人および中小企業によるローン返済および分割払いの一時的な緩和
タイ	金融機関開発基金に対する金融機関の政策金利と拠出率の引き下げ 中央銀行による政府保証付きのソフトローンの提供、ローン返済条件の一時的な緩和、および選択された金融機関への債務の利子の削減 金融安定の支援策

（出所）ADB COVID-19 Policy Database；IMF Policy Responses to COVID-19 tracker

が金融機関開発基金に対する金融機関の政策金利と拠出率を引き下げた。一方、日本やインドネシアなどの諸国は量的緩和を実施・拡大し、国債購入規模を増やした。

　政策金利引き下げと国債購入と同時に、アジア各国の中央銀行が短期と長期貸出などの手段で流動性供給を強化し、コロナ・ショック後の金融機関と中小企業の流動性不足を防いだ。日本は金融機関への融資を行うための特別資金供給業務の増加、中小企業への資金調達を支援するための新しい資金供給手段の安定化などの流動性を供給した。中国は中小企業向けローンの元本および利息の返済の一時的な延期を許可し、金融システムを支援するための複数機関パッケージの導入を実施した。シンガポールは銀行システムにおけるシンガポールドルと米ドル資金へのアクセスを強化した。

　また、アジア諸国の金融規制も一時的に緩和されて、個人と企業の資金不足が支えられた。例えば、マレーシアは指定範囲に6か月間の貸出資金返済猶予を許可した。シンガポールは個人および中小企業によるローン返済および分割払いを一時的に緩和した。タイは中央銀行による政府保証付きのソフトローンを提供し、ローンの返済条件を一時的に緩和しながら、指定金融機関への貸出利子も引き下げた。こうして、コロナ・ショックがアジアの実体経済に巨大な影響を及ぼしたが、アジア各国の中央銀行のコロナ救済金融政策によって流動性不足は有効に解決された。

　図表2－5はアジア開発銀行の各加盟国のコロナ対応政策パッケージの構成を示す。ここで、アジア諸国のコロナ対応政策が流動性供給（Liquidity support）、信用創造（Credit creation）、直接長期貸出（Direct long-term lending）、資本支援（Equity support）、健康管理・所得支援（Health and income support）、その他（No breakdown）などの6つの尺度で測られている。

　全体から見ると、アジア各国のコロナ対応政策パッケージは流動性供給が11.1％、信用創造が46.9％、直接長期貸出が5.5％、健康管理・所得支援が32.9％、その他が2.2％で構成された。そのなか、短期的な流動性提供を含む信用創造、およびワクチン接種とソーシャルディスタンスに関する健康管理・所得支援が主な部分を占める。日本や米国などの先進国と比べて、アジアの途上国、特に南アジアの諸国が資本市場の混乱を防ぐため、流動性供給

図表 2 − 5　2020年〜2021年にコロナ対応政策パッケージの構成（％）

	流動性供給 （Liquidity support）	信用創造 （Credit Creation）	直接長期貸出 （Direct long-term lending）	資本支援 （Equity support）	健康管理・ 所得支援 （Health and income support）	その他 （No breakdown）
ADB 全体	11.1	46.9	5.5	1.4	32.9	2.2
ADB 途上国	21.6	16	7.9	1.2	50.8	2.5
中西アジア	12.8	9.4	13	−	62.2	2.6
東アジア	21.2	16.6	5.7	1.5	52.2	2.8
南アジア	38.2	15	0.1	−	46.6	0.1
東南アジア	8	13.9	29.7	1.2	44.6	2.7
太平洋	−	1	9	−	39.3	50.6
その他	9.5	51.6	5.2	1.4	30.1	2.2
米国	6.2	50.4	10.6	−	32.8	−
日本	27.2	2.9	−	3.3	66.6	−

（出所）ADB COVID-19 Policy Database

と信用創造を重視する傾向がある。そして、東南アジア諸国では信用創造と
直接長期貸出が重視された。

■ **第 2 節** ■

アジア諸国の金利

　コロナ・ショック後に米国の連邦準備制度理事会（Federal Reserve Board,
FRB）は大規模な金融資産買い入れと政策金利のフェデラル・ファンド（Federal
Fund：FF）金利の引き下げを決定し、量的緩和とゼロ金利を同時に実施した。
2021年までに米国の実体経済と金融市場が回復したが、国内のインフレ率も上昇
していた。同時に、米国金融市場において資産価格バブルが拡大し、米国連邦
政府の累積債務も膨大になった。特に、2022年 2 月に始まったロシアのウクライ
ナ侵攻によって石油や食糧などの商品価格が高騰し、米国国内でインフレが加
速した。この背景の下で、FRB が2022年 3 月に FF 金利を25ポイント引き上げ、
米国金利上昇の局面に入った。FRB は、2022年 5 月に50ポイント、6 月、7 月、

９月、11月に４回連続で75ポイント、12月に50ポイントの金利引き上げを経て、2022年12月現在までFF目標金利は既に4.25－4.50％の高水準になった。

　この背景の下で、アジア諸国の金融政策と金利はどのように動いたのか。前述のように、国際金融のトリレンマが存在するため、アジア諸国が基軸通貨の米ドルに対する安定な為替レートと自由な国際資本移動を選択すると、金融政策の自律性を放棄しなければならない。米国の金融政策が変更されると、米国の金融政策に追随し、自国の金融政策を米国と同方向に調整する必要がある。一方、日本と中国は金融政策の自律性を保つため、米国の金融政策変更に追随するわけではなく、自律的な金融政策の目標に応じて金融政策を実施することが可能である。

　図表２－６はアジア諸国の政策金利とFF金利との政策金利差を示す。2020年コロナ・ショック後、日本以外のASEAN＋３諸国が自国の政策金利を引き下げて流動性不足に対応した。例えば、2020年３月から香港がベース金利を2.0％から0.5％まで引き下げ、タイが政策金利を1.25％から0.5％まで引き下げ、中国が政策金利のキャッシュレートを2.25％から２％まで引き下げた。一方、日本はコロナ・ショックまでマイナス金利と量的質的緩和を実施しつつ、コロナ・ショック後に国債買い入れ規模を拡大しながら、政策金利の日本銀行当座預金の超過準備預金の金利を－0.1％に維持した。ただし、米国の金融政策との政策変更時点の相異があるため、2020年３月後にアジア諸国とFF金利との政策金利差が拡大したが、その後は政策金利差が一定の水準に安定したことが観測された。

　そして、2022年３月より米国の金融引締め政策開始後、米国政策金利が急速に上昇している。アジアの大半の国では米国の金利引き上げに伴う商品価格下落と資金流出懸念が高まることによって通貨安になって、インフレ率が政策目標より上回っているとし、金融引締め政策が必要である。2022年３月以後のアジア諸国の政策金利を見ると、インドネシアが政策金利のキャッシュレートを3.5％から4.75％に引き上げ、マレーシアがオーバーナイト政策金利を1.75％から2.5％に引き上げ、シンガポールが政策金利を0.609％から4.392％まで引き上げを実施した。一方、中国と日本は例外である。中国はゼロコロナ政策を実施しているため、ロックダウンなどのソーシャルディ

図表2－6　アジア諸国の政策金利と内外政策金利差
（A）　政策金利（月次、%）

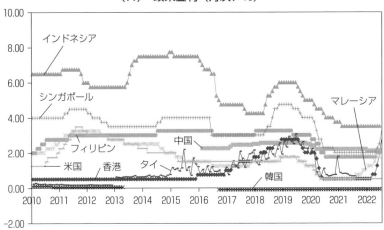

（B）　FFレートとの政策金利差（月次、%）

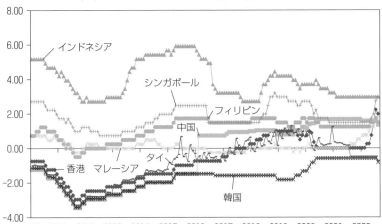

（出所）International Monetary Fund

スタンス政策の影響で国内消費がいまだに回復していない。また、資本規制
が存在しているため、米国に追随するわけでなく、自律した金融政策が実施
できる。日本では、政策金利を引き上げると、つまりマイナス金利政策をや
めると、企業の経済活動や資金調達に支障が生じ、国債価格の下落による政

府の財政支出の悪化などの問題に直面する。そのため、国債イールドカーブコントロールを続け、当面、−0.1％の政策金利を維持している。こうして、対ドル金利差が拡大すれば、自国からの資金流出、自国通貨減価、米ドル建て債券のデフォルトなどの問題をもたらす。

　アジア諸国において政策金利以外の金融政策手段も使用されている。例えば、中国人民銀行が支払準備率という伝統的な金融政策手段を使用している。図表2−7は近年の中国の支払い準備率の推移と日本のマネタリーベースの推移を示す。2020年以降、大型金融機関向けの支払い準備率が連続

図表2−7　中国大型金融機関向け中央銀行の支払い準備率

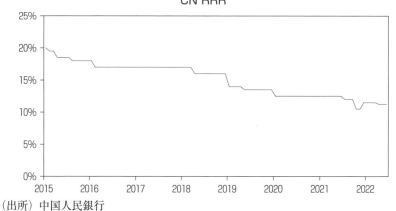

（出所）中国人民銀行

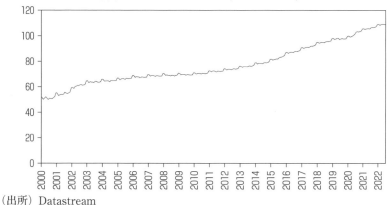

（出所）Datastream

して下がって、2020年1月に13％から12％に下がり始めて、2021年7月に12.5％から12％に、2021年12月に12％から11.5％まで下がった。そして、ASEAN諸国と異なり、米国金融引締め開始後にも金融機関へ流動性を提供するため、中国人民銀行が2022年5月に支払い準備率を11.5％から11.25％まで下げた。このように、中国は、米国の金融政策の変更に追随していないことが明らかである。また、日本はマイナス金利とイールドカーブコントロール政策を実施しているため、円の短期市場金利に変動が小さい。一方、中央銀行の通貨発行量のマネタリーベースの推移を見ると、量的質的緩和の開始以降、中央銀行の通貨発行量が約2倍になった。特にコロナ・ショック後に追加量的緩和が実施されたため、通貨発行量がさらに増加した。

　短期金利と長期金利を比較すると、金融市場の代表的な短期金利の指標である日本円の3か月物LIBOR金利などは、金融機関の資金の過不足を調節する場として重要な役割を果たして、政策金利の無担保コール翌日物金利に決定される。一方、長期金利の代表的なものは10年物長期国債利回りであり、長期的な資金需給状況を表す。図表2－8はアジア諸国の短期市場金利と対米市場金利差を示す。2022年に米国で金融引締め政策が開始された後の推移をみると、3月から多くのアジア諸国の短期金利が上昇し始めたが、日本とインドネシアの短期市場金利は安定している。それに対して、2022年の米国の金融引締めによってFF金利が（年始の0.25％から12月の4.5％まで）急速に上昇したため、多くのアジア諸国の短期金利が上昇したものの、それらの上昇幅がFF金利の上昇幅よりも小さいので、アジア諸国の短期金利とFF金利の金利差が大幅に拡大している。例えば、日米の短期金利差が2022年3月1日の1.374％（円建て3か月物LIBOR金利：－0.011％、米ドル建て3か月物LIBOR金利1.363％）から11月1日の4.491％（円建て3か月物LIBOR金利：－0.032％、米ドル3か月物LIBOR金利4.459％）まで大幅に上昇した。こうして、アジア諸国の短期金利と米ドル建て短期金利の内外金利差拡大によって、自国通貨の対米ドル為替レートが減価している。

　また、図表2－9は10年物国債利回りを用いてアジア長期金利の推移を示す。短期金利と異なり、アジア諸国の10年物国債利回りが2021年より上昇し始めた。理由として、2020年のコロナ・ショック後にアジアの実体経済が大

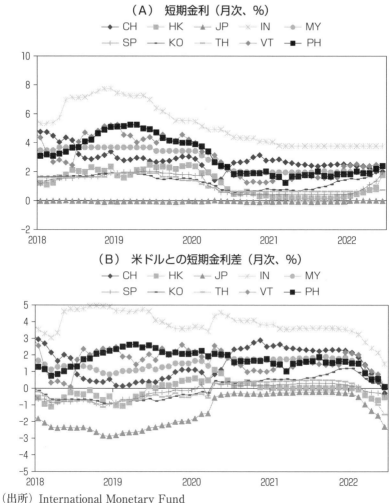

図表 2 - 8 アジア諸国の短期市場金利と対米市場金利差（3 カ月物）
（A） 短期金利（月次、％）

（B） 米ドルとの短期金利差（月次、％）

（出所）International Monetary Fund

きな影響を受けたが、2021年に中国をはじめ、アジア諸国の国内経済と国際
貿易が大きく回復したため、長期金利が上昇傾向になった。さらに、2022年
2 月のロシアのウクライナ侵攻によって国際商品価格が急上昇し、アジア諸
国の国内経済は強いインフレ圧力に直面し、長期金利も高まった。日本は
2020年 4 月に10年物国債利回りのゼロ金利誘導を開始し、2021年 3 月にさら

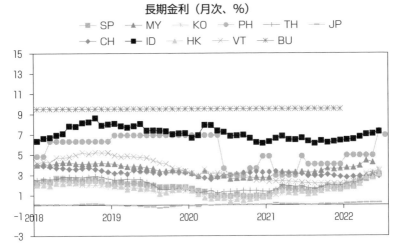

図表 2 − 9　アジア諸国の長期金利の推移
長期金利（月次、％）

凡例：SP / MY / KO / PH / TH / JP / CH / ID / HK / VT / BU

（出所）International Monetary Fund

に長期金利の誘導目標の変動幅を±0.25％に拡大した。さらに、日本銀行は2022年12月に開いた金融政策決定会合で従来±0.25％程度としてきた長期金利の変動許容幅を±0.5％に拡大し、事実上、長期金利引き上げを実施した。こうして、米国の金融引締め政策と国際商品価格の影響で、2022年3月以降アジア諸国の長期金利の水準が大きく上昇した。

■ 第3節
アジア諸国の為替レート

Ⅰ　アジア諸国通貨の対米ドル為替レート

　前述のように、2020年3月のコロナ・ショック後にアジア諸国が政策金利引き下げや量的緩和のコロナ対応政策を実施していた。しかし、2022年3月に米国が金融引き締め政策を開始したことによって、国際金融環境が大きく変わった。こうして、アジア諸国の金融政策変更および米国との内外金利差が変動し、アジア諸国通貨の為替レートに極めて大きい影響が及んだ。本節

では、名目為替レート、実質為替レートとアジア通貨単位（Asian Monetary Unit：AMU）などの尺度を用いて近年のアジア諸国通貨の為替レートの変化を考察する。

　現在、日本円を含むいくつかの国際通貨の中でも、米ドルが中心的な地位を占めて基軸通貨として機能している。国際貿易も国際金融取引も米ドル建て決済が多く、各国の外貨準備も米ドル建て資産が最も多い。そして、アジアの新興市場国が外国投資に対する依存度が高く、多くのアジアへの直接投資が米ドル建てで行われている。このような状況において、アジア諸国の中央銀行にとって、為替レートの安定とは事実上、自国通貨の対米ドル為替レートの安定を意味する。図表2－10は2018年1月から2022年11月までアジア諸国通貨の対米ドル為替レートの推移を示す。

　2020年3月のパンデミック宣言の直後に、多くのアジア諸国通貨の対米ドル為替レートがコロナ・ショックによる投資家リスク回避度の上昇によって平均して1.79％の対米ドル減価となり、自国通貨が対米ドルに大幅に減価した。一方、近年において安全通貨あるいは避難通貨と言われた日本円が一時的に米ドルに対して増価して、安全通貨として機能していた。前述のように、日本以外の多くのアジア諸国が自国通貨の対米ドル為替レートを安定させるために米国の金融緩和政策に追随し自国金利を引き下げたが、量的緩和導入の歩調が異なったため対米内外金利差が拡大し、コロナ・ショック後の早期に大きな対米ドル減価が観測された。

　2020年6月から12月まで、各国の実体経済回復と対米金利差の縮小によってアジア諸国通貨が大幅に対米ドルで増価した。この間にアジア諸国通貨の対米ドル為替レートが平均で3.43％増価した。通貨別では、中国人民元が7.55％の対米ドル増価、マレーシアリンギットが6.13％の対米ドル増価、日本円が4.3％の対米ドル増価、韓国ウォンが9.69％の対米ドル増価になった。ほとんどのアジア諸国通貨の対米ドル為替レートがコロナ・ショック前の水準に回復した。一方、香港がカレンシーボード制を採用しているため、香港ドルの対米ドル為替レートは安定していた。

　2021年1月から12月までの間、アジア諸国では経済と国際貿易の回復が進んでおり、コロナウイルスのワクチン接種の大きな進展によるソーシャル

図表 2－10　アジア諸国通貨対米ドル為替レートの推移

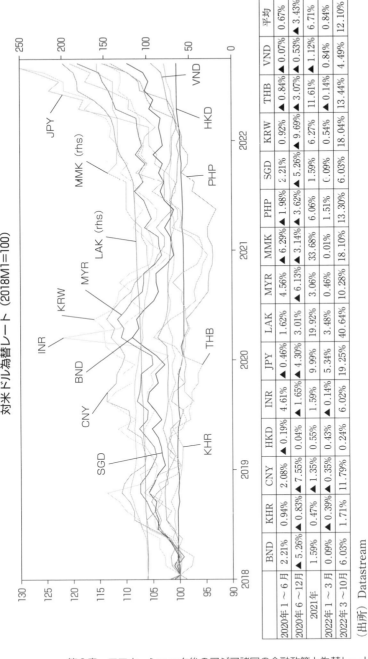

	BND	KHR	CNY	HKD	INR	JPY	LAK	MYR	MMK	PHP	SGD	KRW	THB	VND	平均
2020年1～6月	2.21%	0.94%	2.08%	▲0.19%	4.61%	▲0.46%	1.62%	4.56%	▲6.29%	▲1.98%	2.21%	0.92%	▲0.84%	▲0.07%	0.67%
2020年6～12月	▲5.26%	▲0.83%	▲7.55%	0.04%	▲1.65%	▲4.30%	3.01%	▲6.13%	▲3.14%	▲3.62%	▲5.26%	▲9.69%	▲3.07%	▲0.53%	▲3.43%
2021年	1.59%	0.47%	▲1.35%	0.55%	1.59%	9.99%	19.92%	3.06%	33.68%	6.06%	1.59%	6.27%	11.61%	1.12%	6.71%
2022年1～3月	0.09%	▲0.39%	▲0.35%	0.43%	▲0.14%	5.34%	3.48%	0.46%	0.01%	1.51%	0.09%	0.54%	▲0.14%	0.84%	0.84%
2022年3～10月	6.03%	1.71%	11.79%	0.24%	6.02%	19.25%	40.64%	10.28%	18.10%	13.30%	6.03%	18.04%	13.44%	4.49%	12.10%

（出所）Datastream

ディスタンス規制が緩和され、中国やカンボジアなどのアジア諸国通貨が米ドルに対して小幅に増価していた。一方、日本円、ラオスキープ、ミャンマーチャットなどの通貨が様々な原因で2021年に大きな対米ドル減価を示した。2021年年初より米国の長期金利が上昇したことから円安基調が続いて円安が進行した。特に、2021年10月以降は米国の物価上昇による米国金利引き上げ観測の高まりや石油価格高などを背景にして、日本の貿易収支悪化から円が2021年中に約10％の対米ドル減価になった。そして、ラオスの対外公的債務残高がGDPの66％まで拡大し、この債務返済に多額の外貨を必要としたことから米ドルに対するラオスキープの急激な減価と外貨準備の激減を招いた。また、ミャンマーは、2021年2月にクーデータが起こってから、政情が極めて不安定になると同時に、深刻な外貨不足に陥った。輸入を規制して外貨流出を抑えるため、外国為替と輸入免許にかかる規制も打ち出された。こうして、2021年にミャンマーチャットが33.68％の対米ドル減価となった。

2022年に入ると、米国の金融引き締め政策による内外金利差の拡大とロシアのウクライナ侵攻による国際商品価格の高騰は、平均して12.10％のASEAN諸国通貨の対米ドル減価を引き起こした。こうした中で、日本は大規模な金融緩和を継続する一方、米国はインフレを抑え込むために金融引き締めにかじを切った。そのため、日米の金利差が拡大して外国為替市場では円売りドル買いが増大した。また、米国の国内物価高騰によってFRBの金融引締め予想が強まる一方、日本銀行は金融政策決定会合を開き、大規模金融緩和の維持を公表したため、日米金利差がさらに拡大する予想が強まり、円売りドル買いが一層強まった。円安の加速に対応するため、日本の財務省が1998年以来24年ぶりに円買いドル売りの為替介入を実施したが、日米金利差が拡大したままであったので、日本円の減価が続いた。しかし、2022年11月から為替介入と米国消費者物価指数伸び率の鈍化によって、円安に歯止めがかかり、同年12月の金融政策決定会合後に円ドル為替レートは130円台まで円高が進んだ。また、中国は日本と同様に金融政策の自律性を維持しているが、資本規制によって元売りドル買いの為替取引規模が制約されて、2021年に人民元が対米ドルで11.79％の減価となった。

Ⅱ　アジア諸国通貨の実質実効為替レート

　前述した対米ドル為替レートの二国間為替レートに対して、実効為替レートは2通貨間の価値の変動だけでは把握できない、自国通貨価値の対外的な変動を把握することを目的に作成される為替レート指標である。具体的には、物価要因を除いた実質実効為替レートは2国間の為替レートに内外物価変動による通貨の購買力変化を反映したうえで、それぞれの為替レートに貿易ウェイト付けを行って加重平均値を計算し、「通貨の総合的な実力」を表す。

　図表2−11は国際決済銀行（Bank of International Settlement, BIS）が公表したアジア諸国通貨の実質実効為替レートを示している。2020年1月からのアジア諸国通貨の実質実効為替レートの推移をみると、アジア諸国通貨の動向が国毎に大きく異なることがわかる。2020年の第2四半期からコロナ・ショックと対ドル名目為替レートの減価の影響を受けて、多くのアジア諸国通貨の実質実効為替レートが大幅に減価した。2021年6月まで、中国人

図表2−11　アジア諸国通貨の実質実効為替レートの推移

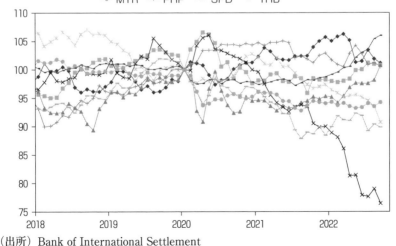

Broad ベースの実質実効為替レート（2000−2001＝100）

（出所）Bank of International Settlement

民元、韓国ウォン、フィリピンペソの実質実効為替レートが増価したが、香港ドル、日本円、マレーシアリンギット、タイバーツの実質実効為替レートは減価した。2022年に、多くの ASEAN 諸国通貨がコロナ・ショック前に近い水準に回復したが、日本円の実質実効為替レートは対ドル減価および国内物価上昇の影響でコロナ・ショック前の約7割の水準にまで低下した。

こうして、2022年にアジア諸国通貨の総合的な実力に大きなばらつきが起こった。特に、実質実効為替レートは国内外の相対物価変動、貿易構成、各貿易相手国通貨に対する名目為替レートで決定されるため、たとえ円ドル為替レートがパンデミック前の水準に戻っても、国内物価水準およびドル以外の主要通貨に対する名目為替レートの変動によって、日本円の実質実効為替レート、すなわち円の実力はパンデミック前の水準に戻りにくい状況にある。

Ⅲ AMU と AMU 乖離指標

1997年のアジア通貨危機以降、ASEAN および日本、中国、韓国で構成される ASEAN＋3 は、域内金融協力を推進してきた。その1つとして、自国通貨を買い支えるために必要な資金を2国間、もしくは多国間の通貨スワップで融通するチェンマイ・イニシアチブ（CMI）の創設が挙げられる。この CMI の下では、今後の通貨危機を防止するために各国金融当局による域内経済のサーベイランス（相互監視）が行われている。

Ogawa and Shimizu (2005) は、アジア通貨単位（Asian Monetary Unit, AMU）を考案し、欧州連合（EU）加盟国がユーロ導入以前に欧州通貨制度（EMS）の下で採用した欧州通貨単位（ECU）を算出する際に用いた手法に基づき、アジア諸国通貨の加重平均値を算出した手法を考案した。また、各々のアジア諸国通貨の AMU 乖離指標を開発し、AMU に対してそれぞれの通貨がどれだけ各通貨のベンチマーク率から乖離しているかを測定した方法を提案した。名目 AMU 乖離指標を見ることにより、各国通貨が AMU からどれだけ乖離しているかをタイムリーにモニターすることが可能となる。一方、実質 AMU 乖離指標は為替変動が実体経済に及ぼす影響を監視するのにより適している。

具体的な算出法について、AMU は ASEAN ＋ 3 のブルネイ、カンボジア、インドネシア、ラオス、マレーシア、ミャンマー、フィリピン、シンガポール、タイ、ベトナム、日本、韓国そして中国の AMU の構成通貨とした。AMU における各通貨のウェイトは、購買力平価で測った各国の GDPのシェアと当該国がサンプルとして抽出された国々の総貿易額（輸出と輸入の合計）の中に占める割合の双方の算術平均に基づいて算出した。各国の貿易額シェアは取得可能な直近の 3 年間のデータの平均値を用いて（2022年 9 月より2018年から2020年のデータの平均値を採用）、アジア13カ国の最新の貿易関係と経済規模をシェアとして反映させる。さらに、AMU の対価となる通貨としてここでは米ドルとユーロの加重平均値（以下、米ドル－ユーロ）を用いる。これは、米国のみならずユーロ圏諸国もアジア各国にとって重要な貿易相手国であり、AMU の相場は米ドルとユーロの加重平均として扱われる。米ドル－ユーロは、アジア各国の米国、およびユーロ圏との貿易額・および貿易建値通貨の選択に基づき、ドルとユーロに対する加重値はそれぞれ65％と35％に設定して算出される。

　図表 2 －12は2000年 1 月から2022年10月までの AMU と AMU 乖離指標の推移を示す。AMU の対米ドル為替レートは2020年コロナ・ショック後に増価になったが、2022年の米国の金融引締めの開始後に減価して、現在はコロナ・ショック前より下回っている。また、AMU の対ユーロ為替レートは同様の推移を示すが、コロナ・ショック前の水準より上回っている。こうして、AMU の対米ドルあるいは対ユーロの為替レートがコロナ・ショック後に増価になったが、2022年の米国における金融引締めの開始後に2020年始の水準に戻った。

　次に、名目 AMU 乖離指標よりアジア諸国通貨がベンチマーク為替レートからどれだけ乖離しているかを確認する。ここで、AMU 乖離指標が正の場合、AMU に対する基準為替レートと比較して現在の為替レートが過大評価であり、AMU 乖離指標が負の場合、AMU に対する基準為替レートと比較して現在の為替レートが過少評価である。ASEAN ＋ 3 通貨のなかに、コロナ・ショック後に日本円、韓国ウォン、ラオスキープなどの通貨がベンチマークより減価傾向になったことが観測された。特に、日本円は対ドル減価

図表 2−12 アジア通貨単位（AMU）とアジア諸国通貨のAMU乖離指標

AMUの対ドル・ユーロ為替相場

（出所）経済産業研究所

名目 AMU 乖離指標

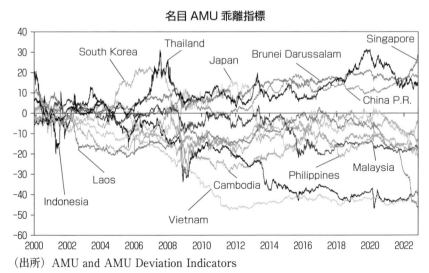

（出所）AMU and AMU Deviation Indicators

の進行によって、2020年始より40％の過小評価になって、ほかの AMU バスケット構成通貨からの乖離が極めて拡大したことがわかった。

■ 第4節

為替レート・金利に影響を
及ぼすグローバル要因

　この十数年にグローバル化が進む中、グローバル要因が各国のマクロ経済および金融市場に与える影響がますます注目されている。グローバル・バリューチェーンの進展と世界金融市場の統合によってグローバルリスク要因と国際商品価格の変動がリスクの国際的な波及効果を拡大させている。世界金融危機後に研究者や政策立案者が主にグローバル金融リスクの経済影響に焦点を当てた。コロナ・ショック後に、主要国金融政策変更に加え、投資家リスク回避度と主要国における経済政策不確実性の高まり、そして石油価格の高騰により、アジア諸国通貨と金融政策への影響に対する懸念が高まっている。小川・羅（2021、2023）において、以下で説明する、グローバルリスクを表す尺度について、それらの経済への影響や構造変化の有無など様々な観点から分析している。

I　短期的なグローバル金融リスク

　一般に、グローバル金融リスクの度合いは投資家のリスク選好に依存する。小川・羅（2021）では、投資家のリスク回避度あるいはリスク選好を使って投資家の不確実性に対する許容度の程度を測定し、市場リスクの度合いを間接に測定できることを指摘した。投資家のリスク選好度に基づいて、投資家のリスクオンとリスクオフの状態を識別して、ひいては市場リスクの度合いが観測できる。

　投資家のリスク選好度について、主に金融資産別のインプライド・ボラティリティ指標が使われている。なかでも、VIX（S&P 500 Volatility

Index）はシカゴ・オプション取引所（CBOE）において S&P 500株式指数の
オプション取引の動きを基に算出される30日間のインプライド・ボラティリ
ティを示し、市場状況観測と経済研究に最も利用される高頻度の市場ベース
の投資家選好指標である。他の国の金融市場において、日本の日経 VI 指数、
ドイツの VADX 指数やイギリスの VFTSE 指数などの株式指数オプション
価格により算出されるボラティリティ指数も多数存在している。その中、
VIX が大きな取引量および他のボラティリティ指数との非常に強い連動性が
あるため、高頻度の短期的なグローバル金融リスク指標と広く使われている。

　図表 2 −13は日次 VIX の推移を示す。2020年のコロナ・ショック後に、
VIX が82.69（2020年 3 月16日）の高値まで激しく上昇した。その後、FRB
が量的金融緩和政策を導入し、VIX が2020年 4 月中旬に約40の水準に低下
し、5 月中旬に30以下の水準に戻った。2021年に VIX が20の低水準に維持
したが、2022年 2 月24日のロシアのウクライナ侵攻および同年 3 月16日の米
国金融引締め開始により、VIX が2022年 3 月に約36の高水準に達し、投資
家のリスク回避度が大幅に上昇した。

図表 2 −13　CBOE ボラティリティ指数（VIX）の推移

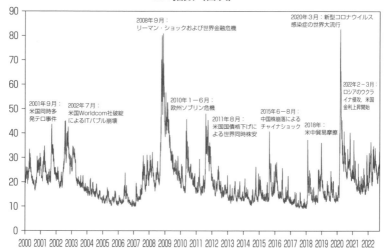

VIX 指数（日次）

（出所）Datastream

VIXを代表とする株価ボラティリティ指数のほか、金融ストレス指数（Financial Stress Index，FSI）が先進国と新興市場国の信用、資産価格、調達金利、安全資産と市場振幅などの5つのカテゴリーの金融指標を集計し、主成分分析を利用して共通リスクを抽出して算出する。そのため、FSIがグローバル金融市場におけるシステマティックリスクを示す。

　図表2 –14は2000年1月3日から2022年10月1日までFSIの推移を示す。FSIの正負がそれぞれに高リスクと低リスクを表す。FSIの推移から見ると、2017年から2020年3月までの間にグローバル金融リスクが低リスクに維持していた。2020年3月のコロナ・ショック後に、FSIが2020年3月20日に10.054まで急増し、リーマン・ショック後の最高水準に達したが、リーマン・ショック後の最高値29.226（2008年10月27日）と比べて僅か3分の1の程度だった。その後、2020年6月3日に－0.148の低リスク水準に戻った。2022年2月から3月までの間に、ロシアのウクライナ侵攻と米国金融引締め開始により、FSIが急に上昇し、2022年9月末に3.23に達した。その水準は2015年のチャイナ・ショックにおける最高水準に相当する。

図表2 –14　金融ストレス指数の推移

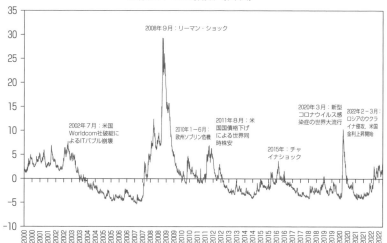

金融ストレス指数（日次）

（出所）Office of Financial Research

VIX と FSI を観察すると、コロナ・ショック後にグローバル金融リスク が著しく上昇したことがわかる。

Ⅱ　経済政策不確実性

　もう一つの重要なリスクとして考慮に入れなければいけないのは、各国の 政策当局がどのような経済政策を採るか、ひいてはそれらの経済政策におい て必要とされる国際協調がとられるか否かというグローバル経済政策不確実 性である。Baker, Bloom, and Davis（2016）は、主要新聞紙に掲載された 記事の中から「経済」、「政策」、「不確実性」に関するカテゴリー用語を用い てテキストマイニングを行って、すべてのカテゴリー用語が揃える記事の数 をもとに算出し、経済政策をめぐる不確実性を定量的に測定する経済政策不 確実性（Economic Policy Uncertainty, EPU）指数を提案した。Baker, Bloom, and Davis（2016）の考案された手法を倣い、現在は21か国・地域の EPU 指数が作成されている。それらの国別 EPU 指数を用いて、Davis （2016）が GDP 加重平均を取って、グローバルに経済政策不確実性を表す グローバル経済政策不確実性（Global EPU, GEPU）指数を提案した。

　図表 2 −15は、2000年 1 月から2022年 8 月までの期間において実質 GDP の加重平均で算出される GEPU 指数の推移を示す。GEPU 指数が米中貿易 摩擦の激化により2018年 2 月の128より2019年 6 月の335に急増し、コロナ・ ショック前の2020年 2 月に234に低下したが、新型コロナウイルス感染症の 世界的な感染拡大によって2020年 3 月に355に急増し、2020年 5 月に史上最 高値の437に達した。その後は300以上の高水準に維持し、各主要国のコロナ 対応策の導入およびワクチン接種の進展によって2020年末から低下しつつ、 2021年 5 月まで198に落ちたが、未だに米中貿易摩擦前の低水準に戻ってこ なかった。2022年 2 月のロシアのウクライナ侵攻と 3 月の米国金融引締め開 始により、GEPU 指数が2022年 3 月に338まで急上昇したが、その後は徐々 に下落した。

　GEPU 指数の推移を見ると、2020年 3 月コロナ・ショックおよび2022年 2 − 3 月ロシアのウクライナ侵攻と米国金融引締めによって、グローバル経済

図表 2 −15　グローバル経済政策不確実性指数

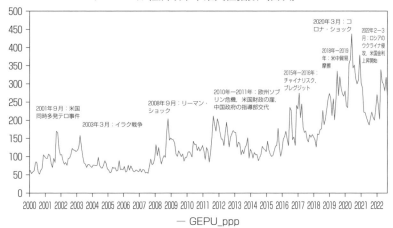

（出所）Economic Policy Uncertainty ウェブサイト

政策リスクが大きく上昇したことを明らかにした。

Ⅲ　石油価格

　グローバル金融リスクとグローバル経済政策リスクのほか、石油価格の変化も名目為替レートに影響を及ぼす。マレーシアやインドネシアなどの産油国を除く、多くのアジア諸国は石油輸入への依存度が高い。また、国際商品取引が商習慣上、基軸通貨の米ドル建てで行われるため、石油価格が上昇すると、自国通貨よりドルへの需要が高まり、自国通貨の対ドル減価になる。

　図表 2 −16は石油価格の推移を示す。2020年のコロナ・ショック後に石油価格が新型コロナウイルス感染症の世界的感染拡大の早い段階で世界的な経済停滞によって大幅に下落したことがわかる。その後、2021年に世界経済回復によるエネルギー需要の高まり、そして OPEC をはじめとする産油国が原油生産量を減少したことによって、石油価格が速くコロナ・ショック前の水準に回復した。2022年に入ると、中国などの主要国の景気回復による原油需要増加、およびロシアのウクライナ侵攻に対する経済制裁によるロシア産

図表 2 −16　石油価格の推移

石油価格指数

（出所）IMF Primary Commodity Prices Index

原油の供給不安などの原因で原油価格の高騰が進んでいた。その後に需要縮小や産油国の生産量拡大によって石油価格が安くなったが、コロナ・ショック前の水準よりはるかに高いと認識されている。このように、近年の原油価格高騰によるアジア諸国通貨への減価圧力がいまだに存在しているものとみられる。

■ 第5節

アジア諸国の金利と為替レートの 決定要因に関する実証研究

　本節では、米国の金融政策、グローバルリスク要因および石油価格などのグローバル要因がどのようにアジア諸国の為替レートと金利を決定するかに関する実証研究を行う。為替レートは様々な要因に影響されて変動している。長期的な為替レート決定要因をみれば、物価変動や実質金利差、政府の債務残高や貿易収支など経済ファンダメンタルズに基づく均衡為替レートに決定される。一方、短期においては、名目金利差、市場リスク、為替市場に

おける需給状況などの要因によって決定される。また、短期金利は中央銀行の金融政策によってコントロールされているのに対し、長期金利は需給バランスや短期金利の推移、物価の変動などさまざまな要素で変動する。

Ⅰ　為替レートと金利の決定要因

　為替レートは様々な要因に影響されて変動している。長期的な為替レート決定要因をみれば、物価変動や実質金利差、政府の債務残高や貿易収支など経済ファンダメンタルズに基づく均衡為替レートに決定される。一方、短期においては、名目金利差、市場リスク、為替市場における需給状況などの要因によって決定される。

　まず、国際金融について商品裁定と類似の原理で動き、金利の低いところで資金を調達し、金利の高いところで運用し、利鞘を稼ぐという金利裁定に基づいて国際金融取引が行われている。このような国際的な資本移動によって、金利裁定に基づく国際金融取引も異なる通貨を交換するという外国為替取引を生じ、為替レートに影響を及ぼす。カバーなし金利平価説によって、現時点の直物為替レートは、内外金利差（自国短期金利−外国短期金利）と予想将来為替レートによって決定される。(1)式がカバーなし金利平価を示す。資本規制がなくて変動為替レート制度が採用されている場合、

$$\log S_t = \log S_{t+1}^e + (i_t - i_t^*) \tag{1}$$

ただし、$\log S_t$ は現時点の為替レートの対数値、$\log S_{t+1}^e$ は予想将来為替レートの対数値、i_t は自国金利、i_t^* は外国金利である。ここで、合理的予想（完全予見）仮説が成立するならば、予想将来為替レートが将来の為替レート実現値と一致し、内外金利差が拡大する際に直物為替レートが自国通貨減価になる。しかし、多くの実証研究では内外金利差と直物為替レート変動が乖離し、内外金利差の拡大が自国通貨の外国通貨に対する増価、すなわち「金利平価のパズル」が観測された。このパズルは、合理的な予期が成立せずに将来為替レートがうまく予測できていないことや、資本規制がある場合に内外金利差が拡大しても裁定取引が行えずに為替レートの変動が起こらないことなどは指摘された。金利平価説のほか、ポートフォリオ・アプローチによれ

ば、為替レートは内外金利差、予想将来為替レート、リスクプレミアムによって決定される。ここで、内外金利差の裁定取引による資産運用経路のほか、国際金融取引に注目した為替レート決定の短期理論にリスク回避的な投資家を想定し、リスクプレミアムも為替レートによって決定される。

　また、短期金利の決定理論については、1993年アメリカの経済学者のジョン・テイラーの提唱したFRBの金融政策反応関数（Monetary Policy Reaction Function, MPRF）、すなわちテイラー・ルール（Taylor Rule）が挙げられる。それは、一か国の中央銀行が国内インフレ率や経済成長のギャップ（実際のGDPと潜在的GDPの差）などのファンダメンタルズ経済変数の変化に対し、政策金利の水準を設定する。テイラーはFRBの金融政策反応関数を次式のように定式化する。

$$i_t = \bar{r} + a_1(\pi_t - \pi^*) + a_2 y_t \tag{2}$$

ただし、i_tは米国の政策金利（FF金利）、$\bar{r}$は潜在的GDPが実現する均衡実質金利、π_tはインフレ率、π^*は目標インフレ率、y_tはGDPギャップである。インフレ率の上昇あるいはGDPギャップに対して、FRBは政策金利を引き上げ、景気過熱と物価上昇を抑えると想定する。また、Ball（1999）がテイラー・ルールを拡張し、開放経済の金融政策反応関数を次式のように定式化した。

$$i_t = \psi_0 + \psi_1 i_{t-1} + \psi_2 \pi_{t-1} + \psi_3 y_{t-1} + \psi_4 s_{t-1} + \varepsilon_t^r \tag{3}$$

ただし、s_{t-1}は為替レート、ψは係数、ε_t^rは誤差項である。為替レートが上昇する時、すなわち自国通貨が外国通貨に対して減価する時、国際貿易や金融取引によって自国インフレ率が高まるため、中央銀行が自国の政策金利を引き上げることになる。

　また、最近十数年に世界経済のグローバル化が進んでおり、グローバルリスク要因が短期的な為替レート決定および金融政策に多大な影響を及ぼすことは広く認識されている。まず、金利平価説によって短期為替レートが内外金利差によって決定される。そのなかで、国内政策金利は自国の中央銀行で決定されるが、外国政策金利は外国の中央銀行で決定される。そのため、米国の金融政策が変わる場合、内外金利差の変化によってアジア諸国通貨が決定される。Ogawa, Shimizu, and Luo（2019）では、2014年からの米国金融

引締め政策のテーパリング効果を研究し、米国金利上昇が新興市場国の資本流出と自国通貨の対ドル減価を引き起こしたことを明らかにした。こうして、米国で量的金融緩和縮小が開始された後、各国の中央銀行が資本流出と自国通貨減価を恐れるため、自国政策金利を引き上げて、米ドルの政策金利差を維持する傾向があると指摘される。

しかし、国際金融のトリレンマによって、アジア諸国において米国の金利上昇への対応は資本規制の有無と為替レート制度に左右される。資本規制が課されている国では、米国金利上昇の際にも金融政策の自律性を保ち、自律的に政策金利を決定し対ドル為替レートを安定的に維持することが可能である。一方、資本規制が課されていない国で変動相場制を採用すると、金融政策の自律性を保ち、自律的に政策金利を決定することが可能であるが、内外金利差の変化によって自国通貨の為替レートが決定される。また、資本規制が課されず、固定相場制あるいは管理フロート制を実施する国は、自由な国際資本移動と為替レートの安定という金融政策目標を選び、金融政策の自律性を放棄し米国と同様の政策金利を引き上げなければならない。こうして、アジア諸国の間では、自国の金融政策が米国の金融政策変化への対応が異なり、為替レートにも異なる反応が起こる。

内外金利差のほか、グローバルリスクもアジア諸国の為替レートと金融政策に影響を及ぼすと認識されている。小川・羅（2021）では、グローバルリスクの尺度を分析し、投資家のリスク回避度や主要国の経済政策不確実性が近年のグローバルリスク上昇の主要な要因であることが指摘された。投資家がより不確実な経済状況や主要国経済政策に対応してリスク回避度を高め、グローバルリスクが高まる時に投資利益を追求するよりリスク回避行動を最優先にする。このような投資家のリスクオンからリスクオフへの転換が各為替レート決定要因の寄与度をどう変えるかについて、多くの先行研究で証拠が提供されている。例えば、増島（2022）ではコロナ・ショック後に日本円を含む各主要通貨の為替レート決定要因を考察し、投資家のリスク回避行動によってリスク要因が為替レート決定への寄与度を高めることを指摘した。また、Ogawa and Luo（2022）では、グローバル金融リスクとグローバル経済政策リスクが共に主要国（G7、中国、韓国）の為替レートに影響を及ぼ

す一方、安全通貨（避難通貨）の特徴によって為替レートに非対称的な反応があることを明らかにした。グローバルリスク上昇時に安全通貨の特徴が強い日本円は増価になるが、その他の通貨は減価になる。さらに、小川・羅（2023）では、2020年以降のグローバルリスクの尺度の構造変化を統計的に分析したところ、構造変化が起きていることも明らかにされた。

　そして、石油価格の変化も名目為替レートに影響を及ぼすことがある。マレーシアやインドネシアなどの産油国を除く、多くのアジア諸国は石油輸入への依存度が高い。石油価格上昇時、石油取引が商慣習上、ドル建てで行われているため、自国通貨よりドルへの需要が高まり、自国通貨の対ドル減価になる。実証研究では、Sun *et al.*（2022）は石油価格ボラティリティが有意に中国人民元を減価し、産油国通貨を増価することを明らかにした。さらに、Basnet and Upadhyaya（2015）は石油ショックが ASEAN 5 諸国通貨の名目為替レートに影響を及ぼすことを指摘した。

Ⅱ　実証モデル

　本研究では、アジア諸国の為替レートおよび短期金利の決定要因を考察するため、外生変数を持つベクトル自己回帰（Vector autoregressive model with exogeneous variables, VARX）モデルを利用して検証を行う。分析対象は ASEAN 5 のインドネシア、マレーシア、シンガポール、フィリピン、タイと日本、中国、韓国、香港の為替レートと短期金利である。

　まず、為替レート決定理論、金融政策反応関数、開放経済の IS 曲線と開放経済のフィリップス曲線によって VARX モデルの内生変数と外生変数を決める。金利平価式によって、短期為替レートの決定式は以下のように定式化される。

金利平価推定式：

$$s_t = \theta_0 + \theta_1 s_{t-1} + \theta_2 (i_t - i_t^*) + \varepsilon_t^e \tag{4}$$

ただし、s_t は直物為替レートの対数値、s_{t-1} は 1 期前の直物為替レートの対数値、θ は係数、i_t は自国通貨建て金利、i_t^* は外国通貨建て金利、ε_t^e は誤差項である。

そして、開放経済の金融政策反応関数は Ball（1999）に従って以下のように定式化される。

開放経済の金融政策反応関数の推定式：

$$i_t = \psi_0 + \psi_1 i_{t-1} + \psi_2 \pi_{t-1} + \psi_3 y_{t-1} + \psi_4 s_{t-1} + \varepsilon_t^r \qquad (5)$$

ただし、i_t は政策金利、π_{t-1} はインフレ率、y_{t-1} は国内総生産、ψ は係数、ε_t^r は誤差項である。

次に、開放経済の IS 曲線とフィリップス曲線によって生産と物価の決定を定式化する。

開放経済の IS 曲線の推定式：

$$y_t = a_0 + a_1 y_{t-1} + a_2 s_{t-1} + a_3 i_{t-1} + \varepsilon_t^y \qquad (6)$$

開放経済のフィリップス曲線の推定式：

$$\pi_t = \beta_0 + \beta_1 \pi_{t-1} + \beta_2 y_{t-1} + \beta_3 (s_{t-1} - s_{t-2}) + \varepsilon_t^\pi$$

それらの式によって、内生変数と外生変数を含む VARX モデルを以下のように定式化する。

$$Y_t = A_0 + A_1 Y_{t-1} + \cdots + A_{t-p} Y_{t-p} + \sum B X_{t-1}^* + \epsilon_t \qquad (7)$$

ここで、Y_t は内生変数ベクトル、X^* は外生変数ベクトル、A と B はそれぞれに内生変数ベクトル自己回帰項と外生変数ベクトルの係数、ϵ_t は誤差項のベクトルである。p はラグ次数であり、赤池情報量基準（AIC）で決める。グローバルリスクを考えない場合、生産、物価、金利と為替レートの4つの内生変数と、米国金利と石油価格の2つの外生変数を含むモデル1は以下のように定式される。

モデル1：

$$Y_t = (y_t, p_t, i_t, e_t)'$$
$$X_{t-1}^* = (i_{t-1}^*, oil_{t-1}^*)' \qquad (8)$$

但し、各変数の内生性の高さによって内生変数ベクトルに変数の順番を決める。

他方、グローバルリスクの影響を考慮する場合、一か国の経済状況がグローバルリスクに影響を及ぼすかどうかによって、大国モデルと小国モデルに分ける。日本と中国と韓国は経済規模が大きくて、国内経済状況の変動がグローバルリスクの水準に影響を及ぼすため、グローバルリスクを内生変数

として取り扱う。こうして、グローバルリスク、生産、物価、金利と為替レートの5つの内生変数と、米国金利と石油価格の2つの外生変数を含む大国モデル2aを以下のように定式される。

モデル2a（大国モデル：日本、中国、韓国）：

$$Y_t = (global\ risk_t, y_t, p_t, i_t, e_t)'$$
$$X_{t-1}^* = (i_{t-1}^*, oil_{t-1}^*)' \tag{9}$$

　一方、ASEAN諸国や香港は日本、中国、韓国と比べて経済規模が小さくて、一般にグローバルリスクへの影響は小さいと認識されるため、グローバルリスクを外生変数として取り扱う。こうして、生産、物価、金利と為替レートの4つの内生変数と、グローバルリスク、米国金利と石油価格の3つの外生変数を含む小国モデル2bを以下のように定式される。

モデル2b（小国モデル）：

$$Y_t = (y_t, p_t, i_t, e_t)'$$
$$X_{t-1}^* = (global\ risk_{t-1}^*, i_{t-1}^*, oil_{t-1}^*)' \tag{10}$$

　こうして、3種類のモデル（モデル1、モデル2a、モデル2b）をそれぞれに推定し、内生変数と外生変数がどのようにアジア諸国の為替レートと金利を決定するかを検証する。

　国際金融のトリレンマで述べたように、アジア諸国が政策目標の違いによって、異なる為替レート制度を実施している。図表2－17ではOgawa and Luo（2022）に基づいて、アジア諸国の為替レートおよび金利の決定要因を資本規制の有無と為替レート制度によって3種類に分けて仮説を立てる。

　まず、資本規制がある中国の場合、2005年人民元改革後に自由な国際資本移動を強化したため、金融政策の自律性と為替レートの安定が弱まった。金利決定において、国内生産と物価が金利を上げるが、自国通貨減価が金利を下げる。また、石油価格上昇が短期金利を上げるが、グローバルリスク上昇が短期政策金利を下げる傾向がある。金融自律性があるため、政策金利が完全に外国の金利政策に追随するわけでなく、自国の金融政策で決定される。

　他方、資本規制がなく、変動為替レート制度を実施する韓国、インドネシア、マレーシア、フィリピンとタイは、自由な国際資本移動と為替レートの安定という金融政策目標を持って、金融政策の自律性を一定程度放棄するた

図表2−17 VARXモデルによるインパルス応答に関する仮説

(A) 資本規制あり（中国）

	グローバルリスク上昇	生産増加	物価上昇	自国金利上昇	自国通貨増価	外国金利上昇	石油価格上昇
短期金利	政策的に下げる	↑	↑	—	↑	金融政策で決定される	↑
為替レート	減価	増価	減価	内外金利差で決定される	—	内外金利差で決定される	減価

(B) 資本規制なし、変動相場制（日本、韓国、インドネシア、マレーシア、フィリピン、タイ）

	グローバルリスク上昇	生産増加	物価上昇	自国金利上昇	自国通貨増価	外国金利上昇	石油価格上昇
短期金利	安全通貨（円）：↓ その他：政策的に下げる	↑	↑	—	↑	↑ or 不変（金融政策で決定される）	↑
為替レート	安全通貨（円）：増価 その他：減価	増価	減価	内外金利差で決定される	—	内外金利差で決定される	石油輸出国（インドネシア、マレーシア）：増価 その他：減価

(C) 資本規制なし、固定相場制あるいは管理フロート制（香港、シンガポール）

	グローバルリスク上昇	生産増加	物価上昇	自国金利上昇	自国通貨増価	外国金利上昇	石油価格上昇
短期金利	香港：ドル金利に等しい シンガポール：参照通貨バスケット金利に等しい	—	香港：ドル金利に等しい シンガポール：参照通貨バスケット金利に等しい	—	香港：ドル金利に等しい シンガポール：参照通貨バスケット金利に等しい	↑（金融政策の独立性はなくなる）	香港：ドル金利に等しい シンガポール：参照通貨バスケット金利に等しい
為替レート	香港：ドルに固定 シンガポール：参照通貨バスケットに固定	香港：ドルに固定 シンガポール：参照通貨バスケットに固定	香港：ドルに固定 シンガポール：参照通貨バスケットに固定	香港：ドルに固定 シンガポール：参照通貨バスケットに固定	—	香港：ドルに固定 シンガポール：参照通貨バスケットに固定	香港：ドルに固定 シンガポール：参照通貨バスケットに固定

め、米国の金融政策に追随する傾向がある。そのため、米国の政策金利が変化すると、これらの国は政策金利が同程度変化し、内外金利差の維持を通じて自国通貨の為替レートの安定が図られる。一方、アベノミクス以降の日本は量的質的緩和政策を実施し、金融政策の自律性を保つが、内外金利差の変動によって円相場が動く。グローバルリスクが上昇する際、日本円が安全通貨（避難通貨）として評価されている場合には、その他のアジア諸国通貨と異なって増価になる。また、石油価格が上昇する際、石油輸出国のインドネシアとマレーシアの通貨に増価傾向がある。

　最後に、香港とシンガポールは自由な国際資本移動と為替レートの安定という金融政策目標を持つため、金融政策の自律性が完全になくなる。そのため、香港ドルの対米ドル為替レートは安定しながら、香港の政策金利が完全に米国の政策金利に追随する。シンガポールは参照通貨バスケットの構成が未公表であるが、政策金利が参照通貨バスケットの構成通貨の政策金利水準に追随することとなる。

Ⅲ　データ

　本研究の分析対象は、日本、中国、韓国、香港、インドネシア、マレーシア、フィリピン、シンガポール、タイの為替レートと短期金利である。分析期間は2010年1月から2022年6月までである。実証研究に使うデータは、Datastream, BIS EER database, IMF IFS database, EPU ウェブサイトなどから取得した。具体的には、生産が各国の月次工業生産指数、金利が3か月物のインターバンク金利、為替レートが国際決済銀行公表の Broad ベースの実効為替レート（BIS Effective Exchange Rate, broad）、物価が月次 CPI 指数、外国金利が3か月物米ドル LIBOR 金利（3M LIBOR USD）、石油価格が国際通貨基金の石油価格指数（IMF Primary Commodity Prices Index, Crude Oil）である。そして、グローバルリスク指標は CBOE ボラティリティ指数（CBOE Volatility Index, VIX）、金融ストレス指数（OFR Financial Stress Index, FSI）とグローバル経済政策不確実性指数（Global Economic Policy Uncertainty Index, GEPU）の3種類を使用する。また、

ADF 単位根検定によって、各変数に単位根が存在するという仮説が棄却できないので、VARX モデルの各変数は、差分を取って実証研究を行う。

Ⅳ　アジア諸国の為替レートと金利の決定要因に関する実証結果

(1)　米国金利上昇がアジア諸国の金利と為替レートに及ぼす影響

　まず、アジア諸国の金利がどのように米国金利上昇に対して反応するかを確認する。図表2-18にVARX モデル推定結果によって、1％の米国金利ショックに対するアジア金利の1カ月、3カ月、6カ月と12カ月後の累積インパルスを示す。

　米国金利上昇に対して、中国以外のアジア諸国の金利はほぼすべて有意に正の反応をすることがわかる。国別の結果を見ると、1％の米国金利ショックに対する一年間のアジア金利の累積インパルスは、日本の金利がわずか0.017％上昇するが、韓国の金利が0.23％上昇し、香港の金利が0.5％上昇し、ASEAN の金利が約0.25％-0.55％上昇する。この結果によって、ほとんどのアジア諸国が米国の金利引上げに追随し、自国の金利を上げることが明らかになった。一方、中国の金利は有意に負の反応をし、一年間の累積インパルスが-0.22％である。この結果は、資本規制のある中国が金融政策の自律性を持って、米国金利上昇の際にも独自の金融政策を実施し、政策金利を下げて国内経済を刺激することを意味する。

　また、1％の米国金利ショックに対して、アジア諸国通貨の名目実効為替レートが異なる反応をしたことがわかる。動学的なインパルス応答の推移をみれば、米国の金利上昇の直後（period=1）に、日本円、韓国ウォン、インドネシアルピア、シンガポールドルとタイバーツが有意に負の反応をする一方、人民元、香港ドル、マレーシアリンギットとフィリピンペソが有意に正の反応をする。米国の金利上昇の3カ月後（period=3）から1年後（period=12）までの間に、韓国ウォン、インドネシアルピアとタイバーツが95％の信頼水準で負の反応をするが、人民元だけ有意に正の反応をする。この結果によって、カレンシーボード制の香港ドルと長期間に米ドルにクローリングペッグをした人民元以外、多くのアジア諸国通貨は米国の金利引

図表 2-18 米国金利ショックに対するアジア諸国の金利と為替レートの累積インパルス応答

金利

期間	中国	日本	韓国	香港	インドネシア	マレーシア	フィリピン	シンガポール	タイ
1	-0.134***	0.014***	0.159***	0.472***	0.088***	0.433***	0.22***	0.43***	0.14***
3	-0.027	0.014***	0.209***	0.498***	0.251*	0.526***	0.287***	0.464***	0.226***
6	-0.207*	0.016***	0.228***	0.499***	0.282***	0.522***	0.308***	0.469***	0.253***
12	-0.221*	0.016***	0.231***	0.503***	0.285***	0.531***	0.318***	0.468***	0.255***

為替レート

期間	中国	日本	韓国	香港	インドネシア	マレーシア	フィリピン	シンガポール	タイ
1	1.577***	0.732***	-0.335***	0.455***	-0.434***	0.071***	0.221***	-0.054***	-0.401***
3	2.809***	-0.105	0.376	0.852**	-1.66**	0.866	0.132	0.155	-0.122
6	2.91***	-0.162	0.062	0.887*	-1.383***	1.226*	0.106	0.252	0.168
12	2.983***	-0.182	0.045	0.825*	-1.43*	1.277	0.112	0.265	0.202

（注）"****" 99.7%（±3SE）、"***" 95%（±2SE）、"**" 68%（±1SE）信頼水準で有意である。

き上げによって名目実効為替レートが減価することが明らかになった。

　このように、米国の金利引き上げに対して、アジア諸国の金利は金融政策によって異なる反応をした。一方、多くのアジア諸国通貨の名目実効為替レートは短期的に減価したが、長期的に韓国ウォン、インドネシアルピアとタイバーツが有意に減価した。それに対して、人民元の名目実効為替レートが短期と長期の両方で増価となった。

⑵　グローバルリスク上昇がアジア諸国の金利と為替レートに及ぼす影響

　図表2－19から21はそれぞれにVIXショック、GEPUショック、FSIショックに対するアジア金利と為替レートの累積インパルスを示す。

● グローバル金融リスク

　図表2－19ではVIXのショックに対するアジア諸国の金利の累積インパルスが示されている。分析結果によって、1標準偏差のVIXのショックの直後に、中国、日本、韓国とインドネシアの金利は有意なインパルス反応をしないが、香港が－0.023％、マレーシアが－0.018％、フィリピンが－0.019％、シンガポールが－0.01％に金利が有意に下がった。また、VIXのショックの1年間後に、香港が－0.031％、マレーシアが－0.027％、シンガポールが－0.016％に累積に金利が下がった。以上の結果によって、グローバル金融リスクが上がる時に、日本、中国、韓国などの大国ケースで政策金利が調整されることは観測できなかった。他方、マレーシアなどのASEAN諸国と香港などの小国ケースでは政策的に金利を下げることを観測した。

　また、VIXのショックに対するアジア諸国通貨の為替レートの累積インパルスをみれば、1標準偏差のVIXのショックの直後に、人民元が0.075％、日本円が0.46％に有意な増価となるが、韓国が－0.25％、インドネシアルピアが－0.15％、マレーシアリンギットが－0.2％、フィリピンペソが－0.03％、シンガポールドルが－0.1％だけ減価となることが観測された。一方、香港ドルとタイバーツがVIXのショックに対して有意な為替レートの反応はしない。VIXのショックの1年後には、0.19％の人民元増価、－0.19％の韓国ウォン減価、－0.34％のマレーシアリンギット減価、－0.15％のシンガポールドル減価という有意な結果が出ている。

68

図表2-19　VIXショックに対するアジア諸国の金利と為替レートの累積インパルス応答

金利

期間	中国	日本	韓国	香港	インドネシア	マレーシア	フィリピン	シンガポール	タイ
1	-0.01401	0.00015	0.00627	-0.02327**	-0.01579	-0.01755**	-0.01918*	-0.01019*	-0.0051
3	0.02231	0.00086	0.00642	-0.03716**	-0.00102	-0.02602**	-0.01414	-0.01427*	-0.0144
6	-0.00158	0.00121	0.00867	-0.03221*	-0.00896	-0.02632**	-0.02138	-0.0161*	-0.01596
12	-0.00176	0.00124	0.00873	-0.031*	-0.00772	-0.02693**	-0.02087	-0.01644*	-0.01585

為替レート

期間	中国	日本	韓国	香港	インドネシア	マレーシア	フィリピン	シンガポール	タイ
1	0.07585*	0.46823***	-0.24918**	0.05478	-0.15053*	-0.20241**	-0.03012	-0.10027**	-0.05544
3	0.19905*	0.21687	-0.12029	0.09751	0.02466	-0.30739*	0.00225	-0.15837**	0.0054
6	0.19018*	0.23108	-0.19347*	0.0623	-0.05794	-0.33657*	0.01161	-0.15374**	-0.03578
12	0.19677*	0.23314	-0.19628*	0.04734	-0.03485	-0.34201*	0.01213	-0.15187**	-0.04151

（注）"***" 99.7%（±3 SE）、"**" 95%（±2 SE）、"*" 68%（±1 SE）信頼水準で有意である。

図表2−20 GEPUショックに対するアジア諸国の金利と為替レートの累積インパルス応答

金利

期間	中国	日本	韓国	香港	インドネシア	マレーシア	フィリピン	シンガポール	タイ
1	0.00236	0.00029	−0.00326	0.01263*	0.00053	−0.0058	−0.01067	−0.00912*	0.00272
3	0.00809	−0.00015	−0.01601*	−0.00007	−0.07389*	−0.02752**	0.01192	−0.00842	0.01015
6	0.00374	−0.00039	−0.01858*	0.00634	−0.09389*	−0.02802**	0.01547	−0.00924	0.01334
12	0.00576	−0.00039	−0.01899*	0.00828	−0.09696*	−0.02849**	0.01534	−0.00956	0.0138

為替レート

期間	中国	日本	韓国	香港	インドネシア	マレーシア	フィリピン	シンガポール	タイ
1	−0.03971	0.45728**	−0.12801*	0.06947*	−0.09131	−0.16604*	0.03501	0.02668	0.02728
3	−0.06957	0.64425*	−0.02314	0.08211	0.2314	−0.14078	0.23126*	0.05752	0.13453
6	−0.07142	0.68113*	−0.00905	0.04417	0.1847	−0.23817*	0.22372*	0.05631	0.13773
12	−0.07041	0.68565*	−0.01204	0.02522	0.18945	−0.25018*	0.2227*	0.05895	0.14203

（注）"****" 99.7%（±3 SE)、"***" 95%（±2 SE)、"**" 68%（±1 SE）信頼水準で有意である。

このように、グローバル金融リスクの上昇はわずか一部のアジア国の金利上昇を引き起こすが、安全通貨の日本円と資本規制のある人民元を増価させながら、その他のアジア諸国通貨を減価させることが明らかになった。

● グローバル経済政策リスク

図表2－20では GEPU のショックに対するアジア金利の累積インパルスが示されている。分析結果によれば、1標準偏差の GEPU のショックの直後に、香港ドルの金利が0.012％、シンガポールドルが−0.009％の有意な反応をすることが観測されたが、その他のアジア諸国の金利に GEPU ショックに対する有意な金利反応は観測できなかった。また、GEPU のショックの1年後に、韓国とマレーシアの金利も累積的に金利が下がることを観測した。このように、グローバル経済政策リスクがほとんどのアジア諸国の金利に影響を及ぼさないことがわかる。

また、GEPU のショックに対するアジア諸国通貨の為替レートの累積インパルスをみれば、1標準偏差の GEPU のショックの直後に、日本円が0.45％、韓国が−0.13％、香港が0.069％、マレーシアが0.166％の有意な金利の反応をする。GEPU のショックの1年後には、日本円が0.68％増価、マレーシアリンギットが−0.25％減価、フィリピンペソが0.22％増価となる。一方、それ以外のアジア諸国通貨は GEPU ショックに対する有意な反応はない。

この結果によって、グローバル経済政策リスクが一部のアジア諸国の金利と為替レートに統計的に有意な影響を及ぼすが、仮説通りにアジア諸国の金利を引き下げて、安全通貨の日本円以外のアジア諸国通貨を減価させることがわかる。

● 金融ストレス指数

図表2－21では FSI のショックに対するアジア諸国の金利の累積インパルスが示されている。分析結果によれば、1標準偏差の FSI のショックの直後に、マレーシアが−0.011％、シンガポールが−0.029％、タイが−0.013％の有意なインパルス応答をするが、それ以外の金利ほぼ有意な反応をしない。また、FSI のショックの1年後に、韓国が0.025％、マレーシアが−0.027％、シンガポールが−0.036％の累積的に有意な金利の反応を示す。

図表2－21 FSIショックに対するアジア諸国の金利と為替レートの累積インパルス応答

金利

期間	中国	日本	韓国	香港	インドネシア	マレーシア	フィリピン	シンガポール	タイ
1	-0.00365	0.00031	0.00383	0.00001***	-0.00608	-0.01196*	0.00144	-0.02897***	-0.01265*
3	-0.0284	0.00141	0.01315	-0.00001	-0.01426	-0.02585*	0.00038	-0.03658**	-0.01866*
6	-0.03908	0.00073	0.02131*	-0.00002	-0.04187	-0.02778**	0.00177	-0.03581*	-0.01915
12	-0.03839	0.00073	0.02458*	-0.00003	-0.03819	-0.02723*	0.00479	-0.03595*	-0.01924

為替レート

期間	中国	日本	韓国	香港	インドネシア	マレーシア	フィリピン	シンガポール	タイ
1	0.17918**	0.96943***	-0.46427***	-0.00174***	-0.66937***	-0.38924***	-0.20031**	-0.08959***	-0.12288*
3	0.26514*	1.14178***	-0.5271**	-0.00223***	-0.36093*	-0.38729*	-0.10097	-0.11524*	-0.31754*
6	0.24787*	1.24286***	-0.63239**	-0.00221***	-0.51087*	-0.50007*	-0.13074	-0.10215*	-0.32075*
12	0.24959*	1.23222***	-0.64181***	-0.00216***	-0.42826*	-0.51278**	-0.12922	-0.10261*	-0.31823*

（注）"****" 99.7%（±3 SE），"***" 95%（±2 SE），"**" 68%（±1 SE）信頼水準で有意である。

また、FSI のショックに対するアジア諸国通貨の為替レートの累積インパルスをみれば、1 標準偏差の FSI のショックの直後に、人民元に0.17％、日本円に0.96％の有意な増価を引き起こす一方、その他のアジア諸国通貨が0.1－0.7％の有意な減価を引き起こす。FSI のショックの 1 年間後に、すべてのアジア諸国通貨がショックの直後と同じ方向に有意な累積インパルスを示すが、フィリピンペソは FSI ショックに対する有意な累積インパルスを示さなかった。

　したがって、金融ストレス上昇時に人民元と日本円は増価となるが、その他のアジア諸国通貨は減価となる。一方、マレーシアだけ金利が下がるが、その他のアジア諸国金利は影響されない。

(3)　石油価格上昇がアジア諸国の金利と為替レートに及ぼす影響

　図表 2 –22は 1 ％の石油価格のショックに対するアジア諸国の金利と為替レートのインパルス応答を示す。分析結果によると、短期的には石油価格の上昇が有意に中国、韓国、インドネシア、マレーシア、フィリピンとタイの金利を引き上げて、日本、香港とシンガポールの金利を引き下げている。また、1 年後の累積インパルスを見ると、こうした石油価格の金利に及ぼす影響は 1 年間にわたって累積的に有意であることがわかる。また、石油価格ショックに対するアジア諸国通貨の為替レートのインパルス応答をみれば、ショックの直後に韓国ウォン、マレーシアリンギットとシンガポールドルが有意に正の反応をするが、それ以外のアジア諸国通貨がすべて負の反応をする。したがって、石油価格上昇が多くのアジア諸国の金利を上げて、為替レートを減価させることを明らかにした。

　以上の分析結果によって、アジア諸国通貨の為替レートと金利が強く各グローバル要因に影響されることが示唆された。米国金利が上昇する際、米国金利上昇に追随するか否かはアジア諸国の持つ異なる政策目標によって異なる。また、実証結果によって固定相場制を採用する国以外では、ほとんどのアジア諸国通貨の名目実効為替レートが減価となった。それに対して、人民元の名目実効為替レートが短期、長期両方で増価となった。そして、グローバル金融リスクとグローバル経済政策リスクの上昇は、両方とも多くのアジ

図表2-22　石油価格ショックに対するアジア諸国の金利と為替レートの累積インパルス応答

金利

期間	中国	日本	韓国	香港	インドネシア	マレーシア	フィリピン	シンガポール	タイ
1	0.00668***	-0.00004***	0.00151***	-0.0002	0.00199***	0.00005***	0.0029***	-0.00011***	-0.00003***
3	0.00668**	-0.00009	0.00282***	-0.00016	0.00526***	-0.00011	0.00377***	-0.00021	0.00088*
6	0.00813***	-0.00008	0.00302**	-0.00032*	0.00598***	-0.00003	0.00405***	-0.00017	0.00125*
12	0.00832*	-0.00008	0.0031**	-0.00039*	0.00611***	-0.00004	0.00418*	-0.00017	0.00129*

為替レート

期間	中国	日本	韓国	香港	インドネシア	マレーシア	フィリピン	シンガポール	タイ
1	-0.00458***	-0.04387***	0.00612***	-0.00488***	-0.01596***	0.01941***	-0.00766***	0.00241***	-0.00987***
3	-0.01397**	-0.04191**	0.00263	-0.0054**	-0.02291***	0.00719	-0.01033**	0.00481**	-0.02092**
6	-0.01561**	-0.04591**	0.00208	-0.00366*	-0.02215***	0.00613	-0.00995*	0.00428**	-0.01907**
12	-0.01634*	-0.04689**	0.00167	-0.00278	-0.02176***	0.00647	-0.00989**	0.00429**	-0.01861**

（注）"***" 99.7%（±3 SE），"**" 95%（±2 SE），"*" 68%（±1 SE）信頼水準で有意である。

ア諸国に通貨減価と金利低下を引き起こす。また、石油価格の上昇が産油国以外のアジア諸国の通貨減価と金利高を引き起こすことを明らかにした。

おわりに

本研究では、まず、国際金融トリレンマの角度からアジア諸国の金融政策と為替レート制度と資本規制を考察した。自由な国際資本移動、為替レートの安定、金融政策の自律性という三つの金融政策目標の間にトレードオフが存在しているため、同時に達成することは不可能である。現在、韓国とASEAN諸国は自由な国際資本移動と為替レートの安定を選択し、金融政策の自律性を大きく放棄したが、日本は為替レートの安定、中国は自由な資本移動という政策目標を放棄して金融政策の自律性を保っている。また、固定相場制を採用する国は、自国通貨為替レートの安定を最優先し、金融政策の自律性を完全に喪失した。こうした中で、米国金融政策が変更されると、アジア諸国の金融政策反応は異なる。また、金融政策反応の違いによって内外金利差がアジア諸国通貨の為替レートを動かす。米国金融政策のほか、投資家のリスク回避度や金融ストレスなどのグローバル金融リスク、グローバル経済政策リスクと石油価格もアジア諸国の金利と為替レートに影響を及ぼす。

2020年年初からの新型コロナウイルス感染症の世界的な大流行がアジア諸国の実物経済活動と金融市場に深刻な影響を与えている。コロナ・ショック後にアジア諸国の採用したコロナ対応政策をみると、多くのアジア諸国の中央銀行は政策金利引き下げや短期・長期流動性の供給を実施し、一部の国では金融規制の緩和も実施した。こうして、短期流動性が確保されるとともに、金利差縮小によって対米ドルの為替レートも安定していた。しかし、2022年3月の米国金融引き締め政策開始後、急速な米国金利上昇がアジア諸国の対米金利差を大幅に拡大させた。また、アジア諸国が異なる金融政策を実施していたため、アジア諸国通貨の為替レートの変動も大きく異なった。そのような中で、日本は量的質的緩和金融政策を維持するため、他のアジア諸国通貨と比べてより劇的な自国通貨減価を経験している。

本研究ではVARXモデルを用いて、米国金融政策を含む各グローバルリスク要因がどのようにアジア諸国の金融政策および為替レートに影響するか

について実証研究を行った。分析結果によって、ほとんどのアジア諸国が米国の金利引上げに追随し、自国の金利を上げることが明らかになった。一方、中国は米国の金利引上げに追随せず、米国金利上昇の際にも独自の金融政策を実施し、政策金利を下げて国内経済を刺激することが明らかになった。米国金融政策のほか、投資家のリスク回避度や金融ストレスなどのグローバル金融リスク、グローバル経済政策リスクと石油価格もアジア諸国の金利と為替レートに影響を及ぼすことが明らかとなった。グローバル金融リスクとグローバル経済政策リスクの上昇は、多くのアジア諸国に自国通貨の減価と短期金利の低下を引き起こす。さらに、多くのアジア諸国が石油輸入に対する依存度が高いため、石油価格の上昇時に産油国以外の通貨のほとんどが減価すると同時に、国内物価上昇によって国内金利も上昇することが示唆された。

＜参考文献＞

・Baker, Scott R., Nicholas Bloom, and Steven J. Davis. 2016. "Measuring Economic Policy Uncertainty." *Quarterly Journal of Economics* 131(4)：1593-1636. https://doi.org/10.1093/qje/qjw024.

・Ball, Laurence. 1999. "Efficient Rules for Monetary Policy." *International Finance* 2(1)：63-83.

・Basnet, Hem C, and Kamal P Upadhyaya. 2015. "Impact of oil price shocks on output, inflation and the real exchange rate：evidence from selected ASEAN countries." *Applied Economics* 47(29)：3078-3091.

・Chinn, Menzie D, and Hiro Ito. 2006. "What matters for financial development? Capital controls, institutions, and interactions." *Journal of development economics* 81(1)：163-192.

・Davis, Steven J. 2016. "An index of global economic policy uncertainty." *NBER Working Paper* 22740. https://doi.org/10.3386/w22740.

・IMF. 2021. *The Annual Report on Exchange Arrangements and Exchange Restrictions 2021*. International Monetary Fund.

・Luo, Pengfei. 2018. "Diversifying reference currency basket and decreasing degree of flexibility in exchange policy of China." *Japanese Journal of Monetary and Financial Economics* 6(1)：1-18.

・Ogawa, Eiji, and Pengfei Luo. 2022. "Macroeconomic effects of global policy and financial risks." *International Journal of Finance & Economics.* https://doi.org/https://doi.org/10.1002/ijfe.2681.

・Ogawa, Eiji, and Junko Shimizu. 2005. "A Deviation Measurement for Coordinated Exchange Rate Policies in East Asia." *RIETI Discussion Paper* 05-E-017.

・Ogawa, Eiji, Junko Shimizu, and Pengfei. Luo. 2019. "Effects of US Interest Rate Hikes and Global Risk on Daily Capital Flows in Emerging Market Countries." *RIETI Discussion Paper* 19-E-019.

・Sun, Chuanwang, Yanhong Zhan, Yiqi Peng, and Weiyi Cai. 2022. "Crude oil price and exchange rate：Evidence from the period before and after the launch of China's crude oil futures." *Energy Economics* 105：105707.

・小川英治・羅鵬飛. 2021. 「グローバルリスクの概念と測定ーリスク回避行動を検証する」. 小川英治編著『グローバルリスクと世界経済ー政策不確実性による危機とリスク管理』、1－49. 東京大学出版会.

・小川英治・羅鵬飛. 2023. 「グローバルリスクの構造変化」. 小川英治編著『ポストコロナの世界経済－グローバルリスクの構造変化』、東京大学出版会.（近刊）.

・清水順子・大野早苗・松原聖. 2016. 「国際通貨と為替相場制度の変遷」.『徹底解説国際金融：理論から実践まで』、51-80. 日本評論社.

・増島雄樹. 2022. 「パンデミック下の為替の変動要因を追うー不確実性からファンダメンタルズへの回帰ー」『国際経済』73、125-153.

第 **3** 章

新興国向け資本フロー
〜現地通貨建て債券投資の
決定要因について〜

はじめに

　新興国からの資本引き揚げが加速している。背景にはコロナ禍による痛手から脱却し始めたばかりのところに、ロシアのウクライナ侵攻などを背景とする資源価格の高騰、米国をはじめとする主要各国の利上げ政策への転換が重なり、新興国経済の先行きの不透明性から世界の投資家が新興国向け投資を抑制させたことにある。スリランカなど、債務危機に陥り IMF から金融支援を受ける国も現れたが、外貨不足に悩まされる国は増えつつあり、今後も救済を求める国が増大する恐れもある。また、一帯一路構想のもとで新興国への積極的な融資活動を展開していた中国も、融資債権が不良化する懸念から新興国への資金提供を躊躇している。

　資本流出が拡大する事態において、各々の新興国は利上げ政策を実施している。利上げの目的は資源価格の高騰などを起因とする国内物価の上昇と自国通貨の減価の抑制だが、資金は米ドルに向かい、米ドルの独歩高が際立っている。

　資金の流れの変化をもたらした一因は、先進各国の金融政策の方針転換である。2008年の世界金融危機以降、主要各国では大規模な金融緩和政策が実施され、また2020年3月の新型コロナウィルス感染症の世界的な流行を背景にさらなる緩和政策がとられた。主要各国の資産の利回りが著しく落ち込むなか、グローバル投資家は利回り追求から株式や低格付け債券などのリスク性資産への投資を拡大させ、主要各国と比べて相対的に高い利回りが期待できる新興国向けの投資も拡大した。しかし、世界的な物価上昇を背景に各国の金融政策の方向性が急速に変化しつつあるなかで、その影響が懸念されている。

　海外から資金を調達する場合、多くの新興国では米ドルなどの主要通貨建てで資金を調達することが多かった。そのため自国通貨が暴落する事態に見舞われた際には対外債務の増幅により深刻な金融危機に陥った。いわゆる通貨のミスマッチ問題である。新興国が自国通貨建てで資金を調達できれば為

替リスクを負う必要はなくなるが、それは新興国に資金を供給する債権者が為替リスクを負担することを意味する。

　新興国諸国で経済危機が頻出した1990年代末以降、自国通貨建てでの資金調達をめざす動きが新興国の間で広がった。海外投資家からの投資を促進させるための市場環境整備が行われるとともに、主要各国の利回りが低水準に落ち込む中で、通貨のキャピタルゲインも含めて高い利回りが期待できる新興国の現地通貨建て債券に対する投資家のニーズが拡大した可能性がある。

　一方、現地通貨建て債券による資金調達が経済危機からの遮断に寄与し得るかについては懐疑的な見方もある。海外投資家が新興国の現地通貨建て債券に投資する場合、為替リスクは海外投資家が負担するが、新興国通貨の減価が海外投資家による債券売却を加速させ、新興国からの過剰な資本引き揚げを発生させる可能性もある。また、過度な債券売却は新興国通貨の更なる減価にもつながる。Carstens and Shin（2019）は、これを Original Sin Redux とよんでいる。Hofmann, et al.（2020）も自国通貨建て債券による資金調達が新興国経済を金融危機から遮断させるわけではない点を強調している。海外投資家による現地通貨建ての新興国債券への投資は procyclical な効果をもち、新興国通貨の減価と新興国債券の利回りの上昇（債券価格の下落）がスパイラル的に進行する可能性がある。したがって、新興国債券のデュレーションは現地通貨建て債券のほうが米ドル建て債券よりも大きくなる傾向があり、為替変動が債券価格変動による損益を増幅させる可能性を指摘している。また、近年では現地通貨建ての新興国債券における海外投資家保有の占有率が高まっていることから、procyclical な効果は以前よりも高まっていることも予想される。Hofmann, et al.（2020）はまた、危機時における米ドルの流動性拡大が為替と債券のスパイラル的減価を緩和させることに寄与するとも指摘している。2020年3月のコロナ禍においては、米ドルのスワップ取引の拡大がマーケットの混乱を鎮静化させる方向で作用したと評価されているが、新興国の債券市場においてもスパイラル的減価の進行を食い止める役割を果たした可能性がある。

　2020年3月のパンデミック宣言を契機とする国際金融市場の混乱期においては新興国からの資本流出が一斉に起こったが、Bertaut, et al.（2021）

は、ブラジルなど、自国通貨建て債券による資金調達の比重が高い国のほう
が資本流出の規模が大きかった点を指摘している。まさに、Carstens and
Shin（2019）が指摘したスパイラル的な減価現象が発生した可能性がある[1]。

　そこで、本研究は、新興国向け資本フローにおける通貨建て比率の決定要
因について考察する。

■第2節
新興国向け資本フローの状況

　新興国を含めた世界の債券市場の拡大や、リーマンショック後の国際的な銀
行の自己資本比率規制の強化などを背景に、昨今のグローバルな資本フローに
おける債券投資の存在感が高まっている。図表3－1は、米財務省の
Treasury International Capital（TIC）System において公表されている
「U.S. Portfolio holdings of Foreign Securities」から取得した米国居住者が
保有する外国証券の時価総額の伸びを示したものである。まず、外国証券の
うち、外国債券よりも外国株式のほうが時価総額の伸びが高く、2008年の時
価総額を100とすると、2020年時点での外国債券の保有時価総額が244である
のに対し、外国株式の保有時価総額は386まで拡大している。ただし、地域
別の時価総額の伸びに注目すると、外国株式の投資総額と新興国向け株式投
資の時価総額の伸びに大差はないが、新興国向け債券投資の時価総額は外国
債券の投資総額のそれを大きく上回っている。価格変動リスクが相対的に小
さく、かつ比較的高い利回りが期待できる新興国の債券への投資が選好され
た状況が窺える。また、先進国と新興国の債券の保有時価総額が占める占有
率は2006年時点でそれぞれ76.2％、7.9％であったのに対し、2020年時点で
は前者が66.5％、後者が13.9％となっており、新興国債券の存在感が相対的
に高まっている。

1　新興国の現地通貨建て債券への投資において、為替ヘッジを実施することも考えら
　れる。しかし、規制や割高なヘッジコストの存在によって為替ヘッジの実施が限定的と
　なり、現地通貨建ての新興国債券への投資の相当部分がノンヘッジで行われるならば、
　新興国からの資本流出の契機となる事象が発生すると、やはり通貨と債券の同時下落に
　より資本流出の規模が拡大する可能性がある。

図表 3 − 1　米国居住者が保有する外国証券の時価総額の推移

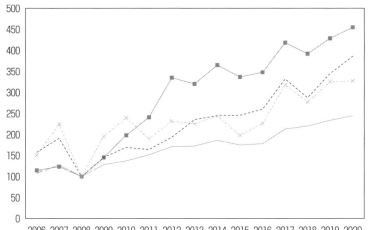

凡例:
― 債券：総額　　■ 債券：エマージング諸国向け　　--- 株式：総額
―×― 株式：エマージング諸国向け

（注）米財務省「U.S. Portfolio Holdings of Foreign Securities」よりデータを取得
　　　し、筆者が作成。数値は2008年を基準年として変換している。

　図表 3 − 2 は、米国居住者が保有する主な新興国債券の時価総額の推移を
示している。主要国が大規模金融緩和政策を実施し、主要国の資産の利回り
が低迷するなかで、相対的に高い利回りが期待できる新興国への投資が拡大
した様子が窺える[2]。債券の場合、米国居住者による主な投資先は中南米地
域であり、とりわけメキシコ債券への投資が大きい。ブラジル債券の占有率
も高かったが、ブラジル国債の格下げが相次いだ2015年頃より時価総額の伸
びは低下傾向にある。アジアの中ではインドネシア債券への投資が大きかっ
たが、2019年頃から中国債券への投資が急増している。近年の中国では海外
投資家を呼び込むことを目的とする債券市場の各種の改革が実施された。
2017年にはボンドコネクトと呼ばれる中国本土と香港の間の債券相互取引が
開始され、また2019年から外国債券のベンチマークとして用いられている主

2　現地通貨建て債券の米ドル建て評価額は対米ドル為替レートの変動の影響を受ける
　　ため、各国債券の時価総額の変動は取引額の変動だけではなく、債券価格変動や為替変
　　動にも起因する。

図表3－2　米国居住者が保有する新興国債券の時価総額

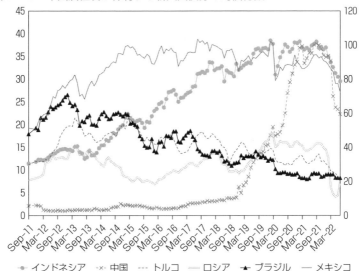

（注）米財務省のホームページ内にある TIC System 関連のサイトよりデータをダウンロードし、筆者が作成。左縦軸はインドネシア、中国、トルコ、ロシアの債券の時価総額を示し、右縦軸はブラジル、メキシコの債券の時価総額を示す。単位はともに10億米ドルである。

要なインデックスに人民元建て中国債券が追加された。これにより、年金をはじめとする海外の機関投資家による人民元建て中国債券への投資が急増した。トルコ債券も相対的に高い占有率にあったが、トルコのソブリン・リスクに対する関心の高まりを背景にトルコ債券への投資も減少傾向にある。

　新型コロナウィルス感染症に関するパンデミック宣言が公表された2020年3月には、各国債券の時価総額が同時に下落したが、一部の国を除き、下落基調は短期で終了する。しかし、2021年後半になると下落基調が鮮明となり、2022年に入ると時価総額の減少が加速する。とりわけ、ロシア債券の時価総額の下落は顕著で、2021年末との対比で、2022年6月までに49ポイント下落している。また、中国債券の時価総額も急落しており、2021年末対比で2022年6月には36ポイントほど低下している。ロシアのウクライナ侵攻以降、米国居住者を含めた主要国の投資家はロシア債券の売却を進めたが、ロ

シアのウクライナ侵攻は台湾有事を連想させ、投資家の中国債券投資に対するスタンスを消極化させたと推察される。

　新興国向け債券の一部は現地通貨建て債券である。上述したとおり、一部の新興国では現地通貨建て債券による資金調達を推し進めてきた。先進国の投資家も、大規模金融緩和政策により国内資産の利回りが落ち込む中、債券のインカム収入に加えて為替差益が期待できる新興国の現地通貨建て債券への投資に取り組んできた可能性がある。

　図表3－3は前述の新興国を対象に、米国居住者が保有する現地通貨建て債券の占有率の推移を示したものである。外国債券全体に占める現地通貨建て比率にはほとんど変化がみられないが、国別でみると現地通貨建て比率にはかなりの変動がみられる[3]。トルコ債券やメキシコ債券は元々、米ドル建て比率が高かったが、その傾向は最近になりさらに強まっている。また、ブラジルは現地通貨建てでの国債発行を積極的に進めてきたが、2015年以降は現地通貨建て比率が低下傾向にあり、コロナ禍以降はさらに低下している。逆に、中国債券やロシア債券については現地通貨建て比率の上昇が顕著である。ロシアのクリミア半島侵攻を受けて米国人居住者のロシア債券への投資は一旦消極化するものの、ロシアとの顕著な金利差が存在するなか、ロシア債券への投資が拡大したものと推察される。また、この頃よりロシアの米ドル離れが顕著となり、ルーブル建て債券の発行が急増したことも、米国居住者によるルーブル建てロシア債券の保有拡大に寄与したと考えられる。また、中国債券に関しては、2017年のボンドコネクトの導入や2019年の主要な外国債券インデックスへの人民元建て中国債券の組み入れなどにより、年金をはじめとする海外の機関投資家による人民元建て中国債券への投資が急増し、米国居住者による中国債券投資も人民元建て比率が急上昇している。

　図表3－4は米国居住者が保有する外国債券残高の占有率を投資家別に示したものである。外国債券に投資する投資家として投資信託は相当規模の存在感を有しており、新興国債券については50％以上の占有率を占めている。

3　民間セクターが発行する債券のほとんどは米ドル建てだが、新興国債券の多くは公的セクターが発行したものである。新興国債券の現地通貨建て比率の変動は、公的セクター発行債券の現地通貨建て比率の変動による。

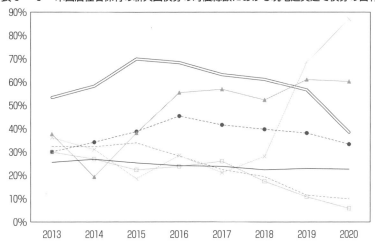

図表 3 － 3　米国居住者保有の新興国債券の時価総額における現地通貨建て債券の占有率

（注）米財務省「U.S. Portfolio Holdings of Foreign Securities」よりデータを取得
　　　し、筆者が作成。「合計」は米国居住者が保有する外国債券総額における現地
　　　通貨建て債券の占有率を示す。

新興国債券のうちの３分の２は国債で占められているが、国債については
58.4％が投資信託によって保有され、なかでも現地通貨建て国債は62.7％が
投資信託によって保有されている。現地通貨建て社債については投資家層は
より分散しているが、それでも投資信託の占有率は３分の１を超える。いず
れの投資家も国債を中心に現地通貨建て債券を保有することでリスクを抑制
しているが、投資信託による新興国債券の保有比率が群を抜いて高いため、
特に現地通貨建て国債については投資信託による所有の一極集中が著しい。
Bertaut, et al.（2021）は、年金や保険会社などの他の機関投資家と比べて
も、ショックの発生時における売買の反応度が高いと考えられる投資信託に
よって現地通貨建ての新興国債券の大半が保有されていることから、マーケ
ットの先行きの不透明感が高まった際に通貨の減価と資本流出がスパイラル
的に悪化する可能性を示唆している。
　新興国の外貨建て債券は、主には外国人投資家への売り出しを目的にユー
ロ債市場などで発行された債券であるが、近年の傾向としては、新興国内に

図表３－４　米国居住者による外国債券保有残高の投資家別占有率

	預金取扱機関	ファンド/その他の投資ビークル	年金基金	保険	その他金融機関	非金融機関	投資信託	投資信託の占有率
全体	8.45%	2.82%	7.92%	23.48%	8.18%	11.58%	37.77%	
先進国向け	7.91%	2.67%	7.72%	24.06%	7.30%	11.59%	38.34%	
新興国向け	2.13%	3.88%	11.63%	13.95%	6.59%	9.30%	52.52%	
国債	1.77%	3.54%	13.57%	7.67%	6.19%	8.85%	58.41%	58.41%
シェア通貨建て 米ドル	66.67%	72.73%	55.56%	92.31%	59.09%	70.00%	59.60%	55.40%
現地通貨	33.33%	27.27%	42.22%	3.85%	36.36%	26.67%	34.85%	62.73%
その他	0.00%	0.00%	2.22%	3.85%	4.55%	3.33%	5.56%	73.33%
社債	2.82%	4.52%	8.47%	25.42%	7.34%	10.17%	41.24%	41.24%
シェア通貨建て 米ドル	83.33%	87.50%	100.00%	95.65%	85.71%	94.74%	93.15%	40.48%
現地通貨	16.67%	12.50%	0.00%	4.35%	14.29%	5.26%	5.48%	36.36%
その他	0.00%	0.00%	0.00%	0.00%	0.00%	0.00%	1.37%	100.00%

(注) 米財務省「U. S. Portfolio Holdings of Foreign Securities」よりデータを取得し、筆者が作成。数値は2020年12月時点。「通貨建てシェア」の行は、各投資家が保有する外国債券のうちの各通貨建て債券の占有率を示している。「投資信託の占有率」の列は各通貨建て債券の時価総額に占める投資信託保有の占有率を示す。

図表３−５　アジアの国債市場における外国人投資家の保有比率

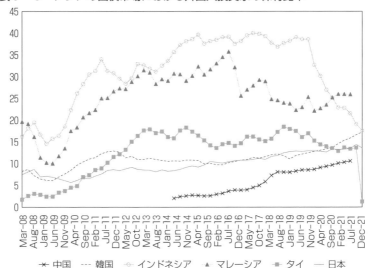

図表３−５　アジアの国債市場における外国人投資家の保有比率

凡例：✳ 中国　--- 韓国　◦ インドネシア　▲ マレーシア　■ タイ　― 日本

（注）アジア開発銀行（ADB）のホームページ内にある AsianBondsOnline よりデー
　　タを取得し、筆者が作成。数値は、当該国の現地通貨建て国債残高に占める外
　　国人投資家の保有比率である。数値の単位はパーセンテージ。

おける債券市場への外国人投資家の参加率が高まっている。対象はアジア諸
国のみとなるが、図表３−５は、アジア開発銀行が公表しているアジア債券
関連データベースである AsianBondsOnline から取得したアジア各国の国債
市場における外国人投資家の保有比率を示している。

　リーマンショック以降、アジア諸国の現地通貨建て債券市場における外国
人投資家の保有比率は上昇基調にあった。特に、インドネシアやマレーシア
の債券市場おける外国人保有比率が高く、ピーク時のインドネシアでは40％
に達している。上昇基調が顕著であったのは FRB が利上げ政策を開始する
2015年頃までであり、それ以降の外国人保有比率は横ばい、あるいは下落基
調にある。パンデミック宣言が公表された2020年３月にはインドネシアの外
国人保有比率が急落し、主要各国の通貨当局がインフレ対策として利上げ政
策に踏み切った2021年にはインドネシアの他にタイでも外国人保有比率が急
降下している。

推計モデル

　以下では、新興国の債券に投資するグローバル投資家のポートフォリオ選択を想定するが、グローバル投資家は現地通貨建て債券と米ドル建て債券の選択を考えるとする。現地通貨建ての新興国債券に対する投資家の需要は、まず、現地通貨建て債券の超過収益率とリスクに依存して決まると考えられる。また、グローバル投資家の資産選択は投資家のリスク許容度にも依存するとともに、グローバル投資家を取り巻く外部環境にも依存するものとする。本研究では、以下のような推計モデルの下で検証を行う。

$$LCH_{i,t} - UCH_{i,t} = a + \beta_1 ERT_{i,t} + \beta_2 FXV_{i,t} + \beta_3 VIX_t$$
$$+ \beta_4 MV_t + \beta_5 UM_t + \beta_6 CRK_{i,t} + \beta_7 ORK_{i,t} + \mu_i + u_{i,t} \quad (1)$$

ここで、$LCH_{i,t} - UCH_{i,t}$ は $t-1$ 時点から t 時点にかけての i 国の現地通貨建て債券と米ドル建て債券の残高の伸び率の格差を表す。また $ERT_{i,t}$ は現地通貨建て債券の米ドル建て債券に対する超過収益率、$FXV_{i,t}$ は為替レートのボラティリティである。投資家はローリスク・ハイリターンを求めるため、現地通貨建て債券の超過収益率が高いほど、また為替リスクが低いほど現地通貨建て債券の保有を選好することになる。

　VIX_t はグローバル投資家のマーケットのリスクに関する認識の代理変数として用いるS&P500の予想変動率を表すボラティリティ・インデックス（VIX）である。MV_t は資産総額の対数値である。米ドル建て債券は為替リスクをともなわない安全資産であるのに対し、現地通貨建て債券は為替リスクをともなうものの、債券リターンに加えて為替差益も期待できるリスク性資産である。投資家のリスク認識が安定しVIXが低位で推移する時期に現地通貨建て債券への投資が拡大するならば、β_3 は負値になるはずである。また、投資家が保有する資産総額の規模が拡大するほどリスク性資産への需要が拡大するならば、β_4 は正値をとると考えられる。

UM_tはグローバル流動性を表す変数である。リーマンショック以降、主要国の中央銀行は大規模な金融緩和政策を実施し、世界規模の流動性に影響を及ぼしたと考えられる。中央銀行の資産規模の拡大は主要国の資産の利回りを低減させ、国内に投資機会を見いだせなくなったグローバル投資家は超過リターンを求めて新興国向け投資を拡大させた。グローバル投資家にとっては、新興国が発行した米ドル建て債券への投資という選択肢も存在するが、為替リスクを排除する見返りに国内債券に若干の上乗せをした利回りしか確保できない。大規模な流動性の拡大がグローバル投資家の資金調達コストを低下させるとともに、グローバル投資家のイールド・ハンティング行動を促進させるのであれば、高いインカム・リターンと為替差益が期待できる現地通貨建て債券への投資の拡大に寄与した可能性が考えられる。

いずれの新興国にとっても自国通貨建てによる資金調達が可能なわけではない。現地通貨建て債券のリスク特性が新興国の対外債務における自国通貨建て比率と関連することも考えられる。そこで、本研究では、投資先国の固有のリスク要因も追加する。$CRK_{i,t}$は新興国のソブリン・リスク、$ORK_{i,t}$は新興国のその他のリスク要因とする。固有要因の影響が観察できれば、グローバル投資家が現地通貨建て債券への投資を選択する際には、為替リスクの多寡のみならず、ソブリン・リスクなど、新興国固有のリスク要因も考慮した上で投資を行っていることになる[4]。また、μ_iは時間に関して一定のi国固有の要因、$u_{i,t}$は残差項を表す[5]。

4 　為替レートのボラティリティも当該国のソブリン・リスクを反映しているものと考えられるが、為替リスクの多寡は当該国通貨の外国為替市場におけるマーケット・サイズにも依存する。そこで、ソブリン・リスク指標を含めた各種の固有要因の変数を追加し、グローバル投資家による新興国向け債券投資における通貨の選択に対する影響を検証する。

5 　家計を含む投資家の資産選択行動を分析する一連の研究では、投資家別の個票データを使用し、投資家の属性と資産選択との関係を分析している。本研究の分析対象は新興国向けの債券投資を行うグローバル投資家であるが、これらの投資家の個票データを取得することはできない。本研究では16カ国の新興国のマクロデータからなるパネル・データを用いて分析するが、これらの新興国の債券に投資する代表的なグローバル投資家を想定し、グローバル投資家のリスク認識を表す指標や世界全体の資産総額を共通要因として導入する。

データ

　本研究では2012年から2020年までの年次データから構成されるパネルデータ使用する。グローバル投資家の新興国債券の保有残高のデータとして、本研究では米財務省の TIC System および国際決済銀行（BIS）の *Debt Securities Statistics* より入手する。TIC System からデータを入手する場合の分析対象国は16カ国、BIS 統計からデータを入手する場合の分析対象国は15カ国である[6]。なお、残高データはすべて米ドル建てで表示されている。これらより、新興国各国の債券保有残高総額および現地通貨建て債券、米ドル建て債券の保有残高のデータを米財務省および BIS のホームページより収集した[7]。資産総額としては、*Debt Securities Statistics* より取得した世界の債券発行残高の総額を用いている。

　その他のデータは、Refinitiv 社の *Datastream* から取得している。現地通貨建て債券の超過収益率を計測する際に米ドル建て債券の収益率のデータが必要になるが、米ドル建て債券の収益率が取得できない。そこで、ここでは先渡取引で為替ヘッジを行った上での現地通貨建て債券収益率が米ドル建て債券収益率と同等であると想定し、超過収益率を対米ドル為替レートの変化率とフォワード・プレミアムの差とした。また、為替レートのボラティリティは新興国通貨の対米為替レート変化率の標準偏差を用いた。VIX はシカゴ・オプション取引所が S&P500 を対象とするオプション取引の満期30日の

6　TIC System からデータを入手した場合の分析対象国は、ブラジル、チリ、コロンビア、メキシコ、ペルー、中国、インドネシア、マレーシア、フィリピン、タイ、チェコ、ハンガリー、ポーランド、ルーマニア、ロシア、トルコの16カ国である。BIS 統計からデータを入手する場合の分析対象国は、上記の対象国からルーマニアを除いた15カ国である。

7　TIC System のデータは米国居住者による新興国債券の保有状況を示したものであるが、米国投資家の保有状況のみ把握できる。BIS 統計のデータは発行残高であり、発行された債券はいずれかの投資家に保有されているとの見方にたてば世界全体の投資家の債券需要を描写しているともいえるが、投資家には国内投資家も含まれる。本研究では TIC データを主に用いて分析するが、補足的に BIS データも用いる。

インプライド・ボラティリティをもとに算出した指数である。ソブリン・リスクの指標としては対外純資産の対 GDP 比と 5 年物のソブリン CDS スプレッドを用いた。また、新興国固有の要因として、Center for Systemic Risk（CSR）が作成する Fragility State Index（FSI）を使用している。FSI は、政治、経済、社会、安全保障・国家秩序の 4 項目に関して効率性（effectiveness）、信頼性（legitimacy）の 2 種のコード化を行ったものである。本研究では 2 種のコードの総合指数を FSI として利用し、以下では新興国の多面的な脆弱性との関係を分析する。

　グローバル流動性の指標として、本研究では 3 つの指標を用いる。過剰流動性の指標としてよく用いられるのはマネーストックを名目 GDP で除したマーシャルの k だが、マネーストックと比べてマネタリーベースの増加ペースは急伸的である。仮にマネーストックで測ったマーシャルの k では過剰流動性の状態にはないと判断できたとしても、マネタリーベースの増大により国内資産の利回りが低下し、銀行セクター以外での資金循環が加速していれば、マネタリーベースの増大が新興国向け投資の拡大につながっている可能性があり得る[8]。そこで、第 1 の流動性指標として、本研究ではマネーストックをマネタリーベースに置き換えた修正マーシャルの k を使用する。対象国は米国、ユーロ圏、日本、英国とし、OECD から公表されている購買力平価で米ドル建てに換算した上で 4 か国・地域のマネタリーベースと名目 GDP を合算し、修正マーシャルの k を計測した。

　2 つ目の流動性指標として、金融機関の信用リスクの影響を除去した米ドル LIBOR と米ドル OIS の格差を用いた。米ドルは国際通貨として米国居住者のみならず国際的に事業を展開する非居住者にも広く使用されている。米ドルのインターバンク市場が逼迫すれば、個々のグローバル金融機関も資金調達ロールオーバーが困難となる。LIBOR と OIS の格差はインターバンク市場に参加する金融機関の信用リスクや資金流動性リスクを反映すると考えられるため、本研究では、Bank of England（2007）、今久保・木村・長野（2008）にならい、3 か月物の米ドル LIBOR と 3 か月物米ドル OIS の差か

---

[8]　Davies and Kent（2020）は、昨今の金融規制の厳格化の下で、ノンバンクによる投資活動の拡大が顕著となっており、それが不確実性要因となっている点を指摘している。

らLIBORパネル銀行の信用リスクの影響を除去することで、国際的流動性の指標とした。具体的には、LIBORとOISの格差をLIBORのパネル銀行のクレジット・デフォルト・スワップ・スプレッドで回帰し、得られた残差項を流動性指標とみなした[9]。

3つ目の流動性指標として、Wu-Xia（2016）のシャドーレート（shadow rate）を用いた。リーマンショック以降、FRBは大規模な資産購入を実施したが、マイナス金利政策は導入せず、米国の政策金利であるフェデラル・ファンド・レート（FFレート）はゼロ近傍を推移した。しかし、FFレートのゼロ制約がなければ、大規模資産購入を受けて政策金利はマイナス領域に落ち込んでいたものと考えられる。シャドーレートは大規模資産購入の影響をFFレートに反映させたものである。Wu-Xia（2016）のシャドーレートはGurkaynak et al.（2006）のイールドカーブより導出されるフォワードレートをもとに算出されており、アトランタ連邦準備銀行のホームページからデータの取得が可能である。シャドーレートも前述のLIBOR-OISと同じく米国の指標だが、基軸通貨である米ドルの流動性はグローバルな流動性の多寡に多大な影響を及ぼすものとして採用している。

図表3−6は、3つのグローバル流動性指標を掲載している。概ね、修正マーシャルの k がLIBOR-OISやシャドーレートと逆相関の関係にあることが窺えるが、修正マーシャルの k は米国だけではなく日英欧の流動性の状況を反映したものでもある。そのため、FRBがテーパリングを終了させ資産規模が微減に転じたものの、日英欧の通貨当局が依然として資産購入を継続させていた2014年後半から2015年にかけては、シャドーレートが急騰する一方で修正マーシャルの k は緩やかながら増加基調を続けている。また、2018年には景気後退予想が醸成されるものの、FRBは資産規模縮小を継続させるとともに他の通貨当局も資産購入ペースを減速させていたことから、修正マーシャルの k は低下基調にあるが、シャドーレートは急落している。2012

---

9 LIBORのパネル銀行は15行だが、本研究では分析対象期間のCDSスプレッドのデータが入手可能な11行のみを対象とした。対象行は、Bank of America、Barclays、Citigroup、Rabobank、Credit Agricole、Credit Suisse、Deutschebank、HSBC、Lloyds、UBS、三菱UFJ銀行である。

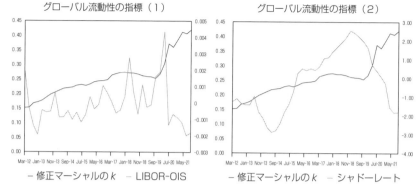

図表 3 － 6　グローバル流動性の指標

グローバル流動性の指標（1）

グローバル流動性の指標（2）

－ 修正マーシャルの k　　－ LIBOR-OIS

－ 修正マーシャルの k　　－ シャドーレート

（注）左縦軸は修正マーシャルの k の目盛を表し、右縦軸は LIBOR-OIS もしくは
　　　シャドーレートの目盛りを表している。

年9月は FRB が量的緩和第3弾を開始した時期であり、その頃より
LIBOR-OIS が大きく低下しているが、シャドーレートの低下がみられるの
は2013年中盤以降である。パンデミック宣言を受けて各国が大規模金融緩和
を再開させた2020年3月以降は、いずれの指標でみても流動性の急増が示唆
されている。

■ 第5節 ■

推計結果

　以下、本節では実証分析の結果を示したい。本研究では固定効果モデルを
用いて(1)式を推計するが、説明変数に含まれる FSI インデックスは時系列
的な変化がほとんどないため、固定効果モデルに基づいて推計するとその影
響が主体固有効果によって吸収される可能性がある。そのため、(1)式を
OLS で推計した結果も併せて掲載する。

　図表 3 － 7 は TIC のデータを用いて(1)式を推計した結果である。ここで
は債券の発行体として公的セクター、民間セクターの両方を合わせた債券総
額を対象にしており、現地通貨建て債券の時価総額と米ドル建て債券の時価
総額の伸び率格差を被説明変数としている。

図表3－7　現地通貨建て新興国債券残高の超過伸び率の決定（TICデータを用いた場合）

(a)　OLSによる推計

定数	27.65***	27.78***	85.46	71.88	106.41	100.66
為替超過収益率	0.02	-0.16	7.04	7.06	9.07	9.34
為替ボラティリティー	-8.15	-0.09	-132.18	-107.23*	-114.10	-104.57
VIX	-0.03***	-0.03***	0.01	0.01	0.13	0.11
修正マーシャルの k	5.63***	5.48***				
LIBOR-OIS			-1365.09*	-1118.25*		
シャドーレート					-0.32	-0.26
債券総額対数値	-1.63***	-1.66***	-5.21	-4.27	-6.60	-6.10
対外純資産対 GDP 比	0.18*		-0.98		-1.07	
CDS スプレッド		-0.001*		0.003		0.004
FSI インデックス	-0.01*	0.002	0.06	0.03	0.06	0.03
adj.R^2	0.046	0.021	-0.003	-0.015	-0.020	-0.029
標本数	123	126	133	141	133	141

(b)　固定効果モデルによる推計

定数	39.19***	36.61***	252.91	316.59	258.12	324.65
為替超過収益率	-0.14	-0.11	6.87	1.00	9.16	3.52
為替ボラティリティー	-7.49	-5.77	-476.25	-281.63	-453.40	-283.12
VIX	-0.04***	-0.03***	0.04	0.04	0.17	0.16
修正マーシャルの k	7.12***	5.86***				
LIBOR-OIS			-1461.92*	-1246.12*		
シャドーレート					-0.33	-0.36
債券総額対数値	-2.17***	-2.01***	-13.42	-17.35	-14.11	-18.19
対外純資産対 GDP 比	-0.28***		-0.03		-0.30	
CDS スプレッド		0.00004		-0.03		-0.03
FSI インデックス	-0.05***	-0.05***	-0.35	-0.26	-0.29	-0.20
adj.R^2	0.081	0.068	0.0003	0.028	-0.022	0.011
標本数	123	126	133	141	133	141

(注)　***、**、*はそれぞれ有意水準1％、5％、10％で有意であることを示す。なお、分散不均一性を考慮した標準偏差を用いて有意性の検定を行っている。

　為替ボラティリティは負値を示し、為替変動が安定している時期、あるいは為替変動が安定している国の債券に関して現地通貨建て比率が高まる傾向が推察される。また、VIXは負値で有意となるケースが示され、投資家のリスク認識が高まった時期には現地通貨建て債券への投資を控える傾向も示されている。また、FSIインデックスも負値で有意となるケースが示されており、政治・経済、あるいは社会的な安定性が維持されている国であれば、現地通貨建て債券への投資が相対的に高くなる傾向が示唆されている。

修正マーシャルの k の係数は正値、LIBOR-OIS の係数は負値で有意である。以上より、グローバル流動性の拡大が現地通貨建てでの新興国債券への投資を拡大させる傾向が示唆される。米国居住者からみれば現地通貨建て債券は為替リスクをともなうリスク性資産だが、グローバル流動性の拡大により国内および他の先進国の資産利回りが低迷するなか、相対的に高いインカム収益を確保でき、かつ為替差益も狙える現地通貨建て債券への投資が拡大した可能性があり得る。

図表 3 − 8　現地通貨建て新興国債券残高の超過伸び率の決定（BIS データを用いた場合）

(a)　OLS による推計

定数	-6.774^{***}	-7.185^{***}	-9.008^{***}	-8.871^{***}	-8.037^{***}	-7.810^{***}
為替超過収益率	-0.091	-0.091	-0.069	-0.071	-0.064	-0.057
為替ボラティリティー	-2.281	-2.765	-2.409	-2.781	-2.176	-2.727
VIX	-0.003^*	-0.004^*	-0.002	-0.002^*	-0.002	-0.002
修正マーシャルの k	0.769^{***}	0.684^{***}				
LIBOR-OIS			0.153	-3.580		
シャドーレート					0.009	0.008
債券総額対数値	0.391^{***}	0.418^{***}	0.533^{***}	0.525^{***}	0.475^{***}	0.462^{***}
対外純資産対 GDP 比	-0.008		-0.006		-0.007	
CDS スプレッド		0.00006		0.00001		0.00002
FSI インデックス	0.00016	-0.00012	0.00002	0.00010	0.00003	0.00009
adj.R^2	0.160	0.156	0.120	0.113	0.140	0.125
標本数	117	120	127	135	127	135

(b)　固定効果モデルによる推計

定数	-6.190^{**}	-6.547^{***}	-8.879^{***}	-8.764^{***}	-7.988^{***}	-7.852^{***}
為替超過収益率	-0.118	-0.115	-0.097	-0.100	-0.088	-0.084
為替ボラティリティー	-5.740^{***}	-5.773^{**}	-5.521^{**}	-5.765^*	-5.242^{**}	-5.652^{**}
VIX	-0.003	-0.003	-0.002	-0.002	-0.002	-0.002
修正マーシャルの k	0.759^{***}	0.680^{***}				
LIBOR-OIS			-2.144	-3.401		
シャドーレート					0.008	0.007
債券総額対数値	0.361^{**}	0.383^{***}	0.522^{***}	0.517^{***}	0.468^{***}	0.461^{***}
対外純資産対 GDP 比	-0.019		0.001		-0.004	
CDS スプレッド		0.00004		0.00001		0.00002
FSI インデックス	-0.00088	-0.00071	0.00127	0.00069	0.00122	0.00101
adj.R^2	0.171	0.173	0.123	0.138	0.139	0.151
標本数	117	120	127	135	127	135

（注）***、**、*はそれぞれ有意水準 1 ％、5 ％、10％で有意であることを示す。なお、分散不均一性を考慮した標準偏差を用いて有意性の検定を行っている。

図表3－8はBIS統計のデータを用いて(1)式を推計した結果である。ここでも為替ボラティリティ、VIXの係数は負値を示している。また、ここでは債券総額対数値の係数が正で有意である。資産効果によりリスク性資産への需要が拡大し、現地通貨建て債券の保有が拡大していた可能性も考えられる。また、BIS統計データを用いた場合でも修正マーシャルのkの係数が正で有意であり、グローバル流動性の拡大が現地通貨建て債券への需要の拡大につながった可能性を示唆している。

　図表3－9は、被説明変数としてTICデータを当てはめて計測した債券残高の伸び率格差を、グローバル流動性指標として修正マーシャルのkを用いた上で固定効果モデルに基づく推計から得られた主体固有効果の推計値を示している。最も高い主体固有効果を示しているのは中国であり、その他のアジア諸国も相対的に高い数値を示している。新興国経済のなかでも、アジ

図表3－9　主体固有効果

中国	1.4396
ロシア	1.1981
フィリピン	0.7827
コロンビア	0.5980
タイ	0.5692
ペルー	0.3659
トルコ	0.2915
インドネシア	0.2797
メキシコ	0.1348
ブラジル	－0.0439
マレーシア	－0.2167
チェコ	－0.7801
ルーマニア	－1.0174
チリ	－1.1076
ハンガリー	－1.1764
ポーランド	－1.5788

（注）ソブリン・リスクとして対外純資産対GDP比を用いた場合の結果とCDSスプレッドを用いた場合の結果の平均値を示している。

ア諸国は比較的良好なマクロ経済環境を維持しているといえるが、そうした
マクロ経済要因を考慮してもなお、アジア諸国は構造的に現地通貨建て債券
を外国人投資家に保有される傾向にあるといえる。アジア危機以降、各国は
潤沢な国内資金を還流させるべく自国通貨建て債券市場の育成に努めてきた
が、こうした政策が寄与し、海外の投資家から現地通貨建て債券が選択され
るようになっているものと推察される。

　図表3－10は公的セクター発行の債券および民間セクター発行の債券のそ
れぞれについて、⑴式に基づいて推計した結果である。なお、ここではグロー
バル流動性指標の係数の推計値のみ掲載している。図表3－10でも、修正マ
ーシャルの k の係数値はいずれのソブリン・リスク指標を用いても正で有意
である。また、係数の絶対値は公的セクターよりも民間セクターのほうが大
きい。公的セクター、民間セクターの両部門において、グローバル流動性の

図表3－10　公的セクターと民間セクターを対象とした場合の現地通貨建て債券
　　　　　　残高の超過伸び率に対するグローバル流動性の影響（TIC データを用
　　　　　　いた場合）

① 公的セクター

		ソブリンリスク指標	
		対外純資産対 GDP 比	CDS スプレッド
流動性指標	修正マーシャルの k	5.546**	5.127**
	LIBOR-OIS	－ 1799.52	－ 1466.00*
	シャドーレート	－ 0.422	－ 0.431

② 民間セクター

		ソブリンリスク指標	
		対外純資産対 GDP 比	CDS スプレッド
流動性指標	修正マーシャルの k	19.446*	21.625**
	LIBOR-OIS	－ 2237.14	－ 1934.29*
	シャドーレート	－ 0.210	－ 0.185

（注）TIC データを使用し、固定効果モデルに基づいて推計した結果である。**、*
　　　はそれぞれ有意水準 5 ％、10％で有意であることを示す。なお、分散不均一
　　　性を考慮した標準偏差を用いて有意性の検定を行っている。

拡大期には現地通貨建て債券に対する海外投資家からの投資が拡大した可能性があるが、その傾向がとりわけ強かったのは民間セクターの可能性がある。一般に、公的セクターよりも民間セクターのほうがデフォルト・リスクが高く、リスク量をコントロールする必要性から、外国人投資家は外貨建て債券を選択するものと考えられるが、大規模金融緩和政策により主要国の資産利回りが著しく落ち込んだ時期には、新興国の民間セクターにおいても現地通貨建て債券を選択する動きがあったものと推察される。

■ 第6節
結論

　本研究では、新興国向け債券投資について考察したが、とりわけ債券投資を行う投資家の通貨選択に関する決定要因について検証した。外国人投資家が現地通貨建ての新興国債券に投資する際には為替リスクも負担することになるが、現地通貨建て債券を選択する際には為替リスクの安定している国、あるいはデフォルト・リスクや政情の安定している国を選択していることが窺える。また、投資家のリスク認識が落ち着いている状況、あるいは先進各国が大規模な金融緩和政策を実施している際に現地通貨建て債券への投資を拡大させていた可能性がある。為替リスクを取りつつも、全体のリスク量を勘案した上で現地通貨建て債券に投資していたものと考えられるが、大規模金融緩和による運用難に苦慮したグローバル投資家の利回り追求が現地通貨建て債券投資の促進要因になっていたのであれば、今後の金融政策の方向転換による影響が懸念される。すなわち、先進各国の金融政策の反転を受けてグローバル投資家がポートフォリオ調整を行うと、新興国は通貨の減価、資本流出というスパイラル的な負の影響に晒される可能性がある。

　また、より脆弱な新興国は外貨建てでの資金調達に依存しているはずである。金融政策の方向転換により外貨調達コストは上昇の一途をたどっており、対外債務に大きく依存する国については、従来型の通貨ミスマッチ問題が懸念されるところでもある。

　アジア諸国は相対的に現地通貨建て債券の比率が高い。その背景には潤沢

な国内貯蓄と国内債券の市場環境整備に取り組んできた経緯があるだろう。とりわけ、外国人が保有する中国債券の現地通貨建て比率の上昇スピードが著しい。押しなべてアジア諸国のマクロ経済環境は相対的に良好だが、現地通貨建てアジア債券を保有する投資家が金融政策の反転時にどのような反応を示すのか留意すべきである。

＜参考文献＞

・Bank of England, (2007), "Indicative decomposition of Libor spreads," *Quarterly Bulletin*, Vol.47, No.4.

・Bertaut C, V. Bruno and H.S. Shin (2022) "Original Sin Redux," *SSRN Paper*.

・Carstens A. and H.S. Shin (2019) "Emerging Markets aren't out of the Woods Yet: How They can Manage the Risks," *Foreign Affairs*, 15 March.

・Davies S. and C. Kent (2020) "US Dollar Funding: An International Perspective," BIS Committee on the Global Financial System, *CGFS Papers*, No.65.

・Gurkaynak R.S., B. Sack and J.H. Wright (2006), "The U.S. Treasury Yield Curve: 1961 to the Present," *Finance and Economics Discussion Series*, The Federal Reserve Board.

・Hofmann B., I. Shim and H.S. Shin (2020) "Emerging Market Economy Exchange Rates and Local Currency Bond Markets amid the Covid-19 Pandemic," Bank of International Settlements, *BIS Bulletin*, No.5.

・Wu J.C. and F.D. Xia (2016), "Measuring the Macroeconomic Impact of Monetary Policy at the Zero Lower Bound," *Journal of Money, Credit and Banking*, Vol.48, No.2-3, pp.253-291.

・今久保圭・木村武・長野哲平 (2008)「主要通貨市場における資金需給逼迫の波及メカニズム」『日銀レビュー』2008-J-5.

第4章

コロナ禍下の財政拡大と公的債務不履行・再編の実証分析 —債務問題への処方箋としての証券・資本市場育成—

はじめに

2020年2月以来、わが国では新型コロナウイルス感染症（Covid-19）の新規感染者の「波」を何度も経験してきた。

Covid-19「対策」の実証分析が少ない中、筆者は、2020年8月までの国際的なパネルデータを用いて、Covid-19対策の経済効果、感染・死亡削減効果の短期推定を行った[1]。その結果、①ロックダウン等による「移動性」の低下、「社会的隔離政策」の厳格化により、有意に鉱工業生産指数上昇率が低下し、失業率が上昇すること、②「感染者増加」自体が経済変数にマイナスの影響を与えること、③「マスク着用」の普及・義務化が常に有意に累積感染増加率・累積死亡増加率の引き下げ効果を持つこと、④他方、「三密」対策等の社会的隔離政策は必ずしも死亡増加率の減少に結びついていないこと、⑤累積死亡増加率に対して頑健な引き下げ効果を持つのは、「マスク着用」及び所得補償／債務減免等の「経済支援」のみであること、⑥感染比率や死亡率の「水準」に対しては、肥満率、高齢人口比率、医療水準等の「各国の固有効果」の影響が大きいこと等が頑健に示された。このように、コロナ禍の中では、医療・保健対応の他、所得補償／債務減免等の「経済支援」のため財政支出が国を問わず大幅に増加してきている。

コロナ禍に対応するため各国が行った財政支出の増加により、今後、債務問題を抱える国が多く出ることが予想される。これまで、公的債務の不履行や再編はどのような場合に実施されたのであろうか。また、公的債務不履行や債務再編は、その国の経済にどのような影響を与えるのであろうか。債務問題が引き起こす負の影響を緩和するにはどのような政策をとれば良いのか。近年利用可能となった公的債務不履行・再編のデータベースを基に、このような問について検討してみたい。以下、第2節で近年の財政・公的債務状況を示した後、第3節で先行研究を概観し、第4節で債務不履行・再編の

1　木原（2021）

決定要因と成長率への影響推定の結果を示す。本稿の推定結果や先行研究を踏まえ、第5節では政策的含意を示し、第6節で本稿を纏める。

コロナ禍の中での財政状況と債務問題

Ⅰ コロナ禍による財政状況の悪化

図表4－1は、IMF（2021a）による一般政府財政収支／GDPの近年の推移と見通し（2021〜26年は見通し）である。いずれの所得水準・国も2020〜21年にはコロナ禍の中、財政赤字が拡大している。2020年の財政赤字の増大は特にインド・中国等の新興国や先進国で大きく、2021年から赤字幅は減少するものの、2019年の赤字水準に戻るには2026年以降までかかると予想される。

その結果、図表4－2のように、一般政府債務残高／GDPは、2020年に

図表4－1　一般政府財政収支／GDPの推移（2013〜2026年）

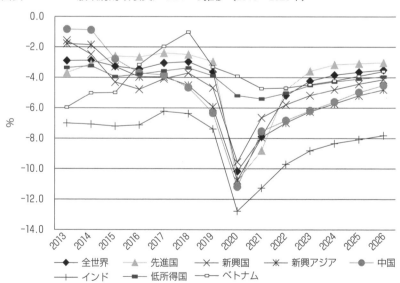

（出所）IMF（2021a）より筆者作成

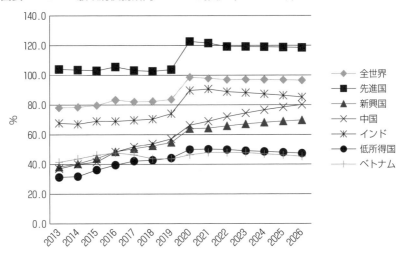

図表 4 - 2　一般政府債務残高／GDP の推移（2013〜26年）

凡例:
- ◆ 全世界
- ■ 先進国
- ▲ 新興国
- ✕ 中国
- ＊ インド
- ● 低所得国
- ＋ ベトナム

（出所）IMF（2021a）より筆者作成

図表 4 - 3　一般政府債務残高に対する COVID-19パンデミックの影響（パンデミック前の債務残高／GDP 見通しとの乖離）

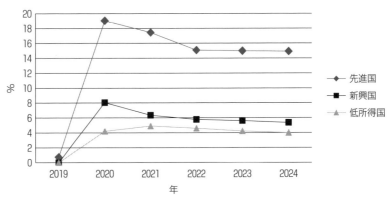

凡例:
- ◆ 先進国
- ■ 新興国
- ▲ 低所得国

（出所）IMF（2021a）により筆者作成

大きく増大し、特に先進国や新興国は2026年でも元には戻らず、高止まり、もしくは増大し続けている。

　図表 4 - 3は、新型コロナウイルス感染症（Covid-19）パンデミックの

一般政府債務残高／GDP に対する影響を、パンデミック以前（2019年10月）と以後の IMF による推計値の乖離で示したものである。今回のパンデミックにより、債務残高／GDP は先進国で19％（2020年）、新興国で８％（2020年）、低所得国で4.9％（2021年）増大し、その後も高止まりを続けることがわかる。

Ⅱ　公的債務不履行 (default) 総額・不履行国数及び債務再編 (restructuring) の推移

(1)　公的債務不履行の推移

　BoC（カナダ銀行）－BoE（イングランド銀行）公的債務不履行データベース1960－2020（Beers, et.al.（2021））は、公的債務（債券等の市場証券、銀行貸し付け、公的融資等）不履行額（US ドル換算）の推計結果をデータベース化し、1820年以降の公的債務不履行の歴史を分析している。それによれば、1960年以降、全世界215か国・地域中146か国・地域が公的債務不履行を経験している。

　Beers, et.al.（2021）によれば、公的債務不履行／残高比が最も大きいのは1980年代であり、総額4500億ドル、世界の公的債務残高の6.1％にも及んだ。債務不履行はその後減少し、ここ10年は全世界の公的債務残高比0.3～0.9％で推移している（2020年には0.5％：図表４－６参照）。

　他方、コロナ禍の中、2020年には公的債務不履行総額が48％増加し、この増加率は全世界の公的債務残高の増加率13％を大幅に上回っている。

　近年の公的債務不履行は、一部の国に極端に偏っており、2020年には、ベネズエラ、アルゼンチン、プエルトリコ３か国で全世界の債務不履行額の47％を占め、上位10か国で87％を占めている。他方、多くの国の「公的債務不履行／全公的債務」比率は低水準で、債務不履行国の72％は10％未満の比率で推移している。

　これは、金利支払い・元本返済の不履行債務が少額債務等に偏った「選択的債務不履行」（default selectivity）となっているためであり、全公的債務の50％以上の債務の履行を怠ったのは全体の６％にすぎない。

　債務不履行対象債権としては、近年、パリクラブ債権国に対する債務不

履行の比率が低下してきており（2020年は増加）、中国を含む「その他の二
国間公的債権国」の比率が増大してきている。現地通貨建て債務の不履行も
多く、1960年以降32か国で経験している。

　Beers, et.al.（2021）は、多くの国で公的債務負担が増大しており、
Covid-19ショックが継続していることから、2021年以降も、債務不履行が
更に増大すると予想している。

　図表4－4は、1960〜2020年の信用供与国・機関別の債務不履行総額の推
移である。全世界の債務不履行総額は2013年に5262億ドルの最高値を付けた
後、数年落ち着いていたが、コロナ禍対応等により、2019年の3000億ドルか

図表4－4　全世界の信用供与国別債務不履行総額（1960－2020年）

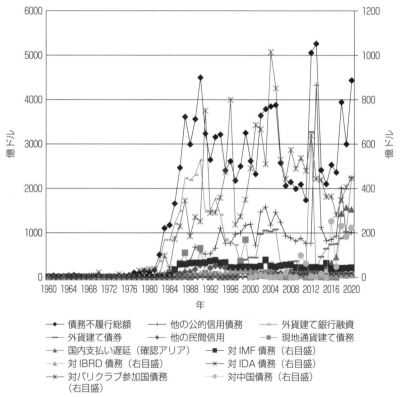

（出所）Beers, et.al.（2021）より筆者作成

ら2020年には4432億ドルに大幅に増加している。1980～90年代には「外貨建て銀行融資」に対する債務不履行が多かったが、2000年代以降の債務不履行は「外貨建て債券」が中心となっている。2020年も外貨建て債券の債務不履行が2247億ドルと最も大きく、2019年の1025億ドルから倍増している（外貨建て銀行融資は2019年の149億ドルから152億ドルに微増）。公的信用供与国・グループとしては「パリクラブ参加国」に対する債務不履行が最も大きく、2020年には447億ドルと2019年の407億ドルから増大している。他方、対「中国」債務の債務不履行は2010年頃から増大してきており、2020年には224億ドルとなっている。「IMF・世界銀行（IBRD/IDA）」に対する債務の不履行は金額的には低水準に留まっており、2020年には、対IMF債務で45億ドル、対IBRD債務で10億ドル、対IDA債務で18億ドルの不履行となっている。

図表4－5は、債務国グループ別に見た債務不履行額である。1980年代までは「新興市場国」の債務不履行がほとんどであったが、90年代以降、「HIPCs（重債務貧困国）」や「その他の途上国」の債務不履行が増えた。「先進国」の債務不履行は、2012～13年の欧州債務危機の際に3000億ドル以上に急増した後、近年は500億ドル強の不履行となっている。2020年には新興市場国の債務不履行が急増し、2019年の1370億ドルから2645億ドルへと倍

図表4－5　全世界の債務国グループ別債務不履行総額（1960－2020年）

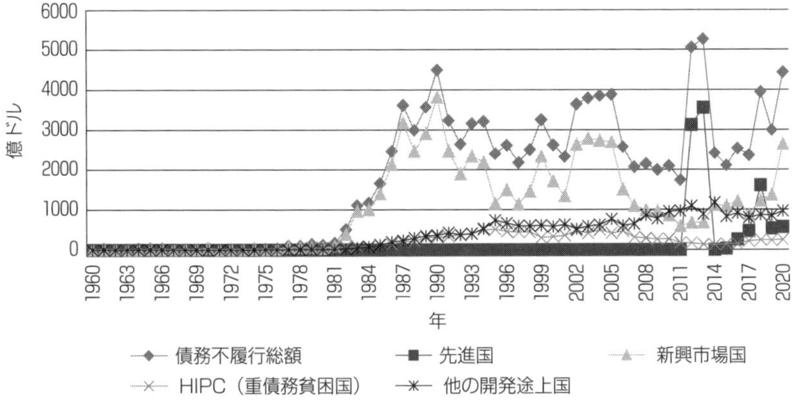

（出所）Beers, et.al.（2021）より筆者作成

増した。

　図表4－6は、1960～2020年にかけての各種「債務不履行比率」の推移を示したものである。全世界で債務不履行に陥った国の割合（「債務不履行国割合」）は、1970年代から1990年代にかけて増大し、1994年には54％の国が債務不履行を経験した。その後減少傾向にあるが、2020年でも41.4％と高止まりしている。他方、全世界の公的債務額に占める「不履行債務額比率」は1987年や1990年には6％を超える高さであったが、急速に減少し、2020年には0.5％にまで低下している。しかし、パリクラブ参加国や中国の公的融資に対する不履行比率は高止まりしており、2020年には対パリクラブで12.8％、対中国で14.9％となっている。「債務不履行額／GDP比」を見ると、全世界GDP比、開発途上国（除く中国）GDP比は1987年に最大となり、それぞれ2.1％、13.4％を記録したが、その後減少してきた。しかし、2020年には全世界GDP比は0.5％だが、開発途上国（除く中国）のGDP比では2019年の1.2％から2020年には2.0％へと悪化している。

図表4－6　債務不履行比率（1960－2020年）

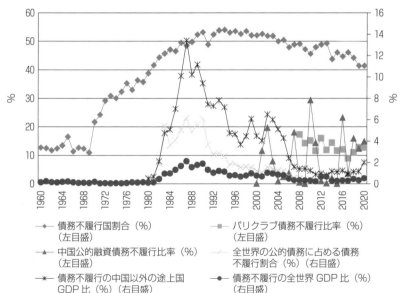

（出所）Beers, et.al.（2021）より筆者作成

図表4－7は、1960～2020年にかけての債務不履行国数の推移である。全体で見れば、1960年の16か国から1994年の114か国まで増加したが、その後は減少傾向にあり、2020年で89か国となっている。他方、債務別には異なる動きをしており、「融資債務」に比べ「債券債務」の不履行国は少なく、現地通貨建て債券で最大7か国（1999年）、外貨建て債券で最大11か国（2020年）に過ぎないが、外貨建て債券の債務不履行国は2015年以降増大してきている。融資国・機関別には、「対パリクラブ」債務の不履行国数は2000年に46か国と最大になった後、2014年には10か国と急速に減少し、2019年までは同様の水準で推移したが、コロナ禍の中、2020年には20か国へと倍増している。「対中国」債務不履行も2007年に不履行国が23か国と最大になった後減

図表4－7　債務不履行国数の推移（1960－2020年）

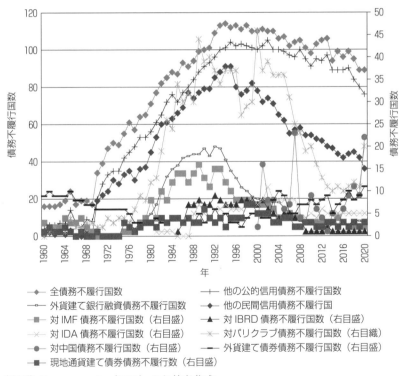

（出所）Beers, et.al.（2021）より筆者作成

少していたが、2020年には22か国と2019年の9か国から倍増している。IMF・世銀等の「対国際機関」債務の不履行国は、IMF 債務で1989年に16か国、対 IBRD 債務で1992年に9か国、対 IDA 債務で2011年に11か国と最大値を付けた後、近年は対 IMF 債務で2か国程度、対 IBRD 債務で1か国程度、対 IDA 債務で5か国程度で安定的に推移している。このように、コロナ禍の中で債務不履行国が増加したのは、パリクラブ参加国や中国からの融資債務と、外貨建て債券債務であることかわかる。

　図表4-8は、1960～2020年にかけての東アジア、南アジア各国の債務不履行額の推移である。東アジア・南アジアでは1960年以降16か国が公的債務不履行を経験している。1960～80年まではインドネシアで1970年に35.6億ドルの債務不履行があった以外は低水準で推移してきたが、1980年以降、フィリピン（1980年代、最大140.7億ドル（1990年））、インド（1967～1993年、

図表4-8　東アジア・南アジア諸国の債務不履行額の推移（1960-2020年）

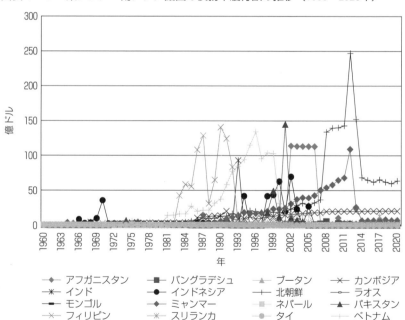

（出所）Beers, et.al.（2021）より筆者作成

最大93.0億ドル（1993年））、ベトナム（1981～2020年、最大134.2億ドル
（1996年））、インドネシア（1966～2020年、最大69.8億ドル（2002年））、パ
キスタン（1960～2008年、最大145.0億ドル（2001年））、アフガニスタン
（1964～2020年、最大113.9億ドル（2002年））、ミャンマー（1964～2020年、
最大109.0億ドル（2012年））、北朝鮮（1984～2020年、最大247.0億ドル
（2012年））等、多くの国で相次いで多額の債務不履行が発生している。今回
のコロナ禍での債務不履行額の増加は2020年には見られないが、財政支出の
増大は継続しており、今後大規模な債務不履行が発生する可能性は否定でき
ない。

　図表4－9は、IMF（2021a）のProbit分析に用いられた国内・対外債務
再編経験国・経験年のパネルデータより、1980～2020年の「債務再編」経験
国数の推移を示したものである。従来、債務問題をハイパーインフレにより
調整していた国も多かったため、インフレ率が20％を超える国も「債務再
編」国としてカウントしている。また、「対外債務再編」、「国内債務再編」、
「インフレ調整」のうち複数の手段を用いて債務問題を調整している国につ

図表4－9　債務再編数の推移（1980－2020年）

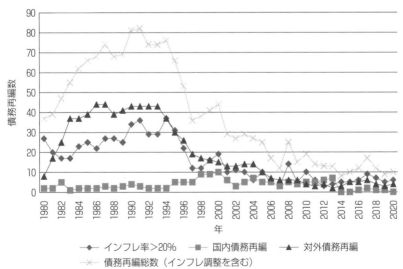

（出所）IMF（2021a）より筆者作成

いては、その手段数を足し合わせて「債務再編総数」としている。

　図表4 - 9を見ると、1980～90年代には、インフレ調整や対外債務再編が多く、1991年には債務再編総数が82にも及んでいるが、2000年代以降インフレ調整や対外債務再編は減少傾向にあり、2020年でインフレ調整6か国、対外債務再編4か国にまで減少してきている。他方、1990年代央以降、国内債務再編を行う国が10か国近くに及ぶ年も出てきており、国内債務再編が頻繁に行われるようになってきている。コロナ禍の中の2020年には未だに債務再編の増大は見られないが、財政赤字・債務残高の増大を受け、今後、対外債務のみならず国内債務の再編も増大していくことが予想される。

■ **第3節**

先行研究

Ⅰ　2000年代初頭の実証分析

　どのような国が公的債務不履行や債務再編に陥るのであろうか？従来債務問題を抱えることが多かった中南米等の新興市場国に加え、HIPCs（重債務貧困国）等の低所得国も債務返済困難に直面するようになった1990年代以降、特に、「制度政策環境」の悪化が債務困難性に影響を与えるとの実証分析結果が多く出された。

　例えば、Kraay and Nehru（2004）は、Probit 回帰により、「債務困難」[2]となる状況が①「債務負担」、②「制度政策環境」、③「マクロ・ショック」の3要因でその大部分を説明できることを実証し、特に、「制度政策環境の改善」は「債務削減」と同様に債務困難に陥る確率を下げるために重要な要素であることを示した。この実証結果は、IDA 第14次増資（IDA14）で、その国の制度政策環境の強弱に応じた債務指標に係る閾値を設定し、その閾値からの乖離率に応じて債務持続性を判断し、「グラント（贈与）比率」を決

2　Kraay and Nehru（2004）は、①債務返済遅延（アリア）が債務残高比5％以上、②パリクラブのリスケや債務削減の形で債務救済期、又は③IMF の SBA か EFF の形でクォータの50％以上の借り入れ期を「債務困難期」として Probit 回帰を行った。

定する「信号機システム」（赤（グラント100％）、黄（グラント50％、ロー
ン50％）、緑（ローン100％））を採用する基礎となった。

　また、木原（2005）は、Kraay and Nehru（2004）と同様の被説明変数を
用いる一方で、アジア通貨危機に見られるように、地域に特有の「債務脆弱
性」があると認識される可能性があるため、アジアとサブサハラ・アフリカ
にサンプルを分けて、Probit 回帰を実施した。その結果、Kraay and Nehru
（2004）と異なり、各地域に共通の頑健な結果は得られなかったが、サブサ
ハラ・アフリカでは制度政策環境が悪化すれば債務困難に陥りやすいとの有
意な結果を得ている。

Ⅱ　近年の実証分析

　Abbas and Rogoff（2019）が "A Guide to Sovereign Debt Data" で述べて
いるように、Reinhart and Rogoff（2009）の *This Time is Different: Eight
Centuries of Financial Folly* が出版される前には、公的債務総額についての長
期データは極めて限られたものであり、特に国内債のデータや債務の通貨・
満期構成等に関するデータは極めて稀にしか取れないものであった。これは、
先進国を含め、公的債務を統一的に管理する部署が1980～90年代まで欠如し
ていたこと等が影響しているが、Reinhart and Rogoff（2009）以降、長期・多
数国をカバーする新たな公的債務データベースが多く公刊されてきている。

　このような中で、近年、低所得国等の累積債務問題が再燃するとともに、
コロナ禍等のグローバル・ショックが債務国の債務返済能力に影響し、多く
の債務不履行や債務再編が予想されることから、IMF を中心に、公的債務
に関する研究が盛んになってきた。

(1)　債務不履行に関する実証分析[3]

　近年、債務不履行の経済的影響に関する実証分析も行われてきている。例
えば、Brensztein and Panizza（2009）は、債務不履行によって、①債務国

3　阿曽沼、ジュ、笹原（2021）参照

の GDP が低下し、②国際資本市場における信頼が失墜し、③国際貿易が減少し、④政治的混乱を引き起こす確率が高まることを実証した。特に、①については、Levy-Yeyati and Panizza（2011）が、（市場が事前に債務不履行を期待し GDP 成長率が自己実現的に低下することから）債務不履行前に GDP 低下が始まっており、債務危機が起こった年に GDP 成長率が平均して1.3ポイント低下するが、それ以降の年では統計的に有意な GDP 成長率の低下は見られないことを示した。また、②については、Cruces and Trebesch（2013）が、ヘアカットが大きいと債務不履行後に借入費用（債券スプレッド）が上昇し、より長い期間、国際資本市場から排除されることを示した。

　更に債務不履行が金融（銀行）部門の発達度と関係があるとの分析もある。Erce and Mallucci（2018）は、国内債務不履行は信用市場が小さい国で発生しやすいのに対し、対外債務不履行は輸入が小規模な国で発生しやすいことを示した。また、Gennaioli, Martin and Rossi（2018）は、債務不履行後の銀行貸し出しの落ち込みは金融システムが発達している国ほど大きいことを示している[4]。

　他方、近年の IMF の債務問題に関する分析は、債務不履行の分析より、「債務再編」（Debt Restructuring）に関する分析が中心になっている。

⑵　債務再編に関する実証分析

　Asonuma, et.al.（2020a）の実証分析によれば、公的債務再編は GDP、投資、民間部門信用及び資本流入の減少と結びついている。公的債務再編の生産・銀行部門への影響は、債務再編が「事前」（preemptively）に行われ債務不履行が無かったか、もしくは「債務不履行後」に行われたかによって異なる。GDP、投資、民間部門信用、資本流入の減少は「債務不履行後」の債務再編の方が「事前」の債務再編の場合より大きい。また、「信用・投資チャンネル」が債務再編の経済効果に影響しており、債務再編の負の効果は、「銀行部門」が大きいほど大きい。

　特に、IMF（2021b）は、Probit 回帰を用いて、「債務再編の潜在的決定

4　Asonuma Chamon, Erce and Sasahara（2020）参照

要因」を分析している。データは、1980〜2020年の期間に国内・国際法に基づく「債務再編」を経験した89か国のデータセットで構成される。被説明変数は、「国内法に基づく債務再編（国内債務再編：DDR（Domestic Debt Restructuring））」、「国際法に基づく債務再編（対外債務再編：EDR（External Debt Restructuring））」、及び「DDR/EDR 双方」であり、その条件付き（再編国・時期のみ）・条件無し確率について、①マクロ経済・財政指標（GDP 成長率、プライマリー・バランス等）、②債務指標（公的債務、国内公的債務、対民間対外公的債務等）、③金融部門指標（銀行預金、資産収益率等）、④対外ショック指標（為替相場減価、米国10年債利回り等）、⑤開発水準（一人当たり GDP 等）を説明変数として推定している。

　Probit 推定の結果は以下の通りであり、先行研究や「様式化された事実」と整合的である。

(ⅰ)　公的債務再編に結び付く「経済悪化」が大規模であるほど、国内債務も再編（DDR）される可能性が高まる。「DDR」及び「DDR/EDR 双方」は経済悪化期に発生しやすいが、「EDR」は財政収支（プライマリー・バランス等）の悪化や対外資金調達条件の悪化（米国債利回りの上昇）で発生しやすい。EDR はまた、一人当たり名目 GDP が低い国ほど発生しやすい。

(ⅱ)　債務再編が決まれば、DDR とするか EDR とするかは、ほぼ「債務の構成」で決まる。無条件の Probit 回帰によれば、① EDR は、「公的債務／GDP 比率」と「対民間対外債務シェア」が高いときに、② EDR 及び EDR／DDR 双方は、「国内公的債務／GDP 比率」が低いときに発生する確率が高くなる。これは、債務再編実施の条件付き確率でも同様であり、③ DDR は、「対民間対外債務シェア」が低く、「国内公的債務／GDP 比率」が高いときに発生確率が高まる。

(ⅲ)　国内の「金融仲介チャンネル」の強靭さも債務再編の選択に影響を与える。無条件 Probit 回帰の結果によれば、EDR/DDR 双方は、銀行システムが大きな国ほど発生しやすいのに対し、DDR は銀行システムの資産収益率（ROA）が高い国ほど発生しやすい。

　以上のように、先行研究によれば、公的債務不履行や債務再編の発生やその成長率への影響は、事前の債務・経済状況、銀行危機等のショック、債務

再編の構成・タイミングとともに、「銀行部門の発展度」等の国内金融システムに依存している。銀行部門が大きいほど債務再編や債務不履行が発生し、投資や成長率に対する負の影響も大きいのであれば、公的債務不履行・再編時の投資・GDP に対する負の効果を緩和する意味でも、銀行部門を代替・補完する「証券・資本市場」の育成が必要となると考えられる。

　以下本稿では、証券・資本市場の発達度と公的債務不履行・再編発生との関係、その際の成長率への影響を中心に、IMF（2021b）よりも推定国を拡大し、「債務再編」のみならず「債務不履行」についても推定を試みる。

■ 第4節

債務不履行・債務再編の決定要因と成長率への影響推定

Ⅰ　データと推定モデル

　本稿では、IMF（2021b）の Probit 分析に用いられた国内・対外債務再編経験国・経験年のパネルデータ、Beers, et.al.（2021）の公的債務不履行データ、World Bank（2022a）の Global Financial Development Database（GFDD）の金融・証券関連データ、World Development Indicators（WDI）（World Bank（2022b））の開発等関連データ、国際 NGO である Freedom House（2022）の Political Right 指数と Civil Liberty 指数（Freedom House 指標）等を用いて、債務再編実施や債務不履行の有無を決定する Probit 分析、債務不履行額／GDP の決定要因に関するパネル分析、債務再編・債務不履行や金融・証券市場の発展度が一人当たり GDP 成長率に及ぼす影響等に関するパネル分析等を行った。

　推定モデルは以下のとおりである。

(1)　Probit 分析（債務再編実施、債務不履行の有無の推定）
$$\Pr(Y_{i,t} = 1) = F(\alpha + \beta X_{i,t-1} + \epsilon_{i,t})$$

ここで、$\Pr(Y_{i,t}=1)$ は第 i 国での債務再編もしくは債務不履行（Y_i）が t
期に発生する確率、F は正規分布関数、$X_{i,t-1}$ は、ラグ付き説明変数（ベク
トル）、$\epsilon_{i,t}$ は誤差項である。

⑵　パネル分析（債務不履行「規模」（債務不履行総額／GDP）、一人当た
　　り GDP 成長率の推定）

$$Y_{i,t} = a + \beta X_{i,t} + F_i + \epsilon_{i,t}$$

　ここで、$Y_{i,t}$ は被説明変数である債務不履行規模もしくは一人当たり GDP
成長率（第 i 国、t 期）、$X_{i,t}$ は説明変数（ベクトル）、F_i は第 i 国の固有効
果、$\epsilon_{i,t}$ は誤差項である。

　また各推定について、データが取得可能な全世界サンプルによる推定ととも
もに、債務再編経験国のみのサンプル、債務不履行経験国のみのサンプルに
よる推定も行い、推定結果の頑健性等を確認した。

Ⅱ　推定結果

⑴　公的債務再編（Sovereign Debt restructuring）の Probit 回帰

　IMF（2021b）Figure Annex1.1に則り、1980〜2020年の間に対外法もし
くは国内法に基づく公的債務再編を経験した89か国のデータベースから、国
内債務再編（DDR）、対外債務再編（EDR）、国内・対外いずれかの債務再
編（EDR・DDR）を各国が経験した年を特定し、IMF（2021b）と同様の説
明変数により、どのような場合に債務再編を行うかについての Probit 回帰
分析を行った。

　今回の推定では、債務再編を行っていない国も含む全世界217か国・地域
のデータ（1980〜2020年）を用い、どのような場合に EDR、DDR もしくは
いずれか（EDR・DDR）の「債務再編」を行うか（債務再編確率が高まる
か）について Probit 回帰を行った[5]。

　全世界データによる推定結果は図表 4 −10の通りである。

①　まず、「金融危機」（Banking Crisis）に伴い（その翌年に）国内・対外
　　債務双方の再編が行われる可能性が高い。「金融危機ダミー」の係数推定

値は国内（DDR）・対外（EDR）債務再編、及びそのいずれか（DDR・EDR）すべての推定で有意に正である。

② 今回の推定では、IMF（2021b）のProbit回帰に含まれる「預金／GDP比率」（金融機関深化の代理変数）のみならず、銀行等「金融機関」及び証券市場等「金融市場」の発展度合を示すWorld Bank（2022a）の「金融機関指数」、「金融市場指数」や金融市場深化の代理変数としての「株式残高／GDP比率」をProbit回帰の説明変数に用い、金融機関と証券市場の発展・深化度合が債務再編確率に及ぼす影響を検証した。その結果、「国内債務再編」（DDR）と「対外債務再編」（EDR）に異なる傾向が見られた。

DDRについては、定式1によれば、「金融機関指数」の係数推定値は有意に正、「金融市場指数」の係数推定値は有意に負であり、証券市場の発展は国内債務再編の可能性を低減させるが、銀行等金融機関の発展は国内債務再編の可能性を増す方向に働いている。金融機関・証券市場の「深化」度合の代理変数として「金融機関預金／GDP」と「株式残高／GDP」で推定した結果、株式残高／GDPの係数推定値はすべて有意に負である一方、金融機関預金／GDPの係数推定値は必ずしも有意でない。したがって、少なくとも株式市場等証券市場の発展は、国内債務再編の可能性を有意に低下させると考えられる。

他方、EDRに対する「金融機関指数」、「金融市場指数」の係数推定値は、DDRとは異なり、「金融機関指数」は有意に負だが、「金融市場指数」は有意でない。銀行等への「アクセス」や「効率」の良さを含む金融機関の全般的発展は、対外債務再編の可能性を低下させる。しかし「深

---

5 Angrist and Pischke（2009）は、「多くの教科書では被説明変数が連続変数である場合はOLSで良いが、被説明変数に制約がある場合はOLSは適切ではなく、ProbitやTobitのような非線形モデルが望ましいとされる。しかし、条件付き期待関数（CEF）の観点からすれば、「制約付き被説明変数」は中心的課題ではない」として、0－1のように被説明変数に制約がある場合でもOLSで良いとしている。そこで、Probit推定を行った債務再編の発生等を同じ説明変数を用いてOLS推定を行ったところ、①説明変数の推定値の符号は基本的にProbit回帰と同じで、②制御変数を付加した場合は、符号・有意性ともProbit回帰と同じという結果を得た。一致推定量が得られない可能性はあるものの、Probit回帰の結果は頑健と考えられる。

図表 4-10　公的債務再編（Sovereign Debt Restructuring）の Probit 回帰（全世界データ）

被説明変数	国内債務再編（あり：1、無し：0）			対外債務再編（あり：1、無し：0）			内外債務再編（あり：1、無し：0）			
説明変数	定式1	定式2	定式3	定式4	定式5	定式6	定式7	定式8	定式9	定式10
定数	−2.072*** (−30.83)	−1.736** (−8.74)	−1.624*** (−9.72)	−0.628*** (−5.45)	−0.619** (−2.58)	−1.014*** (13.69)	−0.504*** (−4.45)	−0.327 (−1.52)	−0.502** (−2.19)	−0.896*** (−12.55)
金融機関指数（1期ラグ）	0.551** (2.44)					−1.466*** (−5.84)				−1.329*** (−5.55)
金融市場指数（1期ラグ）	−1.572*** (−5.31)					0.230 (1.05)				0.006 (0.03)
金融危機ダミー（1期ラグ）	0.447*** (3.93)	0.907*** (4.49)			0.658*** (3.29)	0.630*** (7.11)			0.643*** (3.30)	0.569*** (6.49)
金融機関預金／GDP（1期ラグ）		−0.009* (−1.93)	−0.006 (−1.44)	−0.021*** (−6.88)	−0.023*** (−4.07)		−0.023*** (−7.53)	−0.027*** (−5.06)	−0.025*** (−4.70)	
株式残高／GDP（1期ラグ）		−0.014** (−2.08)	−0.014** (−2.49)	−0.006*** (−2.60)	−0.028*** (−3.74)		−0.006*** (−2.72)	−0.026*** (−3.88)	−0.026*** (−3.75)	
実質GDP成長率（3年平均）					−0.119*** (−4.05)	−0.042*** (−6.78)		−0.108*** (−4.16)	−0.084*** (−3.09)	−0.044*** (−7.27)
対外債務残高／GNI（1期ラグ）					0.013*** (5.23)	0.005*** (13.43)		0.012*** (5.51)	0.012*** (5.13)	0.005*** (12.77)
MaccFadden R2	0.033	0.219	0.108	0.183	0.393	0.141	0.200	0.337	0.354	0.124
推定期間	1981-2018	1980-2018	1980-2020	1980-2020	1980-2018	1981-2018	1980-2020	1980-2020	1980-2018	1981-2018
サンプル数	6954	1900	2020	2020	772	3853	2020	832	772	3853

（出所）筆者作成
（注）カッコ内は z 値。

化」の代理変数である「株式残高／GDP」の係数推定値は「金融機関預金／GDP」とともに有意に負であり、金融機関・市場の深化はいずれも対外債務再編の可能性を低下させる。

③　またEDR推定で、実体経済ショックの代理変数である「実質GDP成長率」（前年までの3年平均）の係数推定値は有意に負、債務状況の代理変数としての「対外債務残高／GDP」の係数推定値は有意に正で、成長率の低下、債務残高の増加は対外債務再編リスクを高めている。実質GDP成長率、対外債務残高／GDPの係数推定値は「内外債務再編」（EDR・DDR）推定でも有意に推定されており、その効果は頑健と言える。

④　「内外債務再編」（EDR・DDR）については、1980～90年代のEDRとDDRとの相対的ウエイトを反映して、EDRと同様の推定結果となっている。

(2)　公的債務不履行（Sovereign default）の Probit 回帰

　図表4－11は、Beers, et.al.（2021）"BoC-BoE Sovereign Default Database" の公的債務不履行（Sovereign default）データを用いて、公的債務不履行の発生している国・年を特定し、「債務不履行ダミー」変数（あり：1、無し：0）を作成し、債務不履行ダミーを被説明変数として、債務不履行リスクを求めるパネルProbit回帰を実施した結果である。

　ここでは、債務不履行経験のない国も含む「全世界データ」（定式1～4）によるProbit回帰に加え、「債務不履行経験国」のみのデータ（定式5～8）での回帰結果も示す。

①　「全世界データ」の回帰結果を見ると、「金融危機ダミー」の係数推定値の多くは有意に正で、金融危機の高まりが不履行リスクを高めていることがわかる。

②　他方、「金融機関指数」、「金融市場指数」の係数推定値、及びその「深化」の代理変数である「金融機関預金／GDP」、「株式残高／GDP」の係数推定値はいずれも有意に負であり、銀行等金融機関とともに証券市場の発展、特にそれらの「深化」は債務不履行リスクを低くするとの推定結果となった。一般に、金融発展度の高まりは債務不履行確率を引き下げると

図表 4－11　公的債務不履行（Sovereign default）の Probit パネル回帰（被説明変数：債務不履行ダミー（あり：1、無し：0）

被説明変数	全体サンプル：債務不履行（あり：1、無し：0）				不履行経験国：債務不履行（あり：1、無し：0）			
説明変数	定式1	定式2	定式3	定式4	定式5	定式6	定式7	定式8
定数	0.612*** (20.72)	0.626*** (7.94)	1.432*** (17.47)	0.954*** (6.84)	0.703*** (19.96)	0.832*** (9.52)	1.460*** (17.76)	0.925*** (6.64)
金融機関指数（1期ラグ）	−1.106*** (−10.67)		−2.355*** (−10.29)		−0.400*** (−3.08)		−2.389*** (−10.44)	
金融市場指数（1期ラグ）	−2.291*** (−19.26)		−1.740*** (−10.04)		−1.844*** (−12.62)		−1.619*** (−9.17)	
金融危機ダミー（1期ラグ）	0.584*** (8.30)	0.297** (2.54)	0.620*** (4.43)	0.293 (1.47)	0.617*** (7.25)	0.293** (2.03)	0.620*** (4.40)	0.310 (1.57)
金融機関預金／GDP（1期ラグ）		−0.020*** (−12.77)		−0.011*** (6.64)		−0.013*** (7.39)		−0.011*** (−6.55)
株式残高／GDP（1期ラグ）		−0.007*** (−5.92)		−0.007*** (−4.89)		−0.008*** (−5.83)		−0.007*** (−4.87)
実質 GDP 成長率（3年平均）			−0.030*** (−4.33)	−0.075*** (−3.82)			−0.025*** (−3.54)	−0.059*** (−2.94)
対外債務残高／GNI（1期ラグ）			0.007*** (8.98)	0.006*** (4.07)			0.006*** (8.16)	0.006*** (3.71)
MaccFadden R2	0.154	0.224	0.153	0.162	0.050	0.134	0.137	0.151
推定期間	1981−2018	1978−2018	1981−2018	1980−2018	1980−2018	1978−2018	1980−2018	1980−2018
サンプル数	6954	1929	3853	772	5130	959	3810	756

（注）カッコ内は z 値。

第4章　コロナ禍下の財政拡大と公的債務不履行・再編の実証分析　119

考えられる。

③　また、「実質 GDP 成長率」の係数推定値は有意に負、「対外債務残高／GDP」の係数推定値は有意に正で、成長率の低下、債務残高の増加は、内外債務再編リスク同様、「債務不履行リスク」を高めている

④　「債務不履行経験国のみ」のデータで Probit 回帰を行った場合も、説明変数の係数推定値の符号、有意性はすべての推定値で「全世界データ」の回帰結果と同様である。推定値の大きさも類似しており、推定結果の頑健性を窺わせる。

(3)　公的債務不履行「規模」に関するパネル推定

図表 4 −12は、Beers, et.al.（2021）の公的債務不履行データを用いて、各国の「公的債務不履行総額（国債等市場性証券、銀行貸付、公的貸付を含む）／GDP」（債務不履行「規模」）を被説明変数とし、どのような要因が債務不履行規模を増大させるか、最大123か国、1980〜2020年の期間のパネルデータにより、固定効果モデルでパネル推定した結果である。

推定結果によれば、「実質 GDP 成長率」の係数推定値は有意に負で定式を替えても −0.3程度と頑健であり、実質 GDP 成長率の低下（実物経済ショック）は有意に債務不履行規模を高める。また、「対外債務残高／GDP」（対外債務状況の悪化）の係数推定値は有意に正で定式を替えても0.26程度と頑健であり、対外債務の増大は有意に債務不履行規模を高める。更に、「Freedom House 指標」（ 1 〜 7 ：政治的権利・市民の自由の「悪化」指標）の係数推定値はいずれの定式でも有意に正であり、制度政策環境（ガバナンス）の悪化は債務不履行規模を高める。

この結果は、実質 GDP 成長率の低下、債務状況の悪化、制度政策環境の悪化が債務困難リスクを高めるという Kraay and Nehru（2004）、木原（2010）等の先行研究結果と整合的である。

定式 2 〜 4 によれば、これらの説明変数で制御した上でも、「金融発展指数」、「金融機関指数」、「金融市場指数」の係数推定値は有意に負であり、銀行等の金融機関や株式・債券等の証券市場の発達は債務不履行規模の引き下げに寄与する。

図表4－12 公的債務不履行「規模」のパネル分析（その1）（被説明変数：公的債務不履行総額／GDP（％）：推定期間1980-2020年）

	定式1	定式2	定式3	定式4	定式5	定式6	定式7	定式8	定式9
定数	-8.502*** (-4.52)	-2.303 (-1.18)	-0.349 (-0.18)	-7.316*** (-3.84)	1.278*** (5.86)	1.291** (2.05)	1.230* (1.83)	-1.627 (-1.41)	-2.452* (-1.96)
一人当たり GNI	-0.0001* (-1.89)	-0.00006 (-1.17)	-0.00004 (-0.67)	-0.0001** (-2.20)			-3*E-5*** (-2.69)	-2*E-5*** (-2.68)	-3*E-5** (-2.52)
Freedom House 指数	0.898*** (2.82)	0.644** (2.03)	0.547* (1.71)	0.851** (2.70)				1.076*** (2.61)	1.398*** (3.30)
実質 GDP 成長率（3年平均）	-0.327*** (-3.42)	-0.352*** (-3.48)	-0.354*** (-3.57)	-0.359*** (-3.52)					
金融危機ダミー	2.756** (2.50)								
対外債務残高／GNI（1期ラグ）	0.261*** (18.23)	0.260*** (18.84)	0.260*** (18.81)	0.260*** (18.83)					
金融発展指数（1期ラグ）		-29.302*** (-8.70)							
金融機関指数（1期ラグ）			-26.158*** (-9.21)						
金融市場指数（1期ラグ）				-9.409*** (-4.88)					
債券総額／GDP（％）						0.0056 (0.85)	0.0062 (0.95)	0.0068 (1.05)	0.0068 (1.05)
金融機関預金／GDP（1期ラグ）					0.0061 (1.19)	0.0055 (0.45)	0.0125 (0.91)	0.012* (1.73)	0.013 (0.32)
株式残高／GDP（1期ラグ）					-0.0041*** (-2.61)	-0.0088** (-2.54)	-0.0063** (-2.19)	-0.0029** (-2.21)	-0.0047* (-1.83)
自由度修正済み R2	0.689	0.684	0.685	0.681	0.175	0.150	0.160	0.187	0.167
国数／サンプル数	123/3861	118/4067	118/4067	118/4067	94/2006	80/1598	80/1575	94/1950	80/1568

（注）全世界データを用い、クロスセクション固定効果（ホワイト不均一分散修正）により推定。

他方、金融機関・証券市場の「深化」の代理変数として「金融機関預金／GDP」と「株式残高／GDP」を説明変数に加えて推定すると、「株式残高／GDP」の係数推定値は有意に負で証券市場の深化は債務不履行規模を低減させるが、「金融機関預金／GDP」の係数推定値は正で有意に推定されていないものも多く、金融機関の深化は必ずしも債務不履行規模を減じるものではない。

　なお、「一人当たり GNI」の係数推定値は負となっており、所得水準の低下が債務不履行規模を増大させることを示しているが、定式により有意となっていない推定もある。

　また、内外の「債券総額／GDP」の係数は有意に推定されておらず、財政赤字により国債等の発行が増えても必ずしも債務不履行規模が拡大するわけではない。対外債務残高／GDP の係数推定値が有意に正で頑健であることと考え合わせれば、債務不履行規模に影響するのは国債等の残高ではなく「対外債務」であると考えられる。

　図表 4 −12の推定から説明変数の構成を変え、「金融危機ダミー」を除き、World Bank（2022a）の金融市場及び金融機関の「深化」指数を導入した推定結果を図表 4 −13に示す。「金融市場深化指数」の係数推定値は有意に負となっており、株式残高の増大等の証券市場の深化は債務不履行規模を低減させるが、「金融機関深化指数」の係数推定値は有意でなく、預金残高の増大等の金融機関の深化は債務不履行に影響を及ぼさない。これは、図表 4 −12の結果（定式 5 〜 9 ）と整合的である。所得水準を制御しても、「金融市場指数」、「金融市場深化指数」で表される証券市場の発達度、特に証券市場の深化は債務不履行規模の引き下げに寄与するといえる[6]。なお、本稿では示していないが、「債務不履行経験国」のみのデータで推定した結果も「全世界データ」の場合と同様に推定されている。

　全世界データ、債務不履行経験国データ双方で、成長率、対外債務の係数

6　「金融機関指数」を説明変数とすると当該変数の係数が有意に推定されず、「Ln（一人当たり GDP）」の係数も有意に推定されない。これは、所得水準の上昇とともに金融機関が深化し預金／GDP 比が上昇することから、多重共線性が発生しているためと考えらえる。

図表４－13　債務不履行「規模」のパネル分析（その２：全世界データ）

（被説明変数：公的債務不履行総額／GDP（％）：推定期間1980-2020年）

	定式１	定式２	定式３	定式４	定式５
定数	6.808 (1.12)	3.123 (0.48)	1.955 (0.30)	5.483 (0.86)	4.560 (0.61)
Ln（一人当たり GNI）	−1.935*** (−2.73)	−0.831 (−0.97)	−0.360 (−0.39)	−1.749** (−2.34)	−1.458 (−1.43)
Freedom House 指数	0.657** (2.07)	0.588* (1.86)	0.525 (1.66)	0.677** (2.12)	0.635** (2.03)
実質 GDP 成長率（3年平均）	−0.313*** (−3.18)	−0.334*** (−3.38)	−0.348*** (−3.56)	−0.315*** (−3.18)	−0.331*** (−3.48)
対外債務残高／GNI（1期ラグ）	0.254*** (16.91)	0.258*** (16.83)	0.259*** (16.74)	0.255*** (16.65)	0.255*** (16.44)
金融市場指数（1期ラグ）	−4.858** (−2.37)				
金融発展指数（1期ラグ）		−25.336*** (−4.69)			
金融機関指数（1期ラグ）			−24.958*** (−4.73)		
金融市場深化指数（1期ラグ）				−7.199** (−2.32)	
金融機関深化指数（1期ラグ）					−13.171 (−1.46)
自由度修正済み R2	0.682	0.684	0.685	0.682	0.682
国数／サンプル数	118/4067	118/4067	118/4067	118/4067	118/4067

（注）クロスセクション固定効果（ホワイト不均一分散修正）により推定。

推定値は極めて頑健であり、実質 GDP 成長率１％の上昇は債務不履行規模を0.3％強引き下げ、対外債務／GDP 比１％の上昇は債務不履行規模を0.25％強引き上げる。

⑷　一人当たり GDP 成長率に対する影響

①　債務不履行等の影響

　図表４－14は、債務困難等が成長率に与える影響を検証するために、債務不履行の規模及び生起、金融危機、金融証券市場の状況等を説明変数として、一人当たり GDP 成長率をパネル推定した結果である。

　制御変数として、「実質金利」、「消費者物価上昇率」、「Freedom House 指標」を用いた。「実質金利」は「自然利子率」の代理変数と考えられ、自然利子率は潜在成長率に等しくなるため、実質金利の係数推定値は正になると期待される。実際、推定値は正で有意なものが多い。「消費者物価」の大幅上昇は、マクロ経済政策の失敗を意味し、成長率を引き下げることが期待される。図表４－14によれば、消費者物価上昇率の係数推定値は有意に負で頑健である。制度政策環境の代理変数である「Freedom House 指標」（数字が大きいほど政治的権利・市民の自由が欠如）の係数推定値は、有意に負で頑健である。制度政策環境の悪化は成長率を低下させることが期待される。

　債務不履行の規模変数である「債務不履行総額／GDP」の係数推定値は、有意に負で頑健である。債務不履行規模の増大は一人当たり実質 GDP 成長率を有意に低下させる。

　またショック指標である「金融危機ダミー」の係数推定値も有意に負で頑健となっており、金融危機が起これば成長率を２％強低下させることが示される。

　定式１～３は、銀行等「金融機関変数」と証券等「金融市場変数」との成長促進・低減効果を示したものである。総じて、金融機関変数の係数推定値は有意に負、金融市場変数の係数推定値は有意に正となっている。銀行等金融機関の発達、特に預金／GDP 比等が高まり深化が進展することは、成長にマイナス効果を与えている。これは、IMF（2021b）の推定結果と整合的である。他方、証券市場の発達、特に株式残高／GDP 比等が高まり深化が

図表4−14　一人当たりGDP成長率のパネル回帰（債務不履行等、全世界データ）

（被説明変数：一人当たり実質GDP成長率（%））

	定式1	定式2	定式3	定式4	定式5	定式6
定数	5.508*** (13.80)	4.763*** (14.62)	4.337*** (7.96)	4.137*** (14.69)	3.968*** (14.42)	3.534*** (7.57)
債務不履行総額/GDP（%）	−0.028*** (−6.43)	−0.027*** (−6.28)	−0.065** (−2.34)			
実質金利（%）	0.011* (1.80)	0.12* (1.89)	−0.001 (−0.03)	0.015** (2.40)	0.015** (2.39)	0.006 (0.46)
消費者物価上昇率（%）	−0.002*** (−4.40)	−0.002*** (−4.30)	−0.015*** (−6.52)	−0.002*** (−4.75)	−0.002*** (−4.74)	−0.014*** (−4.82)
Freedom House指標	−0.489*** (−6.09)	−0.465*** (−5.81)	−0.119 (−0.67)	−0.454*** (−5.64)	−0.448*** (−5.53)	−0.286* (−1.87)
金融危機ダミー	−2.329*** (−10.27)	−2.199*** (−9.83)	−2.386*** (−2.90)	−2.332*** (−10.40)	−2.327*** (−10.37)	−2.314*** (−6.20)
金融機関指数（1期ラグ）（×不履行ダミー）	−4.270*** (−4.91)			−1.835*** (−2.91)		
金融市場指数（1期ラグ）（×不履行ダミー）	1.249** (2.31)			0.714 (0.78)		
金融機関深化指数（1期ラグ）（×不履行ダミー）		−4.341*** (−4.64)			−2.933*** (−3.16)	
金融市場深化指数（1期ラグ）（×不履行ダミー）		1.872*** (3.52)			2.368** (2.20)	
金融機関預金/GDP（%）（1期ラグ）（×不履行ダミー）			−0.027*** (−3.22)			−0.029*** (−3.65)
株式残高/GDP（%）（1期ラグ）（×不履行ダミー）			0.007** (2.62)			0.030*** (4.08)
自由度修正済R2	0.305	0.300	0.302	0.288	0.288	0.291
国数/サンプル数	133/3166	133/3166	65/1027	135/3229	135/3229	66/1038

（注）クロスセクション固定効果（GLSもしくはホワイト不均一分散修正（定式3、6））により推定。括弧内はt値。定式4〜6の金融証券変数は「不履行ダミー」との交差項。

進展すれば、成長にプラスの効果を与える。

定式4〜6では、金融変数と、債務不履行が発生した国・年は1、その他の国・年は0と置く「不履行ダミー」との交差項を説明変数として推定することにより、不履行が発生した際の金融変数の影響を検証している。総じて、「金融機関変数」×不履行ダミーの係数推定値は有意に負で頑健である。債務不履行が発生した場合、金融機関が発達していれば、成長率にマイナスの影響を与える。これは、IMF（2021b）と整合的な結果である。他方、「金融市場変数」×不履行ダミーの係数推定値は正で有意のものが多い。債務不履行が発生しても、証券市場が発達していれば、成長率にプラスの影響を与え、回復を促進すると考えられる。

② 債務再編等の影響

図表4－15は、「債務再編」等が成長率に与える影響を検証するために、国内・対外債務再編の生起、金融危機、金融機関・証券市場の状況等を説明変数として、全世界データにより一人当たりGDP成長率をパネル推定した結果である。

制御変数としては、「債務不履行」による推定と同様に、「実質金利」、「消費者物価上昇率」、「Freedom House指標」を用いた。制御変数の係数推定値の符号、有意性等は「債務不履行」による推定の結果とほぼ同じである。

債務再編の生起した年・国に1、その他の国・年に0を置く「債務再編ダミー」の係数推定値は、有意に負で頑健である。債務再編を行えば、一人当たり実質GDP成長率は有意に低下する。

またショック指標である「金融危機ダミー」の係数推定値も、「債務不履行」による推定同様、有意に負で、金融危機が起これば成長率を2％強低下させることが頑健に示される。

定式1〜3は、銀行等「金融機関変数」と証券等「金融市場変数」との成長促進・低減効果を示したものである。推定結果は「債務不履行」による推定同様、金融機関変数の係数推定値は有意に負、金融市場変数の係数推定値は有意に正となっている。

他方、定式4〜6では、金融変数と「債務再編ダミー」との交差項を説明変数として推定することにより、債務再編を実施した際の金融変数の影響を

図表 4 −15 一人当たり GDP 成長率に対する影響（債務再編等、全世界データ）

（被説明変数：一人当たり実質 GDP 成長率（%））

	定式1	定式2	定式3	定式4	定式5	定式6
定数	5.256*** (13.10)	4.536*** (13.87)	4.078*** (7.18)	3.828*** (14.16)	3.784*** (13.77)	3.088*** (4.30)
債務再編ダミー（国内もしくは対外）	−0.882*** (−4.26)	−0.850*** (−4.10)	−2.256** (−2.65)			
実質金利（%）	0.013** (2.06)	0.013** (2.14)	0.0005 (0.02)	0.015** (2.40)	0.015** (2.38)	0.0009 (0.05)
消費者物価上昇率（%）	−0.002*** (−4.71)	−0.002*** (−4.60)	−0.015*** (−6.72)	−0.002*** (−4.54)	−0.002*** (−4.60)	−0.015*** (−6.97)
Freedom House 指標	−0.464*** (−5.72)	−0.440*** (−5.43)	−0.032 (−0.17)	−0.414*** (−5.13)	−0.410*** (−4.99)	−0.135 (−0.71)
金融危機ダミー	−2.343*** (−10.30)	−2.218*** (−9.88)	−2.270*** (−2.84)	−2.331*** (−10.35)	−2.290*** (−10.23)	−2.262*** (−2.93)
金融機関指数（1期ラグ）（×不履行ダミー）	−4.032*** (−4.64)			−3.222*** (−3.70)		
金融市場指数（1期ラグ）（×再編ダミー）	1.113** (2.06)			−0.315 (−0.19)		
金融機関深化指数（1期ラグ）（×再編ダミー）		−4.043*** (−4.31)			−1.275 (−0.98)	
金融市場深化指数（1期ラグ）（×再編ダミー）		1.692*** (3.17)			−4.670** (−2.58)	
金融機関預金／GDP（%）（1期ラグ）（×再編ダミー）			−0.027*** (−3.28)			−0.066* (−2.00)
株式残高／GDP（%）（1期ラグ）（×再編ダミー）			0.007** (2.66)			0.013 (0.82)
自由度修正済R2	0.292	0.287	0.299	0.282	0.288	0.286
国数／サンプル数	135/3229	135/3229	66/1034	135/3229	135/3229	66/1034

（注）クロスセクション固定効果（GLS もしくはホワイト不均一分散修正（定式3、6））により推定。括弧内は t 値。定式4〜6の金融証券変数は「再編ダミー」との交差項。

検証している。推定結果は、債務不履行の際とは異なり、「金融機関変数」×債務再編ダミーの係数推定値は有意に負のケースが多いが、「金融機関深化指数」との交差項では有意となっていない。「金融市場変数」×債務再編ダミーの係数推定値は有意でないものが多いが、「金融市場深化指数」との交差項では有意に負となっている。これは債務再編が実施された場合、それまで国債発行等で財政を拡大できていた証券市場深化国ほど、財政拡大ができず成長率の落ち込みが大きくなることが一因と考えられる。

　以上の推定結果をまとめると、以下の(ⅰ)、(ⅱ)、(ⅲ)の通りである。なお、「債務不履行（再編）経験国のみ」のデータによる推定結果も「全世界」データと同様で推定値も類似しており、推定結果は頑健である。

(ⅰ)　債務再編・債務不履行発生リスクへの影響

① 　金融危機、成長率の低下、対外債務残高の増加は、「国内・対外債務の再編リスク」及び「債務不履行リスク」を高める。

② 　「対外債務再編リスク」は、銀行等への「アクセス」や「効率」を含む金融機関の「全般的発展」や金融機関・証券市場の「深化」により低下する。他方、「国内債務再編リスク」は証券市場の発展により低減するが、銀行等金融機関の発展はそのリスクを増す。

③ 　「債務不履行リスク」は銀行等「金融機関」・証券等「金融市場」それぞれの「全般的発展」及びその「深化」により低下する。

(ⅱ)　債務不履行「規模」（債務不履行総額／GDP）への影響

④ 　実質 GDP 成長率の低下、対外債務の増加、制度政策環境（ガバナンス）の悪化は、Krray and Nehru（2004）や木原（2005）等の先行研究同様、「債務不履行規模」を高める。

⑤ 　銀行等の金融機関、株式・債券等の証券市場の「全般的発展」は、債務不履行規模の引き下げに貢献する。但し、「証券市場の深化」は債務不履行規模を低減させる一方、「金融機関の深化」は債務不履行規模に必ずしも影響を与えない。

⑥ 　財政赤字により国債等の発行が増えても必ずしも債務不履行規模が拡大するわけではなく、対外債務残高／GDP（「対外債務」規模）の増大が債務不履行規模を拡大する。

⑦ 「成長率」、「対外債務」の係数推定値は極めて頑健であり、実質GDP成長率1％の上昇は債務不履行額／GDP比を0.3％強引き下げ、対外債務／GDP比1％の上昇は債務不履行額／GDP比を0.25％強引き上げる。

(iii) 一人当たりGDP成長率に対する影響

⑧ 「金融危機」が起これば成長率を2％強低下させる。

⑨ 銀行等「金融機関の発達」、特に預金／GDP比等が高まり「深化」が進展することは成長にマイナス効果を与えている（IMF（2021b）の推定結果と整合的）。他方、「証券市場の発達」、特に株式残高／GDP比等が高まり「深化」が進展すれば、成長にプラスの効果を与える。

⑩ 「債務不履行が発生」した場合、「金融機関」が発達していれば、成長率にマイナスの影響を与える。他方、債務不履行が発生しても、「証券市場」が発達していれば、成長率にプラスの影響を与え、回復を促進すると考えられる。

⑪ 他方、「債務再編を実施」した際の金融変数の成長に対する影響については、債務不履行の際とは異なる。「金融機関変数」×債務再編ダミーの係数推定値は有意に負のケースが多いが、「金融市場深化指数」との交差項でも有意に負となっている。これは債務再編が実施された場合、それまで国債発行等で財政を拡大できていた証券市場深化国ほど、財政拡大ができず成長率の落ち込みが大きくなることが一因と考えられる。

■ 第5節

政策的含意

先行研究や本稿の分析を踏まえ、近年の債務問題に対し以下のような政策対応が必要と考えられる。

Ⅰ 金融危機・債務問題への早期警戒システム等の確立

「金融危機」は債務不履行や債務再編を引き起こし、成長率を低下させる。Reinhart and Rogoff（2009）によれば、政策当局は「今回は違う」（This time is different）と考え、金融危機を繰り返している。これを避けるには、①不動産価格の異常な上昇等、金融危機の「早期警戒システム」を確立し、②レバレッジ等に関する「国際的規制」を設定しルール順守を徹底すべきとしている。

　更に、「債務不履行、債務再編の早期警戒システム」も確立する必要があろう。本稿の実証結果から、金融危機、成長率の低下、対外債務残高の増加、金融・証券市場の状況が債務不履行・債務再編リスクを高めることが示された。このような状況が融資条件や債券の発行条件に適切に反映されるシステムが必要である。

Ⅱ　脆弱な「金融システム」（特に証券市場）の育成強化

　先行研究や本稿での実証結果から、債務再編・不履行の原因とその影響に「金融システム」が大きく影響していることがわかる。特に、預金／GDP比等、銀行等の金融機関の過大な「深化」が債務不履行や債務再編のリスクを高め、不履行時・再編時の成長率低下に有意な影響を与えている。他方、株式残高／GDP等、証券市場の発達・深化は債務不履行・債務再編リスクを低め、不履行時・再編時の成長率に正の有意な影響を与えている。従って、債務危機時に銀行等の金融機関が及ぼす負の影響を緩和・修正する意味でも、株式・債券市場等の証券市場の育成、特に「証券市場規模の拡大」（深化）を図る必要がある。

Ⅲ　「選別的債務不履行」への対応

　Erce and Mallucci（2018）の実証・モデル分析によれば、債務国は国内債務もしくは対外債務を選別的に不履行・再編することが常態となっているが、その影響は大きく異なる。IMF（2021a）によれば、近年、国内法に基づいて発行された公債（国内債）の再編（DDR）が、頻繁に行われるようになった。DDRを行い対外債務再編（EDR）を行わなければ、EDRに伴う対外的に「評判」が悪化するコストを減じることができ、国際金融市場への

アクセスを保持できるメリットがある。他方、国内の銀行や年金基金は対外債ではなく国内債の保有が極めて多く、DDR を行えば金融安定や経済活動に重大な悪影響を与えかねない。

したがって、どのように DDR を設定するかは、国内金融システムと経済全体に対するリスクを最小化しながら必要な債務再編目標を達成する上で、極めて重要である。DDR の範囲を決める際に、「幅広い債権に網をかける」ことは、個々の債権者グループに求める債務削減負担を軽減できることから、債務再編への「参加」を促すことに繋がる。また、債務再編を行う前に「ストレス・テスト」を行えば、どのような政策支援が必要かの重要な情報を得ることができる。DDR の金融システムに対する影響度に応じて、「流動性支援」、「規制的手法」、「資本注入」、「金融安定基金の設立」等の政策対応を行う必要があろう。

Ⅳ　債務再編のタイミング

Asonuma, et.al.（2020）によれば、公的債務再編に伴う GDP、投資、民間部門信用、資本流入の減少は「債務不履行後の債務再編」の方が「事前の債務再編」の場合より大きい。従って、債務再編コストを軽減するには、「債務不履行前」に債権者との交渉により債務再編を行うべきであり、実証分析により明らかとなった変数等により債務不履行リスクの高まりを識別し、リスクが高まったら早急に再編交渉を開始すべきである。

Ⅴ　「国際債務アーキテクチュア」の再構築

G20諸国は、今回のコロナ禍等に伴う途上国の債務困難に際し、「債務支払い停止イニシアティブ」（DSSI）の実施・延長等を行うことで対応してきた。IMF の Georgieva.et.al.（2020）は、債務脆弱性のある国は債務管理（持続不可能な債務をできるだけ早急に再編し、民間債権も含む）と成長回復政策に早急に対処することを提言するとともに、「国際債務アーキテクチュア」の改革を訴えている。Georgieva.et.al.（2020）によれば、現在の

公的債務の契約枠組みは、公共債の債務再編には概ね効果的だが、多様な民間信用供与者への拡大や債務の透明性欠如に対処する必要がある（非証券債務や債券担保証券の増加に対し有効でない）。また、公的債権の多くを、パリクラブのメンバーでない国々が保有しており、パリクラブの手続きに従っていないため、債務再編が困難となっている。

そこで、現行の「国際債務アーキテクチュア」に以下のような変更点を付け加えるべきとしている。

① 債務国及び債権者は、債務国に問題が生じた場合に経済的落ち込みを最小限にするための「契約条項を更に強化」すべき（国際債への適用を促進している拡大 CACs（Collective Action Clauses）と同様の条項を非証券債務に適用し、自然災害や大規模な経済ショックの際に、債務支払いを削減・自動停止させる条項の付加）。

② 債務の透明性を向上させるべき（どの債務国がどのような条件で借入を行っているかの情報、他の債権者に付与された条件等）。

③ 公的二国間債権者は、公的二国間債務再編の「共通アプローチ」に合意すべき（これはパリクラブ参加国及びそれ以外の債権国双方に受け入れ可能なもので、債務国が債務をつまびらかにし、すべての公的・民間債権者からの債務再編合意を同等の条件で求める「共通条件シート」を含む。このような方式で情報共有とすべての債権者間の公正な負担分担を確保することにより、参加率が増大し遅延を回避できる）。

今回のコロナ禍等に伴う債務困難を世界的な債務危機に陥らせないためにも、上記の「国際債務アーキテクチュア」の強化は必要であろう。また、このような規約が有効に機能するように、債務不履行・再編の有無による penalty と reward を含む借入契約の国際基準化等、ゲーム理論、契約の経済学、行動経済学等の近年の経済学的知見や実証分析の結果を、アーキテクチュア構築に活用すべきであろう。

結び

　本稿では、近年利用可能となった公的債務不履行・債務再編のデータベースを用いて、債務不履行・再編等の「発生」要因や債務不履行「規模」の決定要因、及び債務不履行・再編等の実質GDP成長率への影響を、全世界サンプル及び債務困難国サンプルにより推定し、先行研究の結果等を確認するとともに、「証券市場等の資本市場の発展」が債務困難を回避し、債務不履行・再編に陥った際の経済回復に有効であることを頑健に示した。

　まず第1節及び第2節で、コロナ禍の中、医療・保健対応、所得補償・債務減免等の経済支援により各国とも財政支出が大幅に増加し、先進国・途上国を問わず財政赤字が拡大し、公的債務が増大していることを示した後、債務不履行が債務拡大以上のペースで増大している事実を示した。近年の特徴として、「選択的債務不履行・債務再編」やパリクラブ・中国からの「融資債務」と「外貨建債券債務」の不履行増加とともに、「国内債務」再編の相対的増加といった傾向が見られる。

　第3節では、先行研究についてレビューした。2000年代初頭にはHIPCs等の債務困難に対して債務困難の発生要因の推定等により、途上国の制度政策環境の強弱に応じた融資・贈与等の実施に繋がった。近年は低所得国等の累積債務問題が再燃するとともに、コロナ禍等のグローバル・ショックが債務国の債務返済能力に影響し、債務不履行・再編の増加が予想されることから、IMF等を中心に多くの理論・実証研究が行われている。特に、債務不履行が銀行部門の発展と関係があり、銀行部門が大きいほど対外債務を含む大規模な再編が行われ、成長・投資等マクロ経済に対する債務再編の負の影響は銀行部門が大きいほど大きいといった実証分析結果が示されている。このような影響を緩和する意味でも、銀行部門の機能を代替・補完する「証券・資本市場の発展」が必要となるのではないか。

　そこで、第4節では、従来の推定に用いられた変数や銀行預金等の「金融機関」深化変数に加え、株式残高等の「金融市場」（証券市場）変数等を用

いて、債務再編・不履行発生の Probit 分析、債務不履行「規模」決定のパネル分析、債務不履行・再編や金融証券変数等の一人当たり実質 GDP 成長率への影響に係るパネル推定を、全世界サンプルと不履行／再編経験国サンプルで行った。その結果、①金融危機・成長率低下・債務残高の増加が債務不履行・再編リスクを高め、成長率低下・対外債務の増加・制度政策環境の悪化が債務不履行「規模」を拡大していること、②銀行等「金融機関」の発達が国内債務再編リスクを増し、債務不履行・再編発生時に成長率を更に低下させるのに対し、証券等「金融市場」の発展は国内債務再編リスク・債務不履行リスクを低減し、債務不履行・再編発生時でも成長率にプラスの効果を与え回復に資すること等が明らかになった。

　先行研究や本稿の分析を踏まえ、第5節では近年の債務問題に対する政策的含意を示した。債務不履行・再編を惹起する「金融危機」等のグローバル・ショック対応に併せ、途上国政府は脆弱な「金融システム」を強化し、債務危機時に銀行等の金融機関が及ぼす負の影響を緩和する意味でも、株式・債券等の証券市場の育成、特に「証券市場規模の拡大・深化」を図る必要があろう。また近年顕著となってきた「選別的債務不履行・再編」、特に国内金融システムや成長に影響を及ぼす「国内債務再編」（DDR）の影響を軽減するため、債務再編への広範な「参加」を促進するとともに、事前のストレス・テストの結果に応じた流動性支援・規制強化・資本注入等の施策を準備する必要があろう。更に、債務不履行後の債務再編は成長率等を大きく引き下げるため、実証結果等に基づき債務不履行リスクの高まりを事前に識別し、リスクが高まったら早急に再編交渉を開始すべきであろう。G20は「債務支払い停止イニシアティブ」（DSSI）の実施・延長で途上国の債務困難に対応してきたが、更に IMF が提唱するように、拡大 CACs のような契約条項の強化、債務の透明性向上、中国を含む公的二国間債務再編への共通アプローチの確立等、国際社会は「国際債務アーキテクチュア」を再構築する必要がある。その際、このような規約が有効に機能するように、債務不履行・再編の有無による penalty と reward を含む借入契約の国際基準化等、ゲーム理論、契約の経済学、行動経済学等の近年の経済学的知見や実証分析の結果を、アーキテクチュア構築に活用すべきであろう。

Abbas and Rogoff（2019）が示している通り、長期・多数国をカバーする公的債務・債務不履行・債務再編データベースが近年多く公刊されている。債務危機の発生や危機の負の影響を回避するため、債務困難の地域別耐性の差異等、これらのデータベースを活用した実証分析を更に深化させていく必要があろう。また、本稿で証券市場の発展が債務不履行・再編の回避や成長率低下の緩和等の効果を持つとの実証結果を得たが、そのメカニズムは必ずしも明らかでない。今後、証券市場を含むモデルを構築し、証券市場の成長促進経路等をシミュレーションにより明らかにしていく必要があろう。

＜参考文献＞

・Abbas, S. Ali, and Kenneth Rogoff（2019）"A Guide to Sovereign Debt Data" IMF Working Paper WP/19/195

・Asonuma, Tamon, Marcos Chamon, Aitor Erce, and Akira Sasahara（2020）"Costs of Sovereign Defaults: Restructuring Strategies and the Credit-Investment Channel"

・Bank of Canada（2021）"Database of Sovereign Default" The Bank of Canada's Rating Assessment Group（CRAG）

・Beers, David, Elliot Jones, and John Fraser Walsh（2021）"BoC-BoE Sovereign Default Database: Methodology, Assumptions and Sources" Technical Report 117, Bank of Canada

・Beers, David, Elliot Jones, Zacharie Quiviger, and John Fraser Walsh（2021）"BoC-BoE Sovereign Default Database: What's new in 2021?" Staff Analytical Note 2021-15, Bank of Canada

・Borensztein, Eduardo, and Ugo Panizza（2008）"The Cost of Sovereign Default" IMF Working Paper

・Erce, Aitor, and Enrico Mallucci（2018）"Selective Sovereign Defaults" International Finance Discussion Papers 1239, Board of Governors of Federal Reserve System

・Erce, Aitor, and Enrico Mallucci, and Mattia Picarelli（2021）"A Journey in the History of Sovereign Defaults on Domestic-Law Public Debt"

LUISS Working Paper 14/2021

- Erce, Aitor, and Javier Diaz-Cassou (2010) "Creditor Discrimination during Sovereign Debt Restructuring" Banco de Espana, Working Paper No.1027
- Freedom House (2022) "Freedom in the World 1973-2021"
- Gennaioli, Nicola, Alberto Martin, and Stefano Rossi (2018) "Banks, Government Bonds, and Default: What do the Data say?" *Journal of Monetary Economics*, Vol.98 (C)
- Georgieve, Kristalina, Ceyla Pazarbasioglu, and Rhoda Weeks-Brown (2020) "Reform of the International Debt Architecture is Urgently Needed" IMF
- IMF (International Monetary Fund) (2021a) "Issues in Restructuring of Sovereign Domestic Debt" IMF
- IMF (2021b) "Issues in Restructuring of Sovereign Domestic Debt-Background Paper" IMF
- IMF (2021c) "World Economic Outlook Database October 2021" IMF
- IMF (2021d) "October 2021 Fiscal Monitor" IMF
- IMF (2022) "International Financial Statistics" IMF
- Levy-Yeyati, Eduardo, and Ugo Panizza (2006) "The Elusive Costs of Sovereign Defaults" Inter-American Development Bank Research Department Working Paper #581
- Mendoza, Enrique G. and Vivian Z. Yue (2012) "A General Equilibrium Model of Sovereign Default and Business Cycles" *Quarterly Journal of Economics*, Vol.127 (2)
- Reinhart, Carmen M. (2010) "This Time is Different Chartbook: Country Histories on Debt, Default, and Financial Crisses" NBER Working paper series 15815
- Reinhart, Carmen M. and Kenneth S. Rogoff (2008) "The Forgotten History of Domestic Debt" NBER Working paper 13946
- Reinhart, Carmen M. and Kenneth S. Rogoff (2009) *This Time is Differ-*

ent - Eight Centuries of Financial Folly - Princeton University Press
・Sosa-Padilla, Cesar, (2015) "Sovereign Defaults and Banking Crises"
・World Bank (2022) Global Financial Development Database
・World Bank (2022) World Development Indicator Database
・阿曽沼多聞、ジュ・ヒョンスク、笹原彰 (2021)「対外債務再編成に関する実証的事実・理論・政策」財務省財務総合政策研究所『フィナンシャル・レビュー』通巻第146号
・木原隆司 (2005)「開発援助ファイナンスの新潮流 -「制度政策環境」の重視と受益国に応じた支援 -」財務省財務総合政策研究所 Discussion Paper Series 05A-24
・木原隆司 (2021)「新型コロナウイルス感染症の国際パネル分析 - 経済活動・感染・死亡への短期的影響」焼田他編著『新型コロナ感染の政策課題と分析 - 応用経済学からのマプローナ』日本評論社

第5章

ASEAN 諸国のグリーン・
ファイナンス
―取り組みは本格化するも
課題は山積―

はじめに

　気候変動問題への対処は、グローバルな課題である。ASEAN 諸国においても、これに資金を提供するグリーン・ファイナンスの拡大が求められている。これは、コロナ後の ASEAN 諸国の金融資本市場が直面する非常に大きな課題である。

　本章では、ASEAN 諸国のグリーン・ファイナンスの現状と課題について述べる。ASEAN 諸国全体を対象とするが、特に、グリーン・ファイナンスの拡大が比較的進んでいるシンガポール、インドネシア、マレーシアを中心に述べる。

　構成は以下の通りである。第1節では、ASEAN 諸国でグリーン・ファイナンスの拡大が求められる背景を述べる。第2節では、各国に求められる気候変動対策についてセクター別に考える。第3節では、グリーン・ファイナンスの必要投資額に言及した上で、ファイナンス拡大のための課題を包括的に述べる。第4節では、各国における制度枠組み整備の進展状況を述べる。第5節では、債券市場と銀行部門に関する分析を行い、国際開発金融機関（MDBs）の活動にも言及する。第6節では、トランジション・ファイナンスについて議論する。

■ 第1節

ASEAN 諸国でグリーン・ファイナンスの拡大が求められる背景

Ⅰ　気候変動の緩和

　ASEAN 諸国の温室効果ガス（以下 GHG）排出量をみると、インドネシアは新興国の中で中国・インドに次いで多いが、それ以外の各国はインドネシアの概ね4分の1以下である（図表5-1）。その意味で、インドネシア以外の国における排出量の削減が世界の気温上昇の抑制に与える効果は、必

	GHG 排出量 （100万トン CO_2相当）	世界に占める 比率（％）	順位（40位以 下は省略）	一人当たり GHG 排出量 （トンCO_2相当）
中国	11,706	23.92	1	8.40
インド	3,347	6.84	3	2.47
日本	1,155	2.36	7	9.13
韓国	673	1.38	13	13.04
インドネシア	1,704	3.48	5	6.37
マレーシア	388	0.79	22	12.31
フィリピン	235	0.48	35	2.20
シンガポール	67	0.14	－	11.82
タイ	431	0.88	20	6.21
ブルネイ	17	0.03	－	39.51
カンボジア	69	0.14	－	4.26
ラオス	39	0.08	－	5.47
ミャンマー	232	0.47	37	4.31
ベトナム	364	0.74	24	3.81
世界	48,940	100	－	6.45

（資料）Climate Watch

ずしも大きくはない。とはいうものの、各国はパリ協定に参加して「国が決定する貢献」（Nationally Determined Contribution、以下 NDC）を提出しており、その目標を達成することは必須である（図表 5 － 2 ）。加えて、ほとんどの国が独自のカーボンニュートラル目標も表明しており（例えばインドネシアは2060年、マレーシアは2050年を期限に設定）、これらの達成も重要な政策課題となっている。

Ⅱ　気候変動への適応

　ASEAN 地域において、気候変動がもたらす災害は1960～1970年代以降急増している。世界的にみても、ASEAN 諸国の気候変動に対する脆弱性は高い（図表 5 － 3 ）。

図表 5 － 2　ASEAN 6 カ国の Nationally Determined Contribution

	排出量に関する無条件の目標	排出量に関する条件付きの目標
インドネシア	・2030年までに排出量をBAU 　対比31.89％減らす。	・2030年までに排出量をBAU 　対比43.20％減らす。
マレーシア	・2030年までに炭素集約度を 　2005年対比45％減らす。	－
フィリピン	・2030年までに排出量をBAU 　対比2.71％減らす。	・2030年までに排出量をBAU 　対比75％減らす。
シンガポール	排出量のピークを2030年以前と し、2030年には約6,000万トン CO$_2$相当に減らす。	－
タイ	・2030年までに排出量をBAU 　対比30％減らす。	・2030年までに排出量をBAU 　対比40％減らす。
ベトナム	・2030年までに排出量をBAU 　対比15.8％減らす。	・2030年までに排出量をBAU 　対比43.5％減らす。

（注）BAU は business as usual の略。炭素集約度は Carbon Intensity の訳。
（資料）各国の Nationally Determined Contribution

図表 5 － 3　長期気候リスクインデックスにおける順位

	2000～2019年	1999～2018年
ミャンマー	2 位	2 位
フィリピン	4 位	4 位
タイ	9 位	8 位
ベトナム	13位	6 位
カンボジア	14位	12位
ラオス	52位	76位
インドネシア	72位	77位
マレーシア	116位	114位
ブルネイ	176位	175位
シンガポール	179位	180位

（注）順位が高いほど災害のリスクが大きい。
（資料）Germanwatch, *Global Climate Risk Index 2020, 2021*.

気候変動がもたらす社会的、経済的影響は多大である。気温上昇や海面上昇は、洪水や干ばつなどの災害を増加させる。ASEAN 諸国の大都市の多くは沿岸部に位置し、海面上昇による塩水の侵入も深刻である。農業への被害も大きい。さらに、海面上昇による土地の水没は、今世紀中にメコン川流域の2,000万人の住民を移住のリスクにさらすことが指摘されている。経済への影響も甚大であり、例えば、アジア開発銀行は、気候関連の災害が2100年までに ASEAN 地域の GDP を6.7％引き下げるとした。これは、世界平均の2.6％よりもはるかに大きい。

　この状況を踏まえれば、災害発生への備え（気候変動への適応）が欠かせない。適応関連のファイナンスは、収益性に乏しいなどの理由から民間部門による対応が難しく、主に政府が負担することになる。とはいうものの、公的資金の供給も不足していることが世界的に問題視されており、COP26のグラスゴー協定では、先進国が適応関連のファイナンスを2025年に2019年対比少なくとも倍増させる目標が明記された。

Ⅲ　世界的な脱炭素の潮流への対応

　脱炭素の推進やグリーン・ファイナンスの拡大は世界的な潮流となっており、ASEAN 諸国もこれに対応することが不可欠である。まず、実体経済面についてみると、ASEAN 諸国の中小企業の多くは、先進国の大企業のサプライチェーンの一部として脱炭素を実現する責任を有する。例えば、日本製品を購入する欧米企業や欧米の投資家から脱炭素を求められる立場にある日本企業は、部品の供給者である新興国企業に脱炭素を求めざるを得ない。ASEAN 諸国の企業、特に中小企業は、この点に対処する十分な準備ができていない。

　一方、金融面についてみると、金融取引はグローバル化しているため、気候変動問題への対応に関する国際ルールができれば ASEAN 諸国の銀行にも影響が及ぶ。先進国と同じルールを適用することを求められ、対応できなければ取引への参加は難しくなる。ASEAN 諸国の一般企業に関しても、世界のルールに対応できなければ先進国からの投資が縮小し、これらの企業を

顧客とする ASEAN 諸国の銀行の経営にも影響する。このように、ASEAN
諸国の銀行や企業は、カーボンニュートラルという世界的な潮流に従わざる
を得ない。

Ⅳ　新型コロナウイルスによるパンデミックとの関係

　世界の GHG 排出量は2020年のパンデミック発生により急減したが、早く
も2021年には急速にリバウンドし、元の水準に戻った。一方、人間が感染す
るウイルスの増加は、気候変動が大きな原因となっている可能性が高いこと
が指摘されている。気候変動や、森林減少などの環境破壊により動物の住む
場所が変化し、人間と動物の接触が増えて病気が伝染しやすくなるためであ
る。こうした観点からも、気候変動への対処が求められる。

　パンデミックにより、世界景気は大幅に落ち込んだ。これに対し多額の景
気対策が各国で実施されたが、これをグリーン投資主体で行うべきであると
するグリーン・リカバリーの考え方が主張された。欧州諸国やカナダではそ
のような配慮がある程度みられたと評価される一方、ASEAN 諸国では景気
対策にグリーン投資がほとんど含まれていないことが指摘されている。パン
デミックに伴う移動制限により、再生可能エネルギープロジェクトの実施が
遅れる現象も起こっており、ASEAN 諸国では脱炭素に向けた体制の強化が
喫緊の課題となっている。

■ 第2節
ASEAN 諸国に求められる脱炭素政策

Ⅰ　セクター別 GHG 排出量の概況

　以下では、気候変動の緩和に論点を絞り、ASEAN 諸国に求められる対策
について述べる。各国の GHG 排出量のセクター別内訳は図表 5 − 4 の通りで
あるが、内訳は国ごとに多様であり、したがって求められる対策も異なる。
ASEAN 諸国全体の排出量に占める割合が高いのは、エネルギー（46％）、土

図表 5 - 4　GHG 排出量のセクター別内訳（2018年）

（100万トン CO_2 相当）

		合計	エネルギー	鉱工業プロセス	農業	廃棄物	土地利用変更・林業
中国	排出量	11,705.8	10,318.5	1,166.3	672.9	197.6	▲ 649.4
	構成比	100.0	88.1	10.0	5.7	1.7	▲ 5.5
インド	排出量	3,346.6	2,424.6	148.5	718.7	83.2	▲ 28.4
	構成比	100.0	72.4	4.4	21.5	2.5	▲ 0.8
日本	排出量	1,154.7	1,090.4	68.0	21.6	6.8	▲ 32.1
	構成比	100.0	94.4	5.9	1.9	0.6	▲ 2.8
韓国	排出量	673.1	617.2	77.9	14.2	9.6	▲ 45.8
	構成比	100.0	91.7	11.6	2.1	1.4	▲ 6.8
インドネシア	排出量	1,703.9	598.2	37.3	200.2	133.8	734.3
	構成比	100.0	35.1	2.2	11.8	7.9	43.1
マレーシア	排出量	388.1	252.0	19.9	14.1	20.6	81.4
	構成比	100.0	64.9	5.1	3.6	5.3	21.0
フィリピン	排出量	234.8	138.5	18.7	61.4	13.8	2.5
	構成比	100.0	59.0	8.0	26.1	5.9	1.1
シンガポール	排出量	66.7	48.8	14.6	0.0	3.2	0.0
	構成比	100.0	73.2	21.9	0.0	4.8	0.0
タイ	排出量	431.2	263.5	71.9	68.8	12.7	14.3
	構成比	100.0	61.1	16.7	16.0	2.9	3.3
ベトナム	排出量	364.4	248.0	37.1	71.0	20.4	▲ 12.1
	構成比	100.0	68.1	10.2	19.5	5.6	▲ 3.3
アジア太平洋合計	排出量	17,990.6	14,193.0	1,542.3	1,476.2	448.2	330.8
	構成比	100.0	78.9	8.6	8.2	2.5	1.8
世界合計	排出量	48,939.7	37,225.0	2,902.7	5,817.7	1,606.9	1,387.6
	構成比	100.0	76.1	5.9	11.9	3.3	2.8

（資料）Climate Watch

地利用変更・林業（27％）、農業（15％）である。土地利用変更・林業の割合が特に高いのはインドネシアとマレーシアであり、両国では森林や泥炭地（peatlands）の減少が排出量の増加を招いている。

Ⅱ　エネルギー部門[1]

ASEAN 諸国では、経済成長に伴いエネルギー需要が急速に増加している一方、化石燃料への依存度が高い。こうした中、今後は増加するエネルギー需要を再生可能エネルギーで賄うことが求められる。

ASEAN 諸国では、地理的条件からも太陽光発電が特に有望である。ただし、太陽光発電や風力発電による電力供給は断続的であるため、電力供給システムの信頼性維持に配慮して発電設備への投資を進める必要がある。また、再生可能エネルギーによる発電に対する補助金や税制優遇措置などのインセンティブが大きな役割を果たす。補助金が適切なものであること、発電事業の認可プロセスが透明かつシンプルであること、政策が一貫していることなども不可欠である。

ASEAN 諸国では、2040年においても、石炭や天然ガスなどの化石燃料を用いた発電設備が48〜66％を占めることが予想されている。したがって、これらの設備の効率化や GHG 排出量の抑制も不可欠である。例えば、インドネシアでは、石炭とバイオマス（廃棄物）の混焼（バイオマスは 1 〜10％）が試験的に行われている。

Ⅲ　運輸部門

ASEAN 諸国で最も多く用いられる化石燃料は石油であるが、その原因は運輸部門にある。バイオ燃料を用いた自動車や電気自動車（EV）へのシフトが始まっているが、その加速が求められる。電気自動車の場合、大きな問題は高価格であり、当面は補助金や税制優遇措置が不可欠である。また、充

1　Ⅱ. 〜Ⅴ. に関しては、ASEAN Centre for Energy［2020］、pp.126-131を参照した。

電設備の整備を、当初は政府主導で進めることになる。

　そのほか、燃費の向上も課題であり、ASEAN では2025年までに2015年対比▲26％の燃料消費削減を目指している。燃料の質や排気ガスに関する規制も、シンガポール・マレーシア・タイを中心に強化されている。

　加えて、鉄道やバスなどの公共交通手段の整備も重要な方法である。例えば、シンガポールでは、2013年以来、その強化策が打ち出されている。これによる GHG 排出量削減の効果は人口密度の高さと関連するが、域内の他の大都市も参考にできる可能性があろう。

Ⅳ　鉱工業部門

　鉱工業部門のエネルギー需要は大きい。また、一部の ASEAN 諸国では製造能力の拡大を積極的に推進している。鉱工業と一口にいっても生産方法やエネルギー需要は多様であり、その脱炭素にも多様な政策が求められる。タイでは、Energy Conservation and Promotion（ENCON）Fund というファンドが設けられ、再生可能エネルギーの拡大やエネルギー効率の改善に向けたプロジェクトを支援している。

　鉱工業部門におけるエネルギー消費の影響を抑制する方法として、燃料転換（fuel switching）がある。この点で特に重要なのがバイオマスであり、タイで利用が多い。国際再生エネルギー機関（IRENA）は、鉱工業部門におけるバイオエネルギーの利用に大きな可能性を見出している。

　また、電化も重要な方法である。鉱工業部門の電化率をみると、カンボジアやミャンマーでは同部門の最終エネルギー消費量の7.5％であるが、マレーシアでは３分の１を超えている。

Ⅴ　ビルディング

　エネルギー需要におけるビルディングのシェアは運輸部門や鉱工業部門に比較すれば小さいが、絶対的な大きさは無視できない。ビルディングのエネルギー効率を改善する方法としては、規制の強化（最低エネルギーパフォー

マンス基準（MEPS）など）、消費者教育、効率の改善に対する補助金や融資プログラムなどがある。

　居住用建築物に関しては、照明やエアコンなどのエネルギー効率の改善が中心的な対策となる。一方、商業用ビルディングに関してはシンガポールが先行しており、エネルギー基準を満たすビルディングの増加が目標とされ、ファイナンス面の促進策がとられている。また、再生可能エネルギーの利用を拡大するためには、屋上太陽光パネルの設置促進策も有効である。

Ⅵ　農業、林業[2]

　例えば、インドネシアでは GDP の13％、雇用の30％を農業が担っており、農作業慣行の低炭素化が国全体の脱炭素の進展に大きな効果を有する。

　一方、林業についてみると、2016年にアジアの森林面積は約63,000km^{2}減少したが、これはスリランカの国土面積にほぼ相当する。アジアにおいて潜在的に再生可能な森林面積は約9,000万 ha であり、再生により CO_2 排出量を450億トン削減できる。

　インドネシアでは、1970年代以降、マングローブの40％が失われた。その約40％は、パーム油と木材を獲得するための森林伐採による。森林減少を抑制するには、規制の厳格化に加え、森林再生や土地改良の強化が重要である。

Ⅶ　シンガポール、インドネシア、マレーシアの脱炭素政策

　以下、国別に脱炭素政策の要点を述べる。まず、シンガポールでは、2021年2月に Green Plan 2030を発表するなど、政府主導で脱炭素政策を進めている。エネルギー部門では、天然ガスへの依存度が高く、再生可能エネルギー（主に太陽光）を増やすことが課題である。運輸部門では、EV 比率の引き上げや公共交通手段の整備が対策となっている。他国に比べてウェイト

2　McKinsey Global Institute ［2020］、p.27を参照した。

が高いビルディング部門では、2021年にグリーンビルディングマスタープランが更新され、地域冷房システムの活用などにより2030年までに80％のビルディングをグリーン化することが目標とされている。

次に、インドネシアでは、2060年のネットゼロ目標が掲げられている。エネルギー部門では、2030年までに発電能力の48％を再生可能エネルギーとすることが目標とされているが、エネルギー需要が増加する中で石炭火力への依存が続いている。石炭使用量は2017年から2025年にかけて倍増する見込みであり、より明確なエネルギー転換政策が不可欠である。運輸部門では、2050年までに販売するすべての自動車・二輪車を EV とする目標を掲げている。農業・林業部門では、2030年までに森林580万 ha、泥炭地190万 ha を保全することなどが目標とされ、森林再生・土地改良政策の強化が求められている。農業に関しては、現在の作業慣行が多くの人々の生活を支えており、その変更は難しい課題である。

最後に、マレーシアでは、第12次経済開発計画（2021～2025年）においてサステナビリティの推進が重視され、2050年のネットゼロ目標が掲げられている。エネルギー部門では、同部門の CO_2 排出量に占める石炭・天然ガス・ガソリンの割合がそれぞれ39％、29％、16％となっている。ネットゼロ目標と同時に新規の石炭火力発電所の建設中止が表明されており、また、再生可能エネルギー比率を2025年までに31％、2035年までに40％にするとしている。主に太陽光発電が重視されているが、エネルギー需要が増加しているため、目標の達成は容易ではない。運輸部門では、道路交通を中心に CO_2 排出量が大きい。2019年に Low Carbon Mobility Blueprint and Action Plan が発表され、公共交通の拡大、クリーン・エネルギー利用の増加、技術の活用による効率化や排出量の削減が目指されている。ビルディング部門では、2030年までに同部門のグロス電力消費量を25％削減する計画である。グリーンビルディングの評価手段が多数作られており、例えば2009年には Green Building Index、2016年には環境影響の計測・評価などを行うための最も包括的なツールとされる MyCREST（Malaysia Carbon Reduction and Environment Sustainability Tool）が導入された。農業・林業部門では、森林減少が進んでいたが、2010年代以降、植林や森林保護が集中的に行われ、現在ではマレ

一半島の森林の半分以上が植林によるものとなっている。

グリーン・ファイナンスを
拡大するための課題

Ⅰ グリーン・ファイナンスの必要資金額と現状

　気候変動緩和策の実施には、膨大な資金が必要である。例えば、Global Financial Markets Association and Boston Consulting Group［2020］は、気温上昇を1.5℃に抑制するため、2020〜2050年に100〜150兆ドル程度（毎年3〜5兆ドル程度）の投資が必要になると推計している（図表5−5）。一方、

図表5−5　1.5℃目標の達成に必要なセクター別投資額（2020〜2050年の合計額）

(兆ドル)

（テーマ）	電力	鉄鋼	セメント	化学	運輸	航空	海運	農業	ビルディング	合計
電動化・再生可能エネルギー	56.7	−	−	<0.1	35.1	2.8	−	−	−	94.6
効率化・循環	−	0.7	0.4	0.2	4.0	0.2	0.7	0.6	5.3	12.1
代替技術	2.5	1.6	1.1	2.0	2.0	2.1	1.7	1.3	0.8	15.0
投資額合計	59.2	2.3	1.5	2.2	41.1	5.1	2.4	1.9	6.1	121.7

（地域）

	電力	鉄鋼	セメント	化学	運輸	航空	海運	農業	ビルディング	合計
北米	9.6	0.1	0.1	0.5	8.1	0.9	0.3	0.2	1.3	21.1
欧州	9.1	0.1	0.1	0.6	7.4	1.1	0.7	0.3	1.3	20.7
アジア	34.3	1.3	1.0	0.9	21.7	2.8	1.2	0.8	2.5	66.4
その他	6.2	0.8	0.3	0.2	3.9	0.3	0.2	0.6	1.0	13.5
投資額合計	59.2	2.3	1.5	2.2	41.1	5.1	2.4	1.9	6.1	121.7

（資料）Global Financial Markets Association and Boston Consulting Group［2020］, p.41.

Climate Policy Initiative［2021］の推計では、世界のグリーン・ファイナンス実行額は年間6,320億ドルであり、これが5〜8倍になる必要があることになる。

ASEAN諸国でも状況はほぼ同じであり、DBS［2017］によれば、2016〜2030年に毎年2,000億ドルのファイナンスが必要である一方、2016年の実行額は400億ドルであり、5倍に拡大する必要がある。この推計では、政府の負担割合が43％程度にとどまることを前提に、民間部門の資金が2016年の100億ドルから1,090億ドルと10.9倍になる必要があり、銀行のみでは達成できないため、機関投資家などの総動員が不可欠であるという結論を導いている。

Ⅱ　グリーン・ファイナンスの課題

このように、グリーン・ファイナンスは大幅に不足しており、早急な拡大が不可欠である。そのための課題は、①脱炭素政策の確立、②関連する制度の整備、③専門性の浸透した金融システムの構築、に分けられる（図表5－6）。

第1に、「脱炭素政策の確立」に関しては、各国政府はNDCや一定期限までのカーボンニュートラルを国際公約としており、それを実現するために国内でロードマップを明示し、中心となって推進する必要がある。政府内で合意を形成し、金融機関や企業などの協力を確保するとともに、社会全体に気候変動問題を普及・認知させなければならない。

気候変動への対応は世界的な政策課題であり、図表5－6においても政府の役割が大きい。また、GHG排出量の削減につながることが明確な「グリーン投資」を行うだけでは十分ではなく、高排出産業（鉄鋼・セメントなど）の排出量を減らすことが不可欠である。ASEAN諸国では経済成長に伴いエネルギー需要が増加している一方で化石燃料への依存度が高いため、エネルギー・トランジションやトランジション・ファイナンスの重要性が指摘され、多様な取り組みが始まっている。例えば、アジア開発銀行は、エネルギー・トランジション・メカニズムと呼ばれる枠組みを構築し、化石燃料からク

図表5-6　グリーン・ファイナンスを拡大させるための課題

1．脱炭素政策の確立

(1)　政府による気候変動対策の確立（NDC、気候変動対策のロードマップ）
・気候変動問題の社会的普及・認知
・各主体の専門知識・技術の蓄積（政府、金融機関、企業など）
・内外政府・政府機関・金融機関・業界団体等による連携・調整
(2)　トランジションへの注力
(3)　再生可能エネルギーの低コスト化など、多様なイノベーションへの注力

2．関連する制度の整備

(1)　長期的な計画（グリーン・ファイナンスのロードマップ）
(2)　リスク・リターンに影響するインセンティブの変更
・政府・政府機関・国際機関等によるファイナンス促進策（信用保証、税制、補助金、技術支援、グリーン関連の資金調達・運用等）
・カーボン・プライシング制度
(3)　主にリスクに影響する透明性強化等
・リスク管理（金融規制監督、グリーン・ファイナンスのガイドライン）
・タクソノミー
・データ整備・情報開示

3．専門性の浸透した金融システムの構築

(1)　市場インフラ
・金融商品の導入（グリーンボンド、ESG ファンド、サステナブル・インデックス、証券化・デリバティブ等）
・金融市場インフラの構築（仲介業者、会計基準、格付け、外部認証機関、デジタル・プラットフォーム、その他のイノベーション等）
(2)　金融機関
・金融機関の拡大（国内外の開発銀行、商業銀行、機関投資家、VC・PE 等）
・金融機関のリスク許容度の向上、金融機関の協調行動
・金融機能の整備（インフラ・ファイナンス、フィンテック、中小企業向け融資等）
(3)　政府資金の活用（グリーン・リカバリー、ブレンド・ファイナンス、PPP）

（資料）筆者作成

リーン・エネルギーへの転換を加速させるべく、官民資金を動員して石炭火力発電所の早期閉鎖を推進する計画を明らかにした（詳細は後述）[3]。

　さらに、気候変動対策の推進には多様なイノベーションが伴うことが不可欠であり、これに対するファイナンスも求められている。

　第2に、「関連する制度の整備」に関しては、従来の金融システムにグリーンの要素を組み込む（integrate する）ため、多様な制度の構築が求められる。これらは、一般的に表現すれば、グリーン・ファイナンスのリスクを減らし、リターンを変化させることを意味する。いずれの対策も重要であるが、リスクに比べリターンは数値化しやすいため、リターンを変化させる対策の効果はより確実であるといえるかもしれない。具体的には、グリーンボンド・グラントスキームなどのインセンティブを付与する制度、再生可能エネルギーの相対的なリターンを高めるカーボンプライシング制度などが、リターンを変化させる対策に該当する。

　第3に、「専門性の浸透した金融システムの構築」に関しては、新たな金融商品の導入や金融市場インフラの構築、金融機関の拡大・多様化（クロスボーダー取引の促進を含む）、金融機関の専門性の向上や協調（グループの形成など）によるリスク許容度の引き上げ、多様な金融機能（インフラ・ファイナンス、中小企業金融など）の整備、官民連携（ブレンド・ファイナンスやPPPなど）によるファイナンスの促進、などが含まれる。リスク・リターンを変化させることは難しく、リスク許容度の高い金融機関の参加や公的部門によるリスクの軽減などにより、グリーン・ファイナンスの幅が広がることが期待される。

3　アジア開発銀行のウェブサイト（https://www.adb.org/what-we-do/energy-transition-mechanism-etm）を参考とした。

ASEAN 諸国におけるグリーン・ファイナンス関連制度の整備の現状

Ⅰ　ASEAN 諸国のグリーン・ファイナンスの概況

ASEAN 諸国では、パリ協定が合意された2015年以降、主に中央銀行が中心となり、①グリーン・ファイナンスのロードマップや行動計画の策定、②担当組織の組成、③グリーンボンドなどの金融手段や気候関連リスクなどに関する規制の導入、④ファイナンスを拡大させるためのインセンティブの設定、などが急速に進展している。

また、制度の構築が進む一方で実際のファイナンスも拡大しつつあるが、その規模が金融資本市場全体に占める割合は小さい（ESG 債を中心に後述）。グリーン・ファイナンスの発展は、図表5−6に示した課題、特に、気候変動問題の社会的な認知度や対策実施に向けた社会の意欲、金融資本市場の発展度などに影響されると考えられる。後者に関しては、英国のシンクタンクである Z/Yen（国際金融センターのランキング作成などで知られる）が発表する Global Green Finance Index における ASEAN 諸国の都市の順位（2021年10月時点）をみても明らかである。具体的には、シンガポール16位、クアラルンプール49位、バンコク57位、ジャカルタ59位、フィリピンとベトナムの都市は圏外（81位以下）であり、金融資本市場の発展度をほぼ反映している。実際、ASEAN 6 カ国ではシンガポールのグリーン・ファイナンスの取り組みが大きく先行し、インドネシア・マレーシア・タイがこれを追っている状況であり、フィリピン・ベトナムはさらに遅れている。

各国の活動に加えて ASEAN 地域全体を対象とした活動もみられ、主な事例は以下の通りである。

・ACMF（ASEAN Capital Markets Forum）が2017年11月に ASEAN Green Bond Standards を発表し、2018年10月に改訂・強化した。2018年に

は、ソーシャルボンドやサステナビリティボンドの基準も発表した。さらに、2019年、「ASEAN の持続可能な資本市場構築のロードマップ」（"Roadmap for ASEAN Sustainable Capital Markets"）を発表した。

・2020年11月、域内の中央銀行が、グリーン・ファイナンスの現状や提言に関する報告書（Anwar et al.［2020］）を発表した。

・2021年11月、ASEAN Taxonomy の第 1 版が発表された（詳細は後述）。

このほか、MDBs の活動も活発であり、アジア開発銀行と国際金融公社の取り組みについて後述する。

Ⅱ　ロードマップや規制の導入

次に、グリーン・ファイナンス関連の制度の整備について述べる。主な対象国は、シンガポール、インドネシア、マレーシアである。まず、ロードマップや規制の導入についてみる。

シンガポールでは、シンガポール通貨庁（以下 MAS）が銀行協会（ABS）とともに Green Finance Industry Taskforce を作り、グリーン・ファイナンスを推進している。2017年、MAS はグリーンボンド・グラントスキームを作り、これを他の種類の債券・ローンに段階的に拡大して発行の拡大を図っている。2019年11月にはグリーン・ファイナンス行動計画を発表し、また、2020年12月には金融機関の環境関連リスク管理のガイドラインを銀行・保険会社・資産運用会社を対象に発表した。2022年 5 月には、業界別のリスク管理の現状評価と課題を内容とする Information Paper on Environmental Risk Management を発表した。

2021年 1 月、Green Finance Industry Taskforce は、国内金融機関が経済活動をグリーン・ファイナンスの観点から分類するためのタクソノミーを提案した。2022年 5 月には、この案を踏まえ、エネルギー・運輸・不動産の 3 部門における経済活動をグリーン・アンバー・レッドに分類するための閾値ならびに基準（thresholds and criteria）を発表した。3 部門を合わせると、ASEAN 諸国の GHG 排出量の90％近くを占める。

次に、インドネシアでは、2015年、金融庁（OJK）がサステナブル・ファ

イナンス・ロードマップ（2015-2019年）を発表し、中心となって政策を推進している。2017年7月には、金融機関等に対するサステナブル・ファイナンスの適用に関する規制（POJK51）を発表した。金融機関や企業に対し、責任投資や環境・社会関連リスクの管理などに関するルールの導入を求めており、これには金融機関・発行体・上場企業の包括的な情報開示規制も含まれる。OJKはこのほかにも複数のガイドラインを定め、クリーン・エネルギー、エネルギー効率の改善、グリーンビルディングなどに対するファイナンスを促進している。2017年12月にはグリーンボンドの発行に関する規制（POJK60）を発表し、国内市場におけるグリーンボンドの発行条件の概要を示した。2019年2月には国有銀行8行を選定し、サステナブル・ファイナンスの先導役に位置付けた。8行が中心となってサステナブル・ファイナンス・イニシアティブを構築し、参加銀行はその後14行に拡大した。

　2021年1月、OJKはサステナブル・ファイナンス・ロードマップ・フェーズ2（2020-2024年）を発表し、関連するエコシステムの構築を強化するとした。その一環として、2021年10月、金融機関、証券取引所、社会保障機関、年金基金などの参加によりサステナブル・ファイナンス・タスクフォースが設立された。

　2022年1月には、OJKが中心となり、グリーン・タクソノミー第1版が発表された。これは、経済活動をグリーン（環境に正の効果を与え、タクソノミーの環境目的に適合する活動）、イエロー（環境に深刻な損害を与えない活動）、レッド（環境に有害な活動）に分類するものであり、今後、詳細な内容が検討される。タクソノミーは、各国の事情を勘案しつつも他国やASEANのタクソノミーと整合的でなければならない。トランジションの経路（pathway）も明確にする必要がある。特に、イエローとレッドを区別する明確なthresholdsが不可欠である。

　最後に、マレーシアでは、2019年、中央銀行、証券委員会、証券取引所、金融業界が協力するプラットフォームとしてJC3（Joint Committee on Climate Change）が設立された。2019年11月、中央銀行はValue-based Intermediation（VBI）Financing and Investment Impact Assessment Frameworkを発表した。これは、イスラム金融機関がインパクトベースのリスク管理システムを

図表 5 - 7　マレーシアのタクソノミーにおける分類プロセス

第 1 段階の回答	第 2 段階の回答	第 3 段階の回答	分類結果
YES	NO	–	Climate supporting（C1）
	YES	YES	Transitioning（C2）
		NO	Watchlist（C4）
NO	NO	–	（Taxonomy において言及なし）
	YES	YES	Transitioning（C3）
		NO	Watchlist（C4）

（資料）Bank Negara Malaysia［2021］

導入し、サステナブル・ファイナンスを実施するためのガイダンスであるが、非イスラム金融機関も利用できる。また、資本市場関連では、2019年、証券委員会が Sustainable and Responsible Investment（SRI）Roadmap を発表したほか、2017年に発表した Green SRI Sukuk Grant Scheme を次第に拡張し、2021年以降、グリーンボンド以外の ESG 債や非イスラムの ESG 債も含めた SRI Sukuk and Bond Grant Scheme を運用している。

さらに、2021年 4 月、中央銀行は Climate Change and Principle-based Taxonomy（CCPT）を発表した。気候変動への対応を環境目的とし、3 段階の質問で経済活動を 3 分類する（図表 5 - 7）。質問は、第 1 段階：「その経済活動は気候変動の緩和・適応に貢献するか」、第 2 段階：「その経済活動または企業は環境全般に潜在的に大きな被害を与えるか」、第 3 段階：「その企業はトランジションを促進し、損害を与える慣行を減らすために修復的な手段をとっているか」、である。金融機関は CCPT に基づいて気候・環境関連リスクを評価し、中央銀行に報告し、中央銀行はそれに基づいて規制監督を行う。そのほか、グリーン・ファイナンスの拡大、格付けの支援、ソリューションのデザイン・構築の支援などがタクソノミーの目的となる。このタクソノミーは、トランジションの要素を考慮した柔軟なものであると評価されている。

中央銀行は、2022年 1 月に発表した Financial Sector Blueprint 2022 - 2026において、金融システムのグリーン化を重視している。また、2024年ま

でに金融部門のストレステストに気候関連リスクを含める方針とし、2021年12月に気候関連リスク管理の原則に関するExposure Draftを発表するなど、多様な努力を行っている。さらに、2022年3月にはTCFD基準に沿った情報開示規制案を金融機関向けに発表したほか（2024年に開示が義務化される予定）、自らの投資にESG基準を導入するなど自身のCO_2排出量の削減を強化している。

Ⅲ　中央銀行による規制監督

　次に、中央銀行の規制監督における気候関連リスクの取り扱いについてみると、先進国に比較して進捗が遅れている。ASEAN諸国の中央銀行は、金融部門の気候・環境関連リスクに関するエクスポージャーやその金融・物価安定への影響を調査している段階であり、大半は金融機関に情報開示を要求する段階に至っていない。その中でも、シンガポールとマレーシアの中央銀行は、金融機関に対し、国際的な最良慣行に沿った方法による気候関連リスク・エクスポージャーの開示を奨励している。

　また、中央銀行による気候関連リスクの評価も遅れ気味である。中央銀行は気候関連リスクを考慮したストレステストを行おうとしているが、データの欠如がテストの正確性を妨げているため、その実施はシンガポールとマレーシアの保険部門など一部にとどまっている。MASは、2022年に長期の気候シナリオを考慮したストレステストを金融部門全体に対して行った。その結果は、同年11月に発行されたMASの定期刊行物である *Financial Stability Review* に掲載されている。

　また、中央銀行の資産管理におけるサステナビリティ要因の統合により、グリーン資産に対する資金流入の増加が期待される。MASが2019年11月に20億ドルのグリーン投資プログラムを設定したほか、フィリピン中央銀行はBISが運用するグリーンボンド・ファンドに投資した。ただし、中央銀行の気候関連の情報開示は、今のところ十分とはいえない。

Ⅳ　一般企業の情報開示

　各国において、証券取引所が上場企業にサステナビリティ報告を義務付け、そのガイドラインを発表している。また、ESGパフォーマンスの優れた企業で構成するインデックスが構築されている。さらに、TCFD基準に準拠した、気候変動関連の情報開示が求められている。例えば、シンガポールでは、2022年1月以降、すべての上場企業に対し、comply or explain basisで気候報告書（climate reporting）の開示が求められている。

　ただし、各国の情報開示慣行は多様であり、投資家などが企業のサステナビリティに関するパフォーマンスを正しく把握するために必ずしも十分なものとはなっていない。

Ⅴ　カーボンプライシング制度

　各国ともその導入を重要施策に位置付けているが、実現は容易ではない。シンガポールでは、ASEAN地域唯一の正式な制度として、2019年1月に炭素税が導入された。年間25,000トン以上のCO_2等を排出する施設（約50施設、国内排出量の約80％をカバー）に1トン当たり5シンガポールドル（3.7米ドル）を課税しており、2022年2月には、これを2030年までに段階的に50〜80シンガポールドルに引き上げる計画が示された。また、インドネシアでは、石炭火力発電所を対象とした炭素税の導入が予定されている。

　2021年5月、シンガポールでは、DBS、スタンダードチャータード銀行、テマセク、シンガポール取引所が共同でClimate Impact X（CIX）を設立した。これは、民間部門の主導により運営されるボランタリーなカーボンクレジット市場であり、グローバルな市場とすることを目指している。当初は自然由来のソリューションを促進すべく、森林減少の抑制やマングローブ・泥炭地の回復などによるカーボンクレジットを、革新的技術（サテライト・モニタリング、機械学習、ブロックチェーンなど）を用いて取引するとしている。これにより、域内の森林減少の抑制などに資する可能性があるとともに、各国のカーボンプライシング制度の構築に技術的な波及効果が生じるこ

とも考えられる。シンガポール政府はカーボン取引に注力しており、今後の動向が注目される。

VI タクソノミー

前述した各国におけるタクソノミーの構築に加え、2021年11月、ASEAN Taxonomy for Sustainable Finance（Version 1）が発表された。このタクソノミーでは、環境目的として、①気候変動の緩和、②気候変動への適応、③健全なエコシステムと生物多様性の保護、④資源の強靭性の促進と循環経済への移行、を掲げているが、Version 1では、このうち気候変動の緩和への貢献を重視して経済活動を分類する。このタクソノミーは、2つの主な要素から構成される。第1の枠組みである Foundation Framework はマレーシアのタクソノミーと類似した仕組みであり、すべての経済活動を環境目的への適合度に関する定性評価によりグリーン、アンバー、レッドに分類する。第2の枠組みである Plus Standard は、一部のセクターに対して経済活動の環境目的への適合度を判定する詳細な数値基準を導入し、Foundation Framework を補完するために同様の3分類を行うものである。

第5節
グリーン・ファイナンスに取り組む金融資本市場の現状と課題

I 債券市場

⑴ 世界と ASEAN 諸国における ESG 債の発行状況

次に、債券市場と銀行部門のグリーン・ファイナンスの進捗状況を述べる。併せて、MDBs の役割に触れ、アジア開発銀行と国際金融公社の活動に言及する。以下では、グリーンボンド、ソーシャルボンド等を ESG 債と総称する。

図表 5 - 8　世界の ESG 債発行額

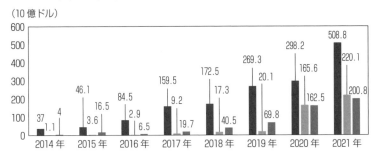

（資料）Climate Bonds Initiative Database

図表 5 - 9　ASEAN 諸国の ESG 債発行額

（資料）Asian Bonds Online Database

　世界ならびに ASEAN 諸国の ESG 債発行額の推移は、図表 5 - 8、図表
5 - 9 の通りである。2020年には、パンデミックの発生を受け、世界のソー
シャルボンド、サステナビリティボンドの発行が急増した。一方、グリーン
ボンドは伸び悩んだが、2021年にはその反動や COP26 の開催などから急増
した。特に増加したのは、欧州（1,067億ドル）、アジア太平洋（730億ド
ル）、北米（328億ドル）であった。
　世界の ESG 債の2021年 9 月までの累積発行額において、国際通貨建てが
84.9％を占める。発行通貨の上位は、ユーロ（42.6％）、米ドル（33.4％）、

図表 5 −10　ASEAN＋3諸国・地域の ESG 債の発行残高（2021年12月）

（100万ドル）

国・地域	グリーンボンド	ソーシャルボンド	サステナビリティボンド	サステナビリティリンクボンド	トランジションボンド	合計
中国	191,389	874	7,317	7,893	1,098	208,571
香港	15,062	0	551	892	1,900	18,405
日本	36,504	21,546	18,858	1,269	174	78,351
韓国	33,421	35,267	25,925	0	0	94,613
インドネシア	5,207	0	1,519	350	0	7,076
マレーシア	1,492	48	3,134	0	0	4,674
フィリピン	2,105	0	1,762	0	0	3,867
シンガポール	5,335	11	1,698	1,276	0	8,320
タイ	3,096	325	2,301	632	0	6,354
ベトナム	0	0	425	0	0	425
合計	293,611	58,071	63,490	12,312	3,172	430,656
うち ASEAN 諸国	17,235	384	10,839	2,258	0	30,716

（資料）Asian Bonds Online Database

人民元（7.7%）である[4]。

　ASEAN 諸国の発行額は着実に拡大しているが、世界の1〜2％程度にとどまる。ソーシャルボンドはほとんど発行されていない。一方、近年、サステナビリティボンドやサステナビリティリンクボンドの発行が急増している。

　ASEAN＋3各国・地域の発行残高は、図表5−10の通りである。中国では、グリーンボンド、サステナビリティリンクボンドの残高がこれらの国の中で最大であり、日本・韓国では、ソーシャルボンドやサステナビリティボンドが多い。一方、ASEAN 諸国をみると、各国で大きな違いはない。ただし、シンガポールではグリーンローンの発行額が大きく（2018〜2020年の累積発行額は96億ドル）、ASEAN 諸国の中でグリーン・ファイナンスあるいはサステナブル・ファイナンスの中心になっている。

　近年は、非金融企業によるグリーンボンドやグリーンローンの発行が多

4　Asian Development Bank［2022］、7 ページによる。

い。2021年には、ASEAN諸国の発行額の79％を非金融企業が占めた（前年は67％）。また、政府機関は前年の6％から8％に増加したが、金融機関（15％から8％）、ソブリン（12％から5％）は減少した。

資金使途をみると、ASEAN諸国の2016〜2021年までの累積発行額において、ビルディング（52.8％）とエネルギー（26.6％）で約80％を占める。その他は、運輸7.5％、廃棄物5.7％、水関連2.2％、土地利用1.8％、などとなっている。国別では、シンガポールでビルディングの割合が高いこと、マレーシアがそれに準じること、タイやベトナムでは運輸の割合が相対的に高いこと、などが特徴的である。全体として発行セクターに偏りがみられ、一層の多様化が期待される。

2016〜2021年までの累積発行額における発行通貨は、シンガポールドル45％、米ドル34％、タイバーツ7％、マレーシアリンギ4％、豪ドル4％、その他6％となっている。シンガポールの累積発行額が突出して大きいため、シンガポールドルの比率が高くなっている。

ASEAN＋3諸国・地域において、ESG債の発行通貨は概ね現地通貨建てが多いが（中国・日本・マレーシア・シンガポール・タイで2021年9月までの累積発行額の50％超）、インドネシアでは外貨建て比率が94.6％に達している[5]。その他の各国の現地通貨建て比率は、マレーシア67.3％、フィリピン46.1％、シンガポール62.3％、タイ98.5％、ベトナム3.9％となっている。

(2) 債券市場整備の課題

ASEAN諸国のESG債市場は小さく、拡大・発展の余地がある。市場規模の拡大は、先進国を中心とする大規模な機関投資家の投資需要に対応するために重要である。市場拡大の課題は、図表5−11の通りである。この内容は、図表5−6と密接に関連している。

図表5−11で、発行体の拡大に関しては、「気候変動対策の確立」や「ファイナンス対象の透明性の向上」が基本的な課題である。発行体の教育や技

---

5 Asian Development Bank［2022］、11〜12ページによる。

図表 5 −11　気候変動対策としての ESG 債の発行を拡大するための課題

発行体の拡大	・気候変動対策を確立し、ファイナンスの対象プロジェクトを増やす。 ・タクソノミー、企業情報開示、コーポレートガバナンス規制、インフラ・プロジェクトの関連情報プラットフォームなどの整備により、ファイナンス対象の透明性を向上させる。 ・政府等の公的機関によるリスク軽減策（政府保証、MDBs による資金拠出・技術支援など） ・政府等の公的機関による発行支援（グラント・スキームによる費用軽減など） ・政府が発行体となる（インドネシア、タイなどに事例あり）。 ・グリーンボンドに加え、サステナビリティリンクボンド、トランジションボンドを拡大。
市場整備	・グリーンボンドの基準やガイドライン、格付け、市場インデックスなどの整備 ・ESG ファンド等の金融商品の整備
投資家の拡大	・公的資金の活用（公的年金・政府系ファンドの活用、グリーン・ファイナンス専用ファンドの設立など） ・ESG 投資の促進。そのためには、機関投資家の情報開示規制の整備、機関投資家の専門知識・技術の向上、気候変動等に関する社会的普及活動、ESG 投資の収益性に関する研究の深化などが必要。 ・個人投資家向け商品の販売拡大を図るテクノロジーの活用 ・政府等の公的機関による投資支援（投資に対する税制優遇措置など） ・クロスボーダー投資の拡大。そのためには、投資対象の透明性の改善や為替リスクの低減が必要。国際基準に近いタクソノミーや情報開示基準の採用、ASEAN 域内での制度枠組みの調和なども検討事項となる。

（資料）筆者作成

術支援により、発行意欲の喚起や発行のための知識・スキルの向上を図ることも重要である。一方、投資家の拡大に関しては、「ESG 投資の促進」、「個人投資家向け商品の販売拡大」、「クロスボーダー投資の拡大」が基本的な課題である。

　これらに加え、図表 5 − 6 でも指摘した通り、リスク・リターンのバラン

（％）

	サステナビリティには注目しない	ネガティブ・スクリーニングを実施	サステナビリティを考慮（integration）	インパクト投資を実施
2019年	12	40	52	0
2021年	5	52	57	19

（資料）Bain & Co., Microsoft and Temasek［2021］

スを改善するための政府の役割（ブレンド・ファイナンスや技術支援などによる国際機関の役割を含む）が大きい。発行体に関しては、政府保証などによるリスクの軽減、グラントスキームなどのインセンティブの付与によるコストの削減（＝リターンの上昇）、政府自ら発行体となること（ソブリンボンドの発行）、などがあげられる。ASEAN 諸国では政府による ESG 債の発行が増えており、シンガポールではグリーンボンド、インドネシアではグリーンスクーク、マレーシアではサステナビリティスクーク、フィリピン・タイではサステナビリティボンドが発行されている。

　一方、投資家に関しては、政策的な投資支援（税制優遇措置など）のほかに、公的資金の活用（公的年金、政府系ファンド、グリーン・ファイナンス専用ファンドなど）があげられる。また、中央銀行の規制監督強化による気候関連リスク管理の向上は、銀行によるグリーン・ファイナンスの拡大を促す。

⑶　ESG 投資拡大の課題

　図表 5 −11で ESG 投資の促進を課題にあげているが、ESG 投資は ASEAN 諸国で着実に浸透しつつあり（図表 5 −12）、これを加速させることが求められる。そのための課題は図表 5 − 6 、図表 5 −11にも含まれるが、機関投資家自身については、社内ガバナンスの改善（組織一体となった取り組み）、社外からの技術支援も活用した専門能力・人材の強化、投資家間の協力などがあげられる。投資家間の協力に関しては、国際的に認知された機関投資家のグループへの参加が有効である。例えば、シンガポールの GIC は、2020年11

月に Climate Action 100＋（企業エンゲージメントの共同プラットフォーム）
と AIGCC（Asia Investor Group for Climate Change、Climate Action 100＋
のパートナー、気候変動関連の能力構築や議論喚起を行う）の両方に署名し
ている。

⑷　求められるトランジション・ファイナンス

　前述の通り、化石燃料への依存度が高い ASEAN 諸国ではトランジション
が課題となっており、高排出産業における GHG 排出量の削減などが不可欠で
ある。そのために、サステナビリティリンクボンド（以下 SLBs）が重要な役
割を果たす。SLBs は、資金使途を限定しない一方、発行体にサステナビリテ
ィに関する目標（sustainability performance targets（SPTs））や関連する主
要パフォーマンス指標（key performance indicators（KPIs））の達成を求め、
達成できない場合には利率上昇などのペナルティを課す。前述の通り、2021
年に ASEAN 諸国で SLBs の発行が急増したが、世界でも同様の現象がみら
れた[6]。

　グリーンボンドは資金使途が限られるため、トランジションに十分対応で
きないとみられている。特に、中小企業にとっては、グリーンボンドの発行
に適したプロジェクトは規模が大き過ぎる場合があるため、SLBs の自由度
の高さが魅力となる。世界の SLBs の発行体をみても、その40％がハイイー
ルドの範疇に属する（格付けが低い）という。

　また、投資家からみても、SLBs の場合、サステナビリティに投資した効
果をより直接的に把握することができる。グリーンボンドの場合、投資によ
り GHG 排出量がどの程度減少するかは必ずしも明らかではないが、SLBs
では目標が具体的に明示されているためである。さらに、目標が達成できな
かった場合、投資家は利率上昇などのメリットを得られる。

　グリーンボンドを発行できない高排出産業の発行体が SLBs を発行するた
め、今後、市場の拡大が続くものとみられる。投資家が注意すべき点は、債
券やローンに付随する SPTs や KPIs の妥当性（例えば1.5℃目標を達成す

6　以下は、Eisenegger［2022］を参考とした。

るために十分に野心的であるか否か）を判断するために、発行体のビジネスモデルを完全に理解しなければならないことである。また、資金使途が特定されないため、グリーンボンド以上にグリーンウォッシングの可能性が高い。投資家は、SLBs に対する投資経験を積む必要がある。

　一方、グリーンボンドの対象プロジェクトを、グリーンではないが排出量の削減につながるものに拡張したのがトランジションボンドである。対象となるプロジェクトの定義が確立していないなどの原因から、自由度のより高い SLBs ほどには発行が拡大していない。

　いずれにせよ、これらの債券の発行により排出量削減等の目標が確実に達成される必要があり、それを妨げるのがグリーンウォッシングである。その回避のためには、カーボンニュートラルに向けた発行体の具体的な目標・戦略・ロードマップなどがセクター別のひな型にパターン化され、個別案件がそれに沿ったものであるか否かを評価する作業が必要となる。いうまでもなく、これらは科学的なものでなければならない。

　Climate Bonds Initiative［2022］は、ASEAN 諸国のトランジション・ファイナンスを拡大するためには、各国において、トランジションの概念に関する共通理解の醸成や自国の事情を踏まえたセクター別脱炭素戦略（decarbonisation pathways）の構築が必要であるとしている。これにより、機関投資家を含む官民の主要なステークホルダーの支援を獲得することが不可欠である。

Ⅱ　銀行部門

(1)　現状

　WWF［2020］のサーベイ結果（対象となっている銀行は、日本・韓国各5行、ASEAN 6 カ国計38行）から ASEAN 諸国のサステナブル・バンキングの現状をみると、気候変動問題やサステナブル・バンキングの重要性に関する認識は急速に高まっているが、完全には行き渡っていない。これらの重要性を正しく認識している銀行は、2019年の35行中19行から2020年には38行中32行に増加した。一方、実際の行動は始まったばかりであり、気候変動問

題に関する戦略を有する銀行は日本の5行中5行に対し、ASEAN諸国では38行中9行にとどまる。欧州で規範となっている石炭火力発電・石炭採掘の排除は、ASEAN諸国ではあまりみられない。シンガポールやマレーシアの銀行において、石炭関連の融資を回避する動きがみられる程度である。化石燃料への依存度が高いため、銀行がこれに対する融資を中止することは難しい。

　また、域内の中央銀行による分析でも、気候関連リスクの管理、情報開示（TCFD提言の実施）、ビジネス機会の発見などに関し、銀行の専門性が不足しているという指摘がなされている。

　WWFのサーベイ結果によれば、シンガポールの銀行の取り組みが進んでいる一方、インドネシア・マレーシア・タイの銀行はかなり遅れている。フィリピン・ベトナムの銀行はさらに遅れており、今後の努力が期待される。

(2) **課題**

　WWFは、サステナブル・バンキングに関するASEAN諸国の銀行の課題を以下の通り指摘している。第1に、社内ガバナンスの確立である。取締役会レベルでESG戦略の実施状況のモニタリングを社内全般に対して行うこと、サステナビリティに関する配慮をスタッフの業績評価において重視すること、などが求められる。ただし、政府の脱炭素政策やグリーン・ファイナンス関連の銀行規制の確立などが前提となる。

　第2に、科学に基づいた戦略の採用である。環境・社会要因や脱炭素戦略に関し、科学に基づいた知見を深め、銀行資産（ポートフォリオ）の脱炭素目標を設定することが必要である。また、シナリオ分析により資産の気候関連リスクを評価するとともに、資産の内容がどの程度パリ協定の目標に沿っているかを判断すること、それらの結果を踏まえてTCFD提言に沿った情報開示を行うこと、などが不可欠である。

　第3に、顧客に対するエンゲージメントの強化である。業種別に詳細な政策を構築してプロジェクト・企業の双方のレベルに適用するとともに、顧客に対してサステナビリティに関する多様な基準や検証枠組み（certification schemes）の順守を求める。気候関連リスクの特に高い顧客を支援し、持続可能なビジネスモデルへの移行を促すことも必要である。エンゲージメント

に際しては、気候変動や環境悪化が企業にもたらすリスクを評価し、自らが行うファイナンスの効果も十分検討しなければならない。

Ⅲ　国際開発金融機関の役割

(1)　アジア開発銀行

　国際開発金融機関は、先進国の民間資本を新興国のグリーン・ファイナンスに導入する能力を有する[7]。その方法は、第1に、触媒として機能することである。自らファイナンスに参加して民間部門の投資家のリスクを軽減し、バンカブルなプロジェクトを増やすことにより、民間部門の資本、技術、効率的な管理などを導入できる。第2に、技術支援である。グリーン・ファイナンス関連の市場インフラやエコシステムの構築を支援し、投資家の信認を高め、投資を呼び込むことができる。第3に、政策提言、能力構築、知識共有（情報プラットフォームやデータベースの提供）などの役割も有する。

　アジア開発銀行によるESG債市場の支援活動をみると、自ら投資家や発行体となって市場流動性の向上に努めるほか、ソブリン発行体への技術支援、市場のエコシステムの構築などを行っている。また、水資源、健康、ジェンダーといった特定のテーマに関するプロジェクトをファイナンスするテーマ債（theme bonds）の発行も多く実施している。

　さらに、重要なプログラムとして、2019年4月に設立されたACGF（ASEAN Catalytic Green Finance Facility）がある。これは、公的部門の資金を活用してグリーン・インフラ・プロジェクトのリスクを軽減し、民間部門の資金を呼び込む触媒の役割を果たすものである。このファシリティにより、少なくとも年間15万トンCO_2相当のGHG排出量の削減を目指している。

　ACGFの母体は、AIF（ASEAN Infrastructure Fund）である[8]。これは、2011年にASEAN諸国とアジア開発銀行によって設立され、両者の共

7　以下は、Asian Development Bank [2021]、120〜121ページを参照した。
8　Asian Development Bank [2022]、22〜23ページを参照した。

同ファイナンスによって域内のインフラ整備を推進している。ACGFがファイナンスに用いる資金は、AIF、アジア開発銀行、その他の開発金融機関の出資により賄われている。

ACGFは触媒としての機能が認められ、AIFの恒久的なファシリティとなった。ACGFはASEAN諸国のパンデミックからのグリーン・強靱・包摂的な回復を支援する役割を与えられ、2021年には、ACGFが運営し、ASEAN諸国の気候変動対策を譲許的融資と技術支援により支援するASEAN Green Recovery Platformが新たに設立された。ACGFとASEAN Green Recovery Platformに対して多様な開発金融機関が出資した資金の合計額は、20億ドル超に達する。

(2) 国際金融公社（IFC）とサステナブル・バンキング・ネットワーク（SBN）

SBNは新興国の金融当局、中央銀行、業界団体、環境規制当局による自発的組織であり、サステナブル・ファイナンスの推進を目指している。IFCがSBNの事務局を務め、戦略的・技術的助言を行う。SBNには2021年5月時点で43カ国61機関が加盟しており、ASEAN諸国ではインドネシア・フィリピン・タイ・ベトナム・カンボジア・ラオスの機関が参加している。

SBNの主な活動は、サステナブル・ファイナンス促進のために各国における枠組みの構築や認知度の向上を支援すること、加盟する機関の実務家の知識を深めること、能力構築や知識共有を提供して加盟者の交流を図ること、である。SBNは、IFCや世界銀行のプログラムと協力し、各国の規制のガイドラインや業界基準の制定、銀行・年金基金・保険会社・ノンバンク金融機関のためのツールの構築などを支援している。また、規制当局や業界団体に対し、認知度の向上や能力構築のためのワークショップ・研修などを開催している。

サステナブル・ファイナンス促進のポイントとして、International Finance Corporation［2021］は4点をあげている。第1に、銀行のコアビジネスにおけるサステナビリティの定着であり、経営層による支援や銀行規制の役割が不可欠である。第2に、金融機関によるサステナブル・ファイナンス政策の実施に対する監督体制を確立するための、モニタリングや報告のメカニズム

の強化である。第3に、インセンティブの付与である。具体的には、①サステナブル・ファイナンスに注力する金融機関に対する積極的な評価、②グリーン融資の促進、③外部化している環境・社会コストの適切な価格付け、④化石燃料補助金の廃止、などである。第4に、多くの機関の協力により、国内にサステナブル・ファイナンスを促進する枠組みを構築することである。

■ 第6節

トランジション・ファイナンス
拡大の課題

Ⅰ　トランジションの定義

　脱炭素に向けたトランジションは、喫緊の課題である。トランジションは、公正で秩序立った（just and orderly）ものであるべきことが強調されている。

　高排出産業向けのファイナンスを円滑化するために、トランジションの定義・基準の明確化が求められる。GHG 排出量削減のための広範囲な活動がファイナンスされ、着実に脱炭素に資することが重要である。迅速で野心的なトランジションの実現は不可欠である。

　トランジションの定義・基準に関連し、Climate Bonds Initiative［2021］は、パリ協定の目標を達成する速度（GHG 排出量を2030年までに概ね半減、2050年までにネットゼロ）でトランジションを実現する企業の5つの指標（hallmarks）をあげている。

　第1に、パリ協定の目標に沿った自社の目標設定である。(1)パリ協定の目標に沿った、各産業に特有の transition pathway を決めること。(2)その pathway に沿うための企業ごとの KPIs を設定すること。(3)それらの pathway や KPIs は科学に基づき、スコープ3までの重要な排出をカバーし、短期（2025年まで）、中期（2025〜2030年）、長期（2030〜2050年）を視野に入れること。第2に、堅固な計画である。(1)KPIs を達成する戦略・計

画の設定。(2)それに伴う詳細なファイナンス計画の準備。(3)変化の実現に必要なガバナンス枠組みの構築。第3に、実施行動（implementation action）である。KPIs の達成には時間がかかるため、成果の中間指標が必要である。具体的には、資本支出計画の策定、運転資金の変更、戦略に含まれるその他の行動（特定の活動の中止、サプライヤー関係の変更、経営層の研修など）である。第4に、内部モニタリングである。成果をチェックすること、必要に応じ KPIs の再評価・修正を行うことである。第5に、外部報告である。KPIs とその実行戦略を外部に報告し独立機関の認証を受けること、目標に対して実施した行動と成果を年次で報告し独立機関の認証を受けること、が含まれる。

　次に、日本政府は、経済産業省などを中心に、ASEAN 地域の脱炭素に対して公的資金による支援を表明している（アジア・エネルギー・トランジション・イニシアティブ）。また、メガバンクなどを中心にアジアグリーン成長パートナーシップを形成し、アジア・トランジション・ファイナンス（ATF）スタディグループがトランジション・ファイナンスの指針を作成している。2022年9月には、トランジション・ファイナンスを推進するための7項目の政策などを含む活動報告書と、金融機関がファイナンスを実施する際のガイドライン（いずれも第1版）を発表した。これらが、同地域の脱炭素に資することが期待される。

Ⅱ　ASEAN 地域のエネルギー・トランジションの難しさ

　最後に、ASEAN 地域におけるエネルギー・トランジションの難しさに言及する。まず、化石燃料産業の縮小は、同産業で働く人々の処遇などの「移行リスク」の問題を含んでおり、容易ではない。雇用の転換には時間を要するが、化石燃料依存度が高い ASEAN 地域ではなおさらである。現状維持の力が働く中で脱炭素を進めるには、各国政府がロードマップを明確にし、強力に主導する必要がある。この前提があってようやく、銀行などの金融機関がトランジション・ファイナンスを強化することも可能となる。

　実際、シンガポールの主要銀行など、先進的な銀行は石炭火力発電への融

資を中止したが、ASEAN諸国のほとんどの銀行はこれを継続している。石炭火力発電の増強においては、中国・インド・インドネシア・ベトナムが世界のトップ4である。これには欧米の投資家の資金は得られないため、中国の銀行・企業が中国以外の石炭施設の4分の1以上をファイナンスしている。

　一方、再生可能エネルギー比率を引き上げることも難しい。そのコストは急低下しているが、太陽光発電や風力発電は気候に左右され、電力供給が不安定であるため、これを補完する蓄電技術の導入や送電（トランスミッション）による電力融通の仕組み作りが不可欠である。

　再生可能エネルギー利用の歴史が相対的に短いことによる制度面の問題もあり、例えば、電力購入契約が確立していないことなどがASEAN諸国における本格的な採用の障害となっている。そのため、技術革新による石炭火力発電の効率化や天然ガスの拡大などを重視する意見もある。ただし、天然ガスに関しても、効率性やグリッドの構造などに関する十分な検討が必要となる。

　再生可能エネルギーは、発電事業者の信用力が投資不適格である場合があること、規模が小さく銀行融資が難しいことなど、多様な問題から公的金融を要することが多い。特に、バイオエネルギーは、技術の新しさや運営リスクなどの面でリスクが相対的に高く、他の再生可能エネルギーに比較して公的金融への依存度が高い。また、再生可能エネルギープロジェクトの規模が小さい点に関しては、証券化やカバードボンドの利用などを検討する必要がある。

　さらに、金融機関の専門性の向上も不可欠である。例えば、インドネシアの銀行が再生可能エネルギーへの融資を回避する理由として、プロジェクト自体が新しく件数が少ないため、銀行に情報や融資の経験が乏しく、リスクが高いとみなしていることが指摘される。銀行などの金融機関は、インフラ・プロジェクトのリスクやカントリーリスクの評価に加え、再生可能エネルギーの技術的側面に専門性を有する人材を確保する必要がある。変革を促すためには、公的支援も欠かせない。さらに、再生可能エネルギーはグリーンボンドによる資金調達が可能であり、その発行促進も有効である。

アジア開発銀行が構築しつつあるエネルギー・トランジション・メカニズムも注目される[9]。これは、譲許的な公的金融、民間部門による投資、フィランソロピー資金などを導入し、ASEAN 諸国のエネルギー転換を促進する枠組みである。2つのファンドを作り、一方で石炭火力発電所の早期閉鎖の加速、もう一方でクリーン・エネルギーへの投資を行う。主にインドネシア・フィリピン・ベトナムが対象となる見込みである。

おわりに

　ASEAN 諸国のグリーン・ファイナンスに関しては、各国で関連する制度の整備が進むとともに、実際の取引も拡大しつつある。その速度は、気候変動問題の社会的な認知度や対策実施に向けた社会の意欲、国内金融資本市場の発展度などに影響される。

　そこで、今後、課題となるのは、第1に、政府のリーダーシップである。政府には、中央銀行との連携、制度の構築、金融資本市場の整備など、多様な役割が求められる。第2に、取引の当事者である金融機関や一般企業の意欲や専門性の向上である。これには、海外からの影響（取引関係に基づく脱炭素やグリーン・ファイナンスへの取り組みの必要性や、金融機関・企業の能力構築のための連携など）も大きい。

　最近では、トランジションの重要性が強調されている。ASEAN 諸国は化石燃料、特に石炭への依存度が高く、比較的高い経済成長が続く中で再生可能エネルギーへの転換を実現しなければならない。政府が脱炭素政策を確立し、GHG 排出量ネットゼロを達成するために不可欠なプロジェクトを科学に基づいて明確にすること、そして、それらに対する資金供与が確実に行われることが求められる。そのためには、多様な金融機関が参加し、そこに公的部門の支援がブレンド・ファイナンスや PPP などの形で加わって、多くの案件に対応できる幅の広いグリーン・ファイナンスが確立することが不可欠である。

　最後に、日本を含む先進国や国際開発金融機関が、新興国に対し、資金・

9　Climate Bonds Initiative［2022］、19ページを参照した。

技術支援、能力構築、金融システム整備への協力を行うことが重要である。日本は、ASEAN＋3域内金融協力の経験を踏まえ、今後も Asian Bond Markets Initiative の枠組みなどを活用して、金融資本市場整備のための協力を継続・強化すべきである。

　新型コロナウイルスによるパンデミックやロシアのウクライナ侵攻などから世界景気やエネルギー供給の見通しは不透明であるが、ASEAN 諸国には、その中でも気候変動対策を推進すること、グリーン・ファイナンスを拡大するために金融システムを整備することが求められている。

＜参考文献＞
・北野陽平［2022］「シンガポールで注目が高まるカーボンクレジット取引―国際的な取引所 ACX と CIX の動向を中心に―」（野村資本市場研究所『野村サステナビリティクォータリー』春号）
・清水聡［2021］「気候変動問題とグリーン・ファイナンスを取り巻く論点―求められるグリーン・リカバリーの実現―」（日本総研調査部『環太平洋ビジネス情報 RIM』Vol.21 No.81）
・清水聡［2022a］「ASEAN 諸国におけるグリーン・ファイナンスの進展」（日本総研調査部『環太平洋ビジネス情報 RIM』Vol.22 No.84）
・清水聡［2022b］「気候変動問題に対処するファイナンスの課題と ASEAN 諸国の事例」（日本総研調査部『環太平洋ビジネス情報 RIM』Vol.22 No.85）
・清水聡［2022c］「ASEAN 諸国におけるグリーン・ファイナンスの現状と課題」（財務総合政策研究所「外部有識者による研究所内講演会」資料、5月26日）
・Anwar, R.S., Mohamed, M., Hamzan, S.M., Malek, N.S.A., Zain, M.H.M., Jaafar, M.H., Sani, S., Brazil-De Vera, R.M., Desquitado, M.C.T., Praneeprachachon, V., Wong, D., Lim, B.A., Goh, G., Tan, W., and Hong, J.［2020］"Report on The Roles of ASEAN Central Banks in Managing Climate and Environment-related Risks," Kuala Lumpur, November 17.
・ASEAN Centre for Energy［2020］*The 6th ASEAN Energy Outlook 2017-2040.*

- ASEAN Working Committee on Capital Market Development [2022] "Sustainable Finance for Sustainable Projects," Conversation Pack, February.
- Asian Development Bank [2021] "Financing a Green and Inclusive Recovery," *Asian Development Outlook*, April.
- Asian Development Bank [2022] "Promoting Local Currency Sustainable Finance in ASEAN + 3," June.
- Bain & Co., Microsoft and Temasek [2021] "Southeast Asia's Green Economy 2021 Report : Opportunities on the Road to Net Zero".
- Bank Negara Malaysia [2021] "Climate Change and Principle-based Taxonomy," April 30.
- Climate Bonds Initiative [2020] "Financing credible transitions : How to ensure the transition label has impact," Climate Bonds White Paper, September.
- Climate Bonds Initiative [2021] "Transition finance for transforming companies : Avoiding greenwashing when financing company decarbonisation," Discussion Paper, September 10.
- Climate Bonds Initiative [2022] "ASEAN Sustainable Finance State of the Market 2021," June 17.
- Climate Policy Initiative [2021] "Global Landscape of Climate Finance 2021".
- DBS [2017] "Green Finance Opportunities in ASEAN," November.
- Eisenegger, Mario [2022] "Sustainability-linked bonds : a growing market that will soon be too big to ignore," March 1.
- Global Financial Markets Association and Boston Consulting Group [2020] "Climate Finance Markets and the Real Economy : Sizing the Global Need and Defining the Market Structure to Mobilize Capital," December.
- International Finance Corporation [2021] "Sustainable Banking Network (Overview)," May.

・McKinsey Global Institute ［2020］ "Climate risk and response in Asia：
Future of Asia," November.
・WWF ［2020］ "Sustainable Banking Assessment 2020".

第 **6** 章

コロナ後の中国マクロ経済と金融
―OFDI 視点から見た脱工業化
および経常収支赤字のおそれ―

キーワード：脱工業化、OFDI、経常収支赤字

■ 第1節

はじめに

脱工業化（Deindustrialization）は「空洞化（Hollowing Out）」ではない。通常、国の工業部門または製造業の付加価値の割合とその雇用の割合が減少し続ける現象として定義される（IMF Working Papers, 2006より）。本稿ではこのIMFの定義を利用する。

中国の製造業付加価値の割合とその雇用割合のターニングポイントは、それぞれ2006年と2013年に現れた。そこで、本稿では、2013年を中国の脱工業化が始まった年と判断する。

脱工業化現象の原因については、まだ統一の結論がない。一般的に、国際貿易と産業セクター間の生産性の成長の相違に加えて、海外直接投資（Outward Foreign Direct Investment、OFDIと略）にも、その主要な原因があると指摘される。

本稿は、中国におけるOFDIとマクロ経済との協働性分析を踏まえて、OFDI視点から脱工業化の現状およびそれと関連する経常収支問題を取り込んでいく[1]。

---

1 本稿のデータ収集および計算は、南開大学経済学院博士3年生の鄭毓銘氏、修士3年生の胡英倫氏などの協力を得た。

中国OFDIとマクロ経済指標の
協働性分析

Ⅰ　中国OFDIとその総合指数

　OFDIは、グローバル範囲での産業資本の中長期的な配置戦略であるため、国内経済構造の変化およびそのレベルアップと相互作用する。

　中国企業のOFDIは、2013年から急成長している。『世界投資報告書2021』（UNCTAD, 2021）によれば、コロナウイルスの影響で、2020年に世界OFDIが大幅下落したのを反映して、中国ははじめて世界1位になった。それにもかかわらず、2019年までの中国OFDIストックは世界3位であり、1位の米国の28％でしかない。他の主要国と比較すれば、中国のOFDIストックは、GDPの14.76％のみであり、世界で最も低いレベルのようである（王碧珺、2021）。したがって、将来における中国OFDIが成長する可能性は十分にある。ただし、現在の中国OFDIの全体的なパフォーマンスは欠如しており、収益レベルはかなり低い。

　本研究チームは、中国OFDIの成長およびその特徴などについて、より良い分析をするために、各種OFDIの件数と金額のデータに基づき、中国OFDI総合指数を作成した[2]。本稿で関連する各種の中国OFDI総合指数およびほかの関連データは中国南開大学グローバル経済研究センターのデータベースに基づくものである。使用したデータは、世界有数のデータベースのBvD-ZephyrおよびfDi Marketsをマッチングにより整理したものである。しかし、統計のソースや基準などが違うため、中国商務部や国家統計局およ

2　本総合指数および関連の中国OFDIデーターについては、筆者がリードする研究チームが2017年から毎年発表している。薛軍など著『中国民営企業対外直接投資指数年度報告書（2021）』中国人民出版社2022年8月をご参照ください。

び中国外貨管理局などの公表データと多少違うところがある。

Ⅱ　中国 OFDI とマクロ経済指標の協働性分析

　中国のマクロ経済指標を、次の7つに分類した。1）マクロ経済成長、2）国民経済運行とマクロ政策、3）消費、投資と貯蓄、4）構造変化、5）人的資本と科研投入、6）対外経済と貿易、7）国際政治と経済、である。さらに各分類を細分し、合計45個の指標に分けた。図表6‐1は、2005～2020年の16年間、中国企業 OFDI 総合指数とこれら45のマクロ経済指標の Pearson 相関係数と Spearman 相関係数である[3]。

　次に、図表6‐1に基づいて、45の中国マクロ経済指標を7つの組に分けて、中国 OFDI 総合指数との Pearson 相関係数と Spearman 相関係数を通じて、それらの協働性を分析する。

(1)　マクロ経済成長と中国企業 OFDI 総合指数の協働性について

　1）中国企業 OFDI 総合指数と実質 GDP は、1％のレベルで正に有意に相関し、これは中国の OFDI は国力の増加とともに増加していることを意味する。

　2）実質 GDP 年間成長率は1％レベルで有意な負の相関があり、一人当たり GDP は1％レベルで有意な正の相関がある。この結果は、ダニング氏の「外国直接投資のフェーズ理論」と一致している。すなわち、中国が中高所得レベルの開発段階に入った後、経済成長率は低下し始めたものの、OFDI の勢いは徐々に強まっていたことを示している。

　3）産業用電力消費、鉄道貨物量、銀行貸出は「Keqiang Index」（Keqiang は李克強総理を指す）として知られる。またこの指数も2020年に政府が推進して始まった「ダブル循環経済発展政策」の重要な指標とも考えら

3　Pearson 相関係数は、2つの変数間の線形関係を検証・評価するものである。これに対して、Spearman 相関係数は、2つの変数間の単調な関係を検証・評価するものであるため、Spearman の相関係数はデータエラーや極値からの影響に対しては敏感ではない。

Macroeconomic indicators		The correlation between Chinese enterprises OFDI composite index and macroeconomic indicators	
		Pearson correlation coefficient	Spearman correlation coefficient
Macroeconomic growth	Real GDP (100 million CNY)	0.813***	0.8529***
	Annual growth rate of real GDP (%)	−0.660***	−0.8265***
	GDP per capita (CNY)	0.797***	0.8529***
	Industrial electricity consumption (100 million kWh)	0.795***	0.8618***
	Total rail freight shipments (million tons)	0.446*	0.5706**
	Medium- and long-term loans in all currencies provided by banks (100 million CNY)	0.707***	0.8529***
National economy and macro policy	CPI	0.806***	0.8471***
	PPI	0.297	0.3941
	M2 (100 million CNY)	0.790***	0.8529***
	Loan interest rate (%)	−0.689***	−0.6125**
	General public budget expenditure (100 million CNY)	0.812***	0.8529***
	Social financing (100 million CNY)	0.649***	0.8176***
Consumption, investment and saving	Domestic demand (100 million CNY)	0.794***	0.8529***
	Total retail sales of consumer goods (100 million CNY)	0.828***	0.8559***
	Per capita disposable income of residents (CNY)	0.797***	0.8529***
	Total fixed assets investment (100 million CNY)	0.848***	0.8529***
	Amount of foreign direct investment actually utilized (10 thousand USD)	0.789***	0.8471***
	National savings rate (%)	−0.620**	−0.5588**
Structural changes	Operating income of industrial enterprises above designated size (100 million CNY)	0.866***	0.9559***
	Proportion of manufacturing added value in GDP (%)	−0.751***	−0.8118***
	Share of manufacturing employment (%)	−0.478*	−0.550**
	Proportion of tertiary industry output in GDP (%)	0.842***	0.8441***
	Average annual real wage index	0.788***	0.8529***
	Average price of commercial housing in first- and second-tier cities (CNY/m2)	0.846***	0.8714***
	Price of industrial land in major cities (CNY/m2)	0.918***	0.9176***

Human capital and R&D investment	Proportion of population with college degree or above（%）	0.784***	0.8471***
	Average years of education（years/person）	0.770***	0.8176***
	Number of lawyers per 100,000 people in China（persons）	0.676***	0.8382***
	Proportion of R&D expenditure in GDP（%）	0.783***	0.8529***
	Invention patent ownership per 10,000 population（pieces）	0.666***	0.8214***
Outward economy and trade	Total exports（100 million CNY）	0.768***	0.8441***
	Total imports（100 million CNY）	0.698***	0.7441***
	Trade balance（100 million CNY）	0.715***	0.6941***
	Current account debit（10 thousand USD）	−0.801***	−0.8412***
	Current account credit（10 thousand USD）	0.801***	0.8412***
	Current account（10 thousand USD）	−0.313	−0.2647
	Capital and financial accounts（10 thousand USD）	0.700***	0.7382***
	CNH/USD exchange rate（CNY/USD）	0.535	0.3333
	Foreign exchange reserves（1 billion USD）	0.673***	0.6853***
International politics and economics	RMB Internationalization Index（RII）	0.617**	0.6713**
	Number of Think Tanks in China（households）	0.124	0.7127***
	Economic Policy Uncertainty Index（EPU）	0.479*	0.6971***
	China's overall image scores	0.780**	0.2
	World average annual GDP growth rate（%）	−0.382	−0.4735*
	U.S. 10-Year Treasury Yield（%）	−0.615**	−0.6873***

（出所）中国国家統計局、中国国家外貨管理局、中国国家エネルギー局、中国国家知的財産局、中国国家電力企業聯合会、中経網統計データベース、中国地価情報サービスプラットフォーム、Wind、中国人民大学『人民元国際化報告』各年版、当代中国与世界研究院『中国国家イメージグローバル調査報告』、世界銀行 WDI データベース、CEIC 経済データベース；米国ペンシルベニア大学の「シンクタンク研究プロジェクト」（TTCSP）編集「グローバルシンクタンクレポート」、'Economic Policy Uncertainty in China' by Scott Baker, Nicholas Bloom, Steven J. Davis and Sophie Wang （2013）at www.PolicyUncertainty.com. また中国 OFDI 総合指数は中国南開大学グローバル経済研究センターのデータベース

（注）***、**、*はそれぞれ0.01レベル（両側）、0.05レベル（両側）、0.10レベル（両側）での有意な相関を示す。

れる。係数によれば、「Keqiang Index」は、マクロ経済の水準と国民
経済の運営状況を表すと同時に、中国 OFDI との良性の相互関係を示
している。

⑵　**国民経済運行・マクロ政策と中国企業 OFDI 総合指数の協働性について**
　OFDI との関係を分析する場合、6つの指標[4]に分けられ、CPI と PPI は
主に国内消費と生産のマクロ経済環境を表し、残りの4つは国内の金融・資
本市場の環境を表している。
　　1）CPI と OFDI 総合指数は、1%レベルで正の有意性があるが、PPI は
　　　相関しない。一般的に、CPI と PPI の上昇は、賃金水準と生産コスト
　　　に影響を与え、さらに企業の OFDI 意思決定に影響を及ぼす。中国で
　　　は、PPI は、ほとんどの場合低迷傾向にあるため、企業海外進出との相
　　　関関係は有意性がない。
　　2）M2と社会資金調達規模および一般公的予算支出の増加は、1%レベ
　　　ルで有意である。これは、企業 OFDI を促進することを示している。
　　　同時に、貸出金利は有意な負の相関関係を示し、これはまた、緩い資金
　　　調達環境がより多くの企業が OFDI を実施するのに役立つことを意味
　　　している。

⑶　**消費投資貯蓄と中国企業 OFDI 総合指数の協働性について**
　このカテゴリーのマクロ経済指標は、内需（億元）、消費財小売総額（億
元）、住民一人当たりの可処分所得（元）、社会的固定資産投資（億元）、対
内 FDI 利用実績額（万米ドル）、国民貯蓄率（%）の6つである。
　　1）内需およびその内容を表す3つの指標である消費財小売総額、社会的
　　　固定資産投資、対内 FDI 利用実績額、および住民の消費の購買力を表
　　　す住民一人当たり可処分所得は、いずれも1%レベルで有意な正の相関
　　　関係を示している。中国の消費と投資の拡大に伴い、OFDI も拡大する

4　CPI（消費者物価指数）、PPI（工場出荷時の工業生産者物価指数）、貨幣・金融（M2）
　（億元）、貸出金利（%）、一般公共予算支出（億元）、社会資金調達規模（億元）の6つ
　のマクロ経済指標が含まれている。

ことを示している。

2）中国の国民貯蓄率とOFDI総合指数は、5％レベルで有意な負の相関関係があり、これは中国の経済発展段階と一致している。南亮進（2002）は、経済発展の初期段階では貯蓄率が上昇する傾向があり、経済が成熟するにつれて徐々に低下すると指摘している。中国の国民貯蓄率は2010年に過去最高の51.8％に達し、その後低下し始めた。それとほぼ同じ時期に、中国のOFDIは大幅に伸び始めた。

⑷ 構造変化と中国企業OFDI総合指数の協働性について

このカテゴリーのマクロ経済指標には、一定規模以上の工業企業（2000万元以上）の営業収入（億元）、製造業付加価値のGDPに占める割合（％）、製造業雇用の割合（％）、第三次産業産出のGDPに占める割合（％）、年間平均実質賃金指数、第一・第二線都市の住宅平均価格（元／㎡）、主要都市の工業用地の価格コスト（元／㎡）の7つの指標が含まれている。

1）一定規模以上の工業企業の営業収入の相関係数は1％レベルで有意な正であり、中国企業の向上はOFDIの増加と正比例していることを示している。

2）製造業付加価値の割合と製造業雇用の割合との相関係数は有意な負であり、第三次産業産出割合との相関係数は有意な正である。製造業とその雇用の割合が減少傾向にあることに伴い、OFDIは徐々に増加することを意味している。一般的に、経済発展が一定の段階に入ると（通常はポスト工業化時代）、製造業とその雇用の割合はピークに達した後徐々に減少し、第三次産業の割合は徐々に増加し、海外進出は加速する。中国の製造業とその雇用の割合は、それぞれ2006年と2013年にピークに達していた。

3）年平均実質賃金指数、第一線第二線都市の住宅平均価格、主要都市の工業用地価格コストとの間の相関係数はいずれも1％レベルで有意な正である。国内企業の運用コストの継続的な増加により、一部の企業はOFDIを余儀なくされていることを意味している。

⑸ 人的資本・科研投入と中国企業 OFDI 総合指数の協働性について

このカテゴリーのマクロ経済指標には、大卒以上の人口割合（％）、平均教育年数（年／人）、中国の人口10万人あたりの弁護士数（人）、研究開発費のGDPに占める割合（％）、1万人あたりの発明の特許数（件）の5つの指標が含まれている。

人的資本を表す3つの指標である大卒以上の人口割合、平均教育年数、10万人あたりの弁護士数、およびR&D投資を表す2つの指標である研究開発費のGDPに占める割合と1万人当たりの発明特許数は、共に1％レベルで有意に正の相関がある。

中国の人的資本と研究開発投資の増加に伴い、海外投資も増加する。同時に、OFDIの逆波及効果（Reverse Spillover Effect）により、海外進出活動の増加に伴い、中国国内の科学研究とイノベーション活動の促進に役立つことも示している。

⑹ 対外経済貿易と中国企業 OFDI 総合指数の協働性について

このカテゴリーのマクロ経済指標には、輸出総額（億元）、輸入総額（億元）、貿易収支（億元）、経常収支勘定（借方）（万米ドル）、経常収支勘定（貸方）（万米ドル）、経常収支帳簿（万米ドル）、資本・金融収支（万米ドル）、米ドル／オフショア人民元為替レート（元／米ドル）、外貨準備高（億米ドル）の9つの指標が含まれている。

1）輸出、輸入、貿易収支、経常収支借方（貸方）、資本と金融収支、外貨準備の指標は、いずれも1％のレベルで有意な相関関係を示している。そのうち、経常収支勘定借方は負の相関関係となっている。中国の貿易黒字とそれに基づいて蓄積された巨大な外貨準備高が、OFDIのための強固な基盤を築いていると考えられる。

2）注目されるのは、経常収支と中国企業OFDIとの間に有意な相関関係がないことである。本稿の第4節で詳しく説明する。

3）興味深いことに、USD/CNHオフショア為替レートと中国企業OFDI総合指数との間には相関係数は正であるが、有意ではない。しかし、それと中国の民営企業のOFDI総合指数との間に1％のレベルで有意な

正の相関があることである（別途で計算した結果によれば、相関係数は
それぞれ0.840*** と0.8333*** である）。この現象の一つの解釈として、
国有企業の OFDI、特に「一帯一路」プロセスが、国家政策志向の投資
意思決定に影響されるからかもしれない。他方、計算結果によれば、民
営企業は、海外進出する際に他の所有制企業より市場経済の法則に従う
ことを意味する。

(7) 国際政治経済と中国企業 OFDI 総合指数の協働性について

　このマクロ経済指標のカテゴリーには、人民元国際化指数（RII）、中国の
シンクタンク数（数）、経済政策不確実性（EPU）指数、中国の全体的なイ
メージスコア、世界平均年間 GDP 成長率（％）、米国10年債利回り（％）
の6つの指標が含まれている。

　1）人民元国際化指数は、5％のレベルで有意な正の相関関係があり、中
　　国企業 OFDI と補完しあっていることを示している。

　2）中国のシンクタンクの数は、中国企業 OFDI 総合指数の Spearman
　　相関係数と1％レベルで有意な正の相関がみられるのに対して、
　　Pearson 相関係数も正であるが、有意ではなかった。したがって、図表
　　6－1の計算結果は中国のシンクタンクが OFDI する際に十分な役割
　　を果たしていないことを意味する。

　3）もし民営企業 OFDI 総合指数を再度追加すると、EPU 指数の Pear-
　　son 相関係数は10％のレベルで正の相関にある以外に、EPU 指数と中
　　国 OFDI 総合指数の Spearman 相関係数、および民営企業 OFDI 総合
　　指数の相関係数（別途で計算した結果によれば、相関関数はそれぞれ
　　0.630*** と0.8059*** である）は、すべて1％で有意に正の相関である。
　　これは、EPU 指数がほかの所有制企業より民営企業の OFDI に相対的
　　に大きな影響を与えることを示している。EPU は「中国の経済政策の
　　不確実性」を表すため、EPU 指数と OFDI の正の相関関係は、中国経
　　済のダイナミックな発展につれて、企業、特に民営企業が直面する多く
　　の政策の不確実性をどのように認識し、対応するかを反映していると考
　　えられる。今後、あらゆるレベルの政府が、ビジネス環境を継続的に改

善し、政策の透明性をさらに高めるために懸命に取り組む必要がある。

4）世界平均年間 GDP 成長率と中国企業 OFDI 総合指数との間の Pearson 相関係数は有意ではなく、Spearman 相関係数も10％のレベルで有意なレベルで負の相関関係を示しているだけである。中国 OFDI の勢いは、国際経済情勢の変動にあまり注意を払っていないことを示している。

■ **第3節**

OFDI から脱工業化問題に対する考察

先進工業国の初期の開発経験から見れば、工業（製造業）部門の発展は、通常、逆 U 字型である。脱工業化は、工業生産または雇用の割合の継続的な減少として表される（Clark, 1957；Lawrence, 1983；Rowthorn, 1999）。

脱工業化現象の原因については、まだ統一された結論はない。一般的に、国際貿易と部門間の生産性成長の相違に加えて、海外直接投資（OFDI）がその主要な原因と指摘される。Singh（1977, 1989）は、脱工業化の主要な原因は、国際貿易と海外生産（OFDI）であると指摘している。

OFDI によってもたらされた工場と生産ラインの移転は、自国の製造部門における生産、輸出、雇用の一部に取って代わる一方、OFDI は、国内の投資などに影響を与えることを通じて、自国の脱工業化のレベル（度合）にも影響を及ぼす。

本節では、脱工業化を表す産出と雇用の2つの側面から、工業付加価値の割合およびその雇用の割合と中国 OFDI との間での相関関係を分析することを通じて、中国の脱工業化の現状を検討する。

Ⅰ　研究サーベイ

2つの側面から脱工業化の現象について説明できる。それは、(1)ヨーロッパや米国などの初期の工業国における通常の脱工業化、(2)ラテンアメリカ、南アフリカ、およびそのほかの後期に工業化を開始した諸国における時期尚早の早熟型脱工業化、である。

先進国の脱工業化の原因は、5つにまとめられる。第1に、需要構造の変化（Sung、2011; Clarks、1957）。第2に、製造業と非製造業の生産性の違い（Krugman、1996; Rowthorn and Ramaswamy、1999）。第3に、貿易要因（Saeger、1997; Brady、2006; Wood、1995）。第4に、OFDIの要因（Bluestone、1988）。第5に、製造業の継続的な専門化と、金融、インターネットおよびその他のサービス産業の高い投資収益率の要因（Rowthorn、2004; Hu Lijun、2013; Tregenna、2019）。

発展途上国の脱工業化の原因は2つある。1つ目は、政策によって引き起こされた時期尚早パターンである。代表的な国は、モンゴル、ラテンアメリカ諸国、およびいくつかの中央ヨーロッパ諸国が含まれる（Gwynne、1986; Reinert、2004; Tregenna、2016; Nickell、2010）。2つ目は、オランダ病の時期尚早なパターンである。代表的な国には、南アフリカとコロンビアが含まれる（Dasgupta, 2007年、FrenkelとRapetti, 2012年、AndreoniとTregenna, 2019年）。

低中所得国の脱工業化のほとんどは、時期尚早の脱工業化と見なされる。Roderick（2016）は、脱工業化が発生した場合に、一人当たりの所得水準が低いか、経済成長に悪影響を与えるか、いずれも時期尚早の脱工業化であると指摘した。

近年、中国の研究者たちは、中国の脱工業化原因を、主に次の4点としてまとめている[5]。

第1は、産業構造の継続的な最適化と産業政策の調整が、製造業における時代遅れの生産能力の排除を促進し、サービス産業の急速な発展をもたらしたこと。

第2は、急速な経済成長、特に不動産産業の発展による要素コストの上昇が、製造業の比較優位を弱めることにつながったこと（黄永春、2013; 魏後凱、2019）。

第3は、製造業のOFDIによるセクター別産業資本の流出が、実質金利に上昇圧力をかけていること（劉海雲、2015）。

第4は、中米貿易摩擦、モノインターネット、3D印刷、人工知能などの技術の急速な発展が、中国製造業の輸出拡大を抑制していること（黄群慧、2020）。

5　魏后凱、王頌吉、2019（01）：5-22.

また、OFDI の脱工業化効果に関する研究については、主に次のようにまとめられる。小島清（1988）は OFDI を「比較優位性による順貿易志向 OFDI」と「日米貿易摩擦による逆貿易志向 OFDI」に分け、雁行形態論に基づいて日本の産業空洞化問題（脱工業化ではなく）を検討した。これは、篠原（1987）と佐藤（1986）の警戒論に対して、比較的楽観的な見方である。Singh（1977）、国連工業開発機関（1983）、Beenstock（1984）の研究によると、OFDI が製造業の雇用流失の主な原因であることが示されている。Alderson（2015）は、OFDI は、現地通貨の上昇および国内投資の排除というルートを通じて、自国の産業構造に影響を与えるとした。Ictto-Gillics（1992）は、OFDI が国内の資本形成を減らすことによって脱工業化を引き起こせるとした。劉海雲（2015）は、中国製造業の資本労働比率が OFDI と負の相関関係にあることを実証研究している。石柳（2013）、白雪潔（2019）、楊麗麗（2018, 2019）は、省レベルのデータを使用して、OFDI が脱工業化を促進したと結論付けた。

Ⅱ　OFDI と脱工業化の相関関係

(1)　中国 OFDI と脱工業化の概況

　1）中国全体の状況について

　図表 6 - 2 は、2005～2019年における中国 OFDI プロジェクト数と中国脱工業化度合の変化を示している。2006年と2013年にそれぞれ付加価値と雇用のターニングポイントが現れた後、OFDI は急速な成長の時期に入った。2013年から2019年にかけて、付加価値の割合は5.8%、雇用の割合は6.7%減少し、OFDI プロジェクトの数は857件から1,786件と約2.1倍に増加、年平均12%上昇した。

　2）中国の地域側面の現状について

　本稿では、中国 OFDI のソース発生源を 5 大地域に分けた。それぞれ環渤海地域（北京、天津、河北、遼寧、山東）、長江デルタ地域（上海、江蘇、浙江）、珠江デルタ地域（広東、福建、海南）、および中部地域と西部地域である。

　図表 6 - 3 と図表 6 - 4 は、 5 大地域における OFDI プロジェクト件数

図表 6 - 2　2005～2019年 OFDI（投資プロジェクト件数）と脱工業化

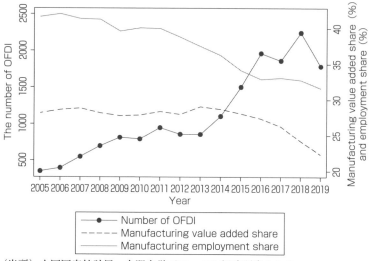

（出所）中国国家統計局、南開大学グローバル経済研究センター

図表 6 - 3　2005～2019年 5 つの中国地域 OFDI と工業付加価値割合の変動差額

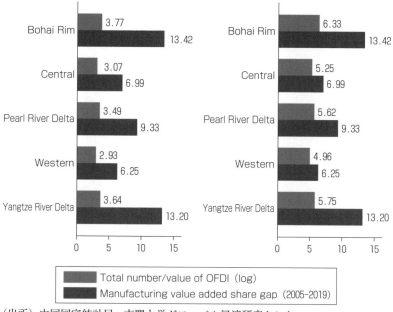

（出所）中国国家統計局、南開大学グローバル経済研究センター

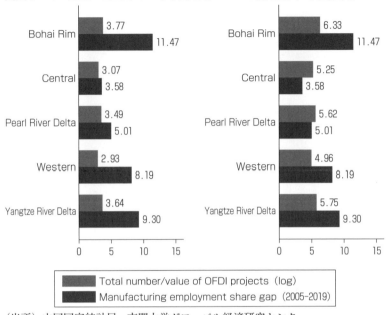

図表 6 - 4　2005〜2019年 5 つの中国地域 OFDI と就業割合の変動差額

| | Total number/value of OFDI projects（log） |
| Manufacturing employment share gap（2005-2019） |

（出所）中国国家統計局、南開大学グローバル経済研究センター

　と金額の対数と、工業における付加価値の割合の変化（2005年と2019年の差額）およびその雇用割合の変化（2005年と2019年の違い）をそれぞれ示した対比図である。それによって、各地域の OFDI の増加と工業付加価値或いはその雇用割合の変化との関係を反映できる。

　図表 6 - 3 と図表 6 - 4 は、地域レベルでは、工業規模を表す付加価値と雇用の割合が減少すればするほど、OFDI プロジェクト件数と金額が増加することを示している。ただし、図 6 - 4 から、珠江デルタと中部地域は例外となっており、その OFDI と雇用規模との対応関係は明確ではない。これは、中国工業重心の地域上での変化に関連するかもしれない。中国の工業重心の変化は、2003年から2013年までは「西は速く、東は遅い」傾向、2013年以降は「南が強く、北が弱い」傾向にあることが大きな特徴である（金培、2019）。

　図表 6 - 5 は、2005年から2019年までに、 5 大地域の OFDI 総合指数、工

図表 6 − 5　2005〜2019年 5 大地域の OFDI 総合指数、工業付加価値の割合、工業雇用の割合

Year	Bohai Rim Region			Yangtze River Delta Region			Pearl River Delta Region		
	OFDI composite index	manufacturing value added share (%)	manufacturing employment share (%)	OFDI composite index	manufacturing value added share (%)	manufacturing employment share (%)	OFDI composite index	manufacturing value added share (%)	manufacturing employment share (%)
2005	19.69	41.73	30.48	11.77	48.01	38.42	23.22	44.92	41.14
2006	22.69	41.98	30.39	21.94	48.47	40.31	34.17	45.48	42.24
2007	46.00	41.75	30.06	20.78	47.98	42.44	47.78	45.42	43.04
2008	41.73	42.18	28.78	33.48	47.16	42.15	51.08	45.48	41.96
2009	67.39	40.50	28.03	30.36	44.91	40.71	40.74	44.18	42.12
2010	56.53	39.67	27.64	41.90	44.70	40.61	77.67	44.89	42.53
2011	71.92	39.18	28.37	56.46	43.96	39.81	82.92	44.55	42.21
2012	68.29	38.02	28.09	46.59	42.47	38.70	39.64	43.40	41.48
2013	64.32	36.52	26.99	60.56	41.01	35.23	66.65	42.25	47.36
2014	160.99	35.15	26.36	123.28	40.12	34.85	116.63	42.11	46.54
2015	116.43	33.13	25.54	183.30	38.47	34.18	166.75	40.67	45.19
2016	139.30	31.80	24.55	245.86	36.89	33.41	224.36	38.73	43.85
2017	162.05	30.69	22.95	198.49	36.68	32.49	230.26	37.49	42.04
2018	125.38	29.38	21.34	246.33	36.05	30.34	213.45	36.93	39.42
2019	104.59	28.31	19.01	157.14	34.81	29.12	176.29	35.59	36.13

Continued table

Year	Central Region			Western Region		
	OFDI composite index	manufacturing value added share (%)	manufacturing employment share (%)	OFDI composite index	manufacturing value added share (%)	manufacturing employment share (%)
2005	16.13	39.43	22.14	19.69	34.30	21.90
2006	27.02	40.92	22.11	36.12	36.13	21.54
2007	35.44	41.72	21.29	54.54	36.80	21.36
2008	61.13	42.23	20.55	42.66	37.17	20.95
2009	66.38	40.91	20.33	55.64	36.54	20.63
2010	43.16	42.30	20.68	60.26	37.81	20.15
2011	83.35	43.18	21.82	130.68	37.70	20.39
2012	57.84	42.21	21.72	87.24	37.28	20.06
2013	68.29	40.63	23.58	54.30	36.20	20.11
2014	147.96	39.35	23.90	114.84	35.15	19.03
2015	140.59	36.99	23.98	86.08	32.85	18.31
2016	188.27	35.54	23.80	160.71	30.89	17.61
2017	150.43	34.63	22.89	139.97	29.70	17.02
2018	151.02	33.09	19.78	203.95	28.87	15.46
2019	100.75	32.44	18.56	99.36	28.05	13.72

（出所）中国国家統計局、南開大学グローバル経済研究センター

業付加価値の割合とその雇用の割合を表している。OFDI 総合指数がすべて上向きに変動する傾向がみられるのと同時に、各地域での工業付加価値と雇用がすべて継続的に低下する傾向がある。このことは、これら5大地域の脱工業化状況がすべて徐々に現れていることを示しているのではないかと思う。

⑵　4つの視点から見た OFDI と脱工業化の現状

1）所有制の視点から見た OFDI と脱工業化

　ここでは、所有制の分類に基づいて企業を、民営、国有、香港・マカオ・台湾、外資系の4種類に分けている。図表6－6から、2013年頃に雇用の規模において転換点を迎えた後、国有企業の OFDI 総合指数は、他の指数と大幅に異なっていたことが分かった。つまり、他の3種類の所有制企業のOFDI は、国有企業より大いに上昇している。

　図表6－7は、2005年から2019年における付加価値の割合、雇用の割合、

図表6－6　所有制の視点における OFDI 総合指数と脱工業化

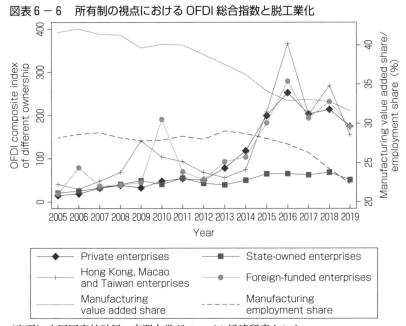

（出所）中国国家統計局、南開大学グローバル経済研究センター

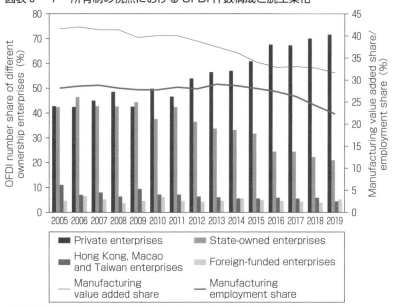

図表 6 － 7　所有制の視点における OFDI 件数構成と脱工業化

(出所) 中国国家統計局、南開大学グローバル経済研究センター

OFDI における企業の所有制の構成 (OFDI プロジェクト件数で計算) の変化を示している。

　2013年以降、民営企業における OFDI の割合は大幅に増加したが、国有企業における OFDI の割合は大幅に減少した。同じ期間に、割合が最も低い外資系企業と香港・マカオ・台湾系企業の OFDI 構成の変化は緩やかに減少する傾向であるが、その変動幅は比較的小さかった。

　ここでは、1) 所有制、2) 企業規模、3) 投資パターン、4) 投資ソース別、5) 投資対象国 (地域)、6) 投資産業別、という6つの視点から中国企業の OFDI と脱工業化の関係をチェックする。このために、OFDI の投資レベル (図表6 - 8) と投資件数 (図表6 - 9) の2つの角度から、脱工業化の程度 (度合) を表す工業の付加価値割合と雇用割合の Pearson 相関係数と OFDI との Spearman 相関係数を計算した。

　所有制の視点から見た OFDI と脱工業化については、Pearson の相関係数と Spearman の相関係数の計算結果から次のことがわかる。

図表 6 − 8 2005-2019年 OFDI 総合指数と脱工業化の相関係数

Investment levels (OFDI composite index)		Manufacturing value added share		Manufacturing employment share	
		Pearson correlation coefficient	Spearman correlation coefficient	Pearson correlation coefficient	Spearman correlation coefficient
Ownership	Private Enterprise OFDI	−0.95***	−0.51*	−0.57**	−0.51*
	State-owned enterprise OFDI	−0.82***	−0.63**	−0.46*	−0.63***
	Hong Kong, Macao and Taiwan-funded enterprises OFDI	−0.79***	−0.75***	−0.49*	−0.75***
	Foreign-funded enterprise OFDI	−0.81***	−0.55**	−0.53**	−0.55**
Investment pattern	M&A OFDI	−0.89***	−0.89***	−0.42	−0.40
	Greenfield OFDI	−0.85***	−0.84***	−0.64***	−0.65***
Target economies	Developed economies OFDI	−0.87***	−0.88***	−0.38	−0.36
	Developing economies OFDI	−0.89***	−0.79***	−0.72***	−0.55**
	Transitional economies OFDI	−0.70***	−0.71***	−0.56**	−0.65***
Target sectors	Primary sector OFDI	−0.67***	−0.84***	−0.40	−0.55**
	Secondary sector OFDI	−0.88**	−0.88***	−0.43	−0.41
	Tertiary sector OFDI	−0.91***	−0.89***	−0.49*	−0.45*

(注) ***、**、*はそれぞれ0.01レベル（両側）、0.05レベル（両側）、0.10レベル（両側）での有意な相関を示す。

図表 6 − 9 2005-2019年 OFDI 投資件数構成と脱工業化の相関係数

OFDI composition (investment number share)		Manufacturing value added share		Manufacturing employment share	
		Pearson correlation coefficient	Spearman correlation coefficient	Pearson correlation coefficient	Spearman correlation coefficient
Ownership	Private Enterprise OFDI	−0.97***	−0.94***	−0.72***	−0.56**
	State-owned enterprise OFDI	0.97***	0.93***	0.74***	0.58**
	Hong Kong, Macao and Taiwan-funded enterprises OFDI	0.69***	0.81***	0.43	0.32
	Foreign-funded enterprise OFDI	0.23	0.25	0.19	0.34
Investment pattern	M&A OFDI	−0.44	−0.25	−0.09	−0.10
	Greenfield OFDI	0.44	0.25	0.09	0.10
Target economies	Developed economies OFDI	−0.28	−0.24	0.16	0.02
	Developing economies OFDI	0.20	0.20	−0.22	−0.01
	Transitional economies OFDI	0.31	0.10	0.10	−0.13
Target sectors	Primary sector OFDI	−0.57**	−0.73***	−0.22	−0.49*
	Secondary sector OFDI	0.65***	0.69***	0.64***	0.75***
	Tertiary sector OFDI	−0.61**	−0.70***	−0.62***	−0.71***

(注) ***、**、*はそれぞれ0.01レベル（両側）、0.05レベル（両側）、0.10レベル（両側）での有意な相関を示す。

第一に、所有制における投資レベルの角度から見れば、4種類の所有制企業のOFDI総合指数は、産出と雇用の規模とすべて有意に負の相関関係にある。つまり、あらゆる種類の所有制企業のOFDIの増加は、付加価値の割合と雇用の割合の低下をもたらすであろう（図表6-8参照）。

第二に、所有制における投資件数構成の角度から見れば、次のようにまとめられる（図表6-9参照）。

①民営企業OFDIの投資件数の構成は、産出と雇用の規模と負の相関関係にある。これは、民営企業OFDIの投資件数の絶対量と相対量（構成）の同時増加が、工業部門の産出と雇用規模の同時減少を伴うことを示している。

②国有企業OFDI投資件数の構成と産出および雇用の規模との正の相関関係は、工業部門における産出と雇用の規模の継続的な減少が、国有企業OFDIの絶対量を継続的に増加させる一方、その相対量（構成）の逓減を伴うことを示している。また、香港・マカオ・台湾系企業のOFDI件数構成と工業の産出規模との正の相関についても、同じことが言える。

③香港・マカオ・台湾系企業OFDIの件数構成と雇用規模との間に相関関係がない。また、外資系企業OFDIの件数構成は、脱工業化を表す工業の付加価値および雇用割合とは相関関係がない。（研究チームはマッチングした香港・マカオ・台湾系企業と外資系企業のOFDIに関するデータの問題の可能性も否定できない。）

2）投資パターンの視点から見たOFDIと脱工業化

OFDIは、M&Aとグリーンフィールドの2つのパターンに分けることができる。

図表6-10から分かったのは、OFDIにおけるM&Aとグリーンフィールドの2つのパターンの増加している傾向は、工業付加価値および雇用の割合との変化がほとんど逆方向である。特に、2013年から雇用の割合が減少し始めた以後、2つの投資パターンはともに大幅に上昇している。

図表6-11に示したように、中国のOFDIは常にM&Aに偏ることが分かった。2006年から2011年の間、グリーンフィールド投資のシェアは徐々に増加していた。その後、2012年以降からM&A投資のシェアは再び上昇し

図表 6 − 10　投資パターンにおける OFDI 総合指数と脱工業化

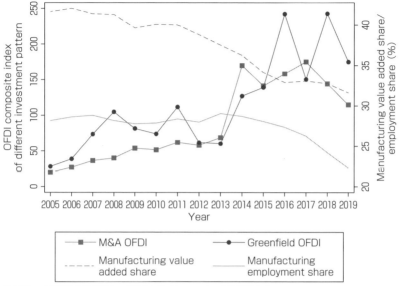

（出所）中国国家統計局、南開大学グローバル経済研究センター

図表 6 − 11　投資パターンにおける OFDI 件数構成と脱工業化

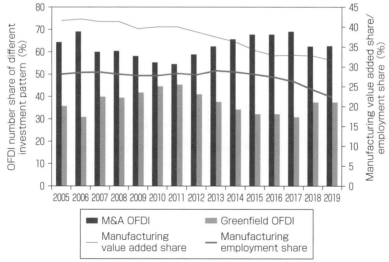

（出所）中国国家統計局、南開大学グローバル経済研究センター

続け、中国政府が2017年に理性的ではないOFDIを抑制する政策を公布するまで続いた。

　図表6－8と図表6－9の相関係数の計算結果から、次のことが分かる。まず、OFDIの投資パターンにおける投資レベルの角度から、M&Aとグリーンフィールド投資は、産出規模との間に有意に負の相関関係にある。しかし、雇用規模はM&Aと相関関係がなく、グリーンフィールド投資とは負の相関関係があるだけである（図表6－8を参照）。

　第二に、OFDIの投資パターンにおける投資件数構成の角度を見れば、M&Aとグリーンフィールド投資のいずれの構成変化は、産出と雇用の規模との間に有意な相関関係がない。これは、M&Aまたはグリーンフィールドの投資構成が増加するか減少するかに関係なく、脱工業化の度合（程度）とは関係がないことを示している（図表6－9参照）。

　3）投資ターゲット地域別から見たOFDIと脱工業化

　UNCTADの分類によれば、投資対象地域を先進経済体、発展途上経済体、移行期経済体の3種類に分けられる。図表6－12は、3つの経済体のOFDI総合指数が、過去15年間、上向きに上昇する傾向にあり、またすべて、産出と雇用の変動方向とほぼ逆の傾向にあることを示している。

　図表6－13は、2005年から2019年までに、投資対象地域別における3種類経済体のOFDI件数構成（投資プロジェクト数で計算）と、工業産出および雇用の規模の変化を示している。中国のOFDIは先進国がメイン、次に発展途上国であり、移行期経済体が少ない。

　Pearson相関係数とSpearman相関係数の計算結果は、次のことを示している。まず、OFDIターゲット地域における投資レベルの角度から見れば、3種類OFDIの総合指数と産出規模との間には、有意に負の相関関係にある（図表6－8参照）。つまり、先進国、発展途上国、移行期経済体へのOFDIは、ともに産出の規模にマイナスの影響を与える。

　注目すべきは、最大シェアの先進国のOFDIは、雇用の規模との間に有意な相関関係がない一方で、発展途上国と移行経済のOFDIは雇用の規模との間に有意に負の相関関係にあることである。このことは、それらの雇用の割合がOFDIの拡大につれて縮小していることを意味する。これは、中

図表 6 −12 投資ターゲット地域別における OFDI 総合指数と脱工業化

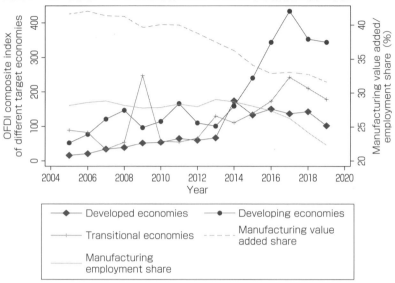

（出所）中国国家統計局、南開大学グローバル経済研究センター

図表 6 −13 投資ターゲット地域における OFDI 件数構成と脱工業化の変化

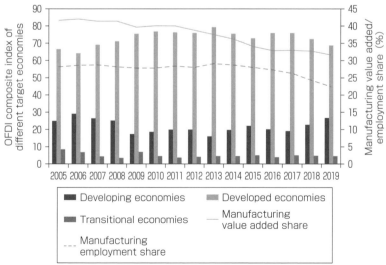

（出所）中国国家統計局、南開大学グローバル経済研究センター

国 OFDI のさまざまな投資目的を反映する。一般的に、発展途上国および移行期経済体と違って、先進国経済体への OFDI は、主に市場志向または技術獲得志向であるため、中国の脱工業化への影響は限られるかもしれない。

　第二に、OFDI ターゲット地域における投資件数構成の角度から見れば、先進国、発展途上国、移行期経済体の３つの地域への OFDI は、そのいずれの件数構成変化と雇用の規模との間に有意な相関関係がない（図表６－９参照）。

　４）投資ターゲット産業別から見た OFDI と脱工業化

　OFDI は、通常の３つの産業にも分類される。図表６－14から次の２点が分かった。

　①　付加価値の割合の減少に伴い、３つの産業への OFDI は、ともに上向きに上昇する傾向があること。

　②　2013年に雇用の割合が縮小し始めた後に、３つの産業への OFDI が

図表６－14　投資ターゲット産業別における OFDI 総合指数と脱工業化

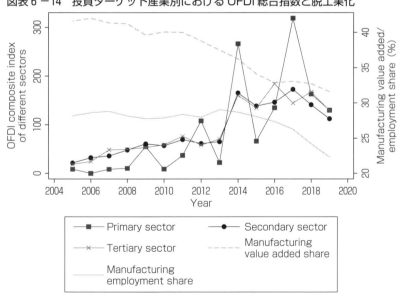

（出所）中国国家統計局、南開大学グローバル経済研究センター

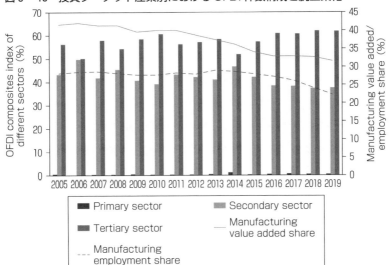

図6－15　投資ターゲット産業別におけるOFDI件数構成と脱工業化

（出所）中国国家統計局、南開大学グローバル経済研究センター

大幅に加速したこと。

　中国OFDIの中で、その産業構造の構成は比較的安定して、全体的に第三次産業へのOFDIがメインであり、第二次産業がそれに続くが、第一次産業へのOFDIの割合は非常に小さい。

　また、2014年以降、第三次産業へのOFDIの割合は増加する一方、第二次産業は減少する傾向にある。

　Pearson相関係数とSpearman相関係数の計算結果は、次のことを示している。OFDIターゲット産業別における投資レベルの角度から見れば、3つの産業へのOFDIは、工業付加価値の割合と有意な負の相関関係がある（図表6－8参照）。各産業へのOFDIの増加は、いずれも国内の工業産出規模の低下を伴うことを示している。同時に、第一次産業と第二次産業へのOFDIは、雇用の割合と有意な相関関係はなく、10％のレベルで第三次産業へのOFDIとの負の相関関係のみである。

　第二に、OFDIターゲット産業別における投資件数構成の角度については、次の3点にまとめられる（図表6－9参照）。

①3つの産業へのOFDI（第一次産業での雇用割合を除く）は、すべて工業付加価値およびその雇用の割合と有意な相関関係がある。

②注目されるのは、第一次と異なり、第二次産業の投資件数構成は、付加価値および雇用の割合と有意な正の相関関係がある。これは、第二次産業へのOFDIプロジェクト件数の絶対数が徐々に増加する一方、その相対数（シェア）は継続的な減少を反映する。

③第二次産業は、製造業、鉱業、建設業、電力・ガス・水力の4つの主要産業に分けることもできる。中国の一帯一路構想の実施以降、生産能力の海外移転などの政策要因も、ほかの非製造業OFDIを通じて、中国国内の製造業の産出およびその雇用に影響を及ぼす。（したがって、業界別の細分化分析は次のステップでの研究対象となる）

Ⅲ　製造業OFDIと早熟型脱工業化の特徴

2005〜20年における製造業の全体OFDIでのシェアは30％前後となっている。地域別に見ると、地域間の差がはっきりしている。中国の製造業OFDIは、北京、広東省、浙江省、上海に集中している。これら4省／市の2005〜20年の年平均製造業OFDI案件数は、それぞれ約48.3件、39.5件、28.3件、27件である。製造業のOFDIが最も少ない省はチベット、貴州、青海省であった。これら3省の2005〜20年の年平均製造業OFDIは0.125件、0.125件、0.25件に過ぎない。

製造業のOFDIが集中している省／市では、投資案件数から見れば、必ずしも製造業OFDIの割合が高いわけではない。その16年間で、製造業OFDIの年平均シェアが比較的高い省は安徽省（約55％）、重慶省（約54％）、吉林省（52％）である一方、北京の製造業OFDIの割合はわずか16％、広東省は22％、上海は19％である。（図表6−16を参照）。

ここ10年以来、労働力、土地、環境コストの急速な上昇を受け、一部企業は国内の工場や生産ラインを東南アジアなどの地域に移転し、国内生産コストの上昇圧力を抑制している。OFDIは企業の海外生産のルートとして、国内の製造業規模の縮小と密接に関連している。業種別に見ると、製造業の

図表 6 － 16　2005～20年省別から見た OFDI の年平均案件数と年平均シェア

Provinces	Annual average number of OFDI projects in manufacturing	The average annual share of OFDI in manufacturing	Provinces	Annual average number of OFDI projects in manufacturing	The average annual share of OFDI in manufacturing
Shanghia	27.063	0.194	Jiangsu	23.250	0.312
Yunan	0.875	0.210	Jiangxi	2.688	0.362
Inner Mongolia	1.375	0.299	Hebei	6.750	0.433
Beijing	48.313	0.166	Henan	4.188	0.427
Jilin	2.625	0.527	Zhejiang	28.313	0.336
Sichuan	5.625	0.343	Hainan	1.313	0.094
Tianjin	3.313	0.301	Hubei	5.563	0.320
Ningxia	0.500	0.283	Hunan	5.375	0.436
Anhui	8.063	0.553	Gansu	0.875	0.204
Shandong	21.563	0.413	Fujian	6.875	0.241
Shanxi	1.438	0.450	Guizhou	0.125	0.094
Guangdong	39.500	0.224	Liaoning	6.125	0.438
Guangxi	1.188	0.327	Chongqing	6.000	0.548
Shanxi	2.188	0.320	Qinghai	0.250	0.188
Heilongjiang	0.938	0.236			

（注）製造業 OFDI の年平均シェア（The average annual share of OFDI in manu-
　　　facturing）とは、各省における製造業の OFDI が当該各省の全産業別に占め
　　　る割合を指している。

OFDI は、基本金属・金属製品、その他の機械設備、放送・テレビ・通信機
器、自動車、トレーラー・セミトレーラーなどの業種に集中している。

　また中国国家統計局によれば、上記の業種別を見ると、一定規模以上の工
業企業（営業利益は2000万元以上）の雇用数は2005年から継続的に増加し、
2014年以降は減少し始め、2019年までの雇用数は約2048.13万人減少した。
OFDI が集中している基本金属・金属製品の業界が約244.9万人と最も減少
し、その他の OFDI が集中している業界の雇用数の減少も目立った。

　図表 6 － 17は、図表 6 － 16に基づいて作成した散布図で、各省別における

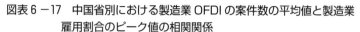

図表6－17　中国省別における製造業OFDIの案件数の平均値と製造業
雇用割合のピーク値の相関関係

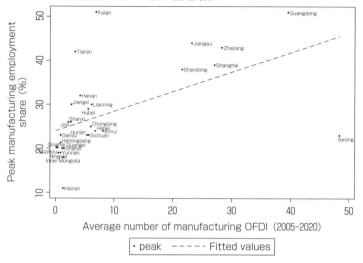

製造業OFDI案件数の平均値と製造業の雇用割合ピーク値の相関関係を表すものである。

　工業化の水準が高い地域ほど、その製造業のOFDIレベルが高く、しかも低い地域よりはるかに高いことを示している。

　その理由は、2つある。まず、製造業レベルの高い地域は全体のOFDIのレベルが高く、その一部である製造業OFDIのレベルも高くなる。第二に、製造業のレベルが高い地域では、生産コストの上昇が比較的早い傾向があるため、立地企業はOFDIを通じて海外に生産を配置し、コスト削減を選択しやすい。

　図表6－18は、図表6－16に基づいて作成した散布図で、製造業OFDIの年平均シェアと製造業の雇用割合ピーク値の相関関係を表すものである。

　このフィットラインが上向きではあるが緩やかになっていることは、両者の間に正の相関があまり顕著ではないこと、すなわち製造業OFDIの割合の高さと脱工業化との間に正の相関があまり顕著ではないことを示している。

　また、ページ数の制限があるので、ここでは省略するが、さらに分析すれば、次の結果がある。製造業の規模が大きい地域（雇用割合が30％以上、且

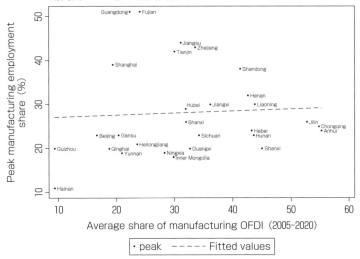

図6－18　中国省別における製造業 OFDI の年平均シェアと製造業の雇用割合ピーク値の相関関係

つ30％を含めない）では、その製造業 OFDI の割合は工業化レベルと負の相関がある。例えば広東省や山東省などである。一方、その製造業の規模が小さい地域（雇用割合が30％未満、且つ30％を含む）では、その製造業 OFDI の割合は雇用規模（工業化レベル）に正の相関がある。例えば吉林省などである。

■ 第4節
中国経常収支の赤字転落の懸念

Ⅰ　脱工業化と経常収支

　なぜ OFDI による脱工業化は、経常収支の赤字を引き起こすのか。その理由は、脱工業化（産業構造の調整）により、一部企業ないし産業が、1）国内での衰退ないし撤退、2）生産拠点の海外への移転、になりうることにある。この結果として、次のことが中国で引き起こされる可能性がある。

　1）同産業および関連産業への悪影響（参考：工業産出増加値と就業の割

合の低減)

2）立地地域への悪影響（参考：中国の工業配置は「南強北弱」）

3）一部学者の予測：このままでは、近い将来に輸入増加、輸出減少、さらに貿易収支赤字、および経常収支赤字になる可能性も否定できない。

Ⅱ　経常収支から見た中国の投資収支

　中国の外貨準備は、多額の黒字を持つ中国経常収支によるものである。本来、中国OFDIと経常収支との関係は緊密のはずであるが、図表6－1によれば、その間には相関関係はない。

　その原因は、国際収支表から見れば、長い間に中国が資本を継続的に輸出しているからである。海外純資産が黒字に対して、投資収入が赤字となっている。この対外資産―負債での「純債権―負の投資収益」の構造が、上記のその主な原因であると考えられる。

　中国社会科学院の余永定（2021）の解釈よれば、2019年3月まで、中国の海外総資産（＝貿易黒字＋投資収入）は7.4兆米ドル、海外総負債（＝対内FDI＋その他の外国資産流入）は5.4兆米ドルである。図表6－19を見ると、同時期の中国の海外純資産約2兆米ドルに対して、投資収入がほとんどマイナスである。

　貿易赤字を投資収益で賄うことができる日本と異なり、一旦中国の貿易収支が赤字に転落すれば、経常収支も赤字にもなる可能性がある。このため、大量のOFDIが持続できるかとの疑問もある。

Ⅲ　中国経常収支の赤字転落の可能性

　現在、主に次の5つのことが中国経常収支を赤字に転落させている要因になりうる。つまり、1）脱工業化、2）輸入拡大政策の拡大、3）サービス業のさらなる開放、4）中米貿易摩擦の長期化、5）人口高齢化、である。

　日本と同様、人口高齢化がいずれ中国の経常収支赤字転落の一つの主因になる。その理由は、人口高齢化によって貯蓄率が低下するからである。理論

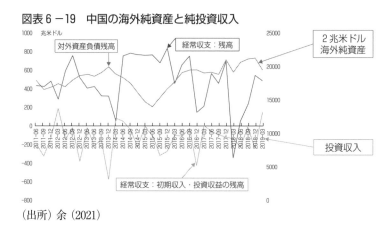

図表 6 − 19 中国の海外純資産と純投資収入

(出所) 余（2021）

上、国内貯蓄均衡が投資超過になり、同時に輸入輸出均衡も輸入超過にな
り、さらに貿易収支も赤字転落にもなりうる。

　ただし、日本と違って、中国の場合は「未富先老」の状態、つまり高所得
レベルの国になる前に人口が高齢化してしまう。

　中国社会科学院の徐奇淵（2020）の予測によれば、中国の経常収支はおよ
そ2023年に赤字に転落する可能性もある。

おわりに

　本研究チームは、本稿で示した脱工業化の定義を日本のケースに適用でき
るかについてはまだ調べていない。日本の場合、製造業雇用割合のターニン
グポイントは1973年で、それから12年後の1985年頃から「産業空洞化」（脱
工業化ではなく）が警戒され始めた。1973年以降、日本経済は大いに発展を
遂げた。現在の中国はその雇用割合のターニングポイントを2013年に通過し
ているが、今後は過去の日本の経済成長のような道を歩んでいくかもしれな
い。

　また、日本と同じく将来的に人口の高齢化がいずれ中国の経常収支赤字転
落の一つの主因になると考えられる。ただし、日本と異なるのは、日本の場
合は、たとえ貿易赤字に転落しても、経常収支を投資収益で賄うことができ

る点である。

　中国の脱工業化の進展は早く、それに関連する問題がすでに深刻だと言われており、一旦経常収支赤字に転落すれば、中国の OFDI の持続は不可能である。

＜参考文献＞

・Akamatsu K. "A theory of unbalanced growth in the world economy" [J]. Weltwirtschaftliches Archiv, 1960, 86（2）：196-215
・Andreoni A, Tregenna F. Beyond the inverted U: the changing nature and structural heterogeneity of premature de-industrialisation［C］//International Workshop: The future of industrial work: New pathways and policies of structural transformation. Vienna. 2019：19-20.
・Alderson A S. Explaining deindustrialization: globalization, failure, or success.［J］. American Sociological Review, 1999, 64（5）：701-721
・Beenstock, Michael. The world economy in transition. 2d ed. London, England: Allen and Unwin［J］. The Economic Journal, 1984, 372（372）：
・Bluestone B, Harrison B.The deindustrialization of America: plant closings, community abandonment, and the dismantling of basic industry.［J］. Basic Books, New York, 1982, 22（1）：136-138
・Brady D., Denniston R. "Economic globalization, industrialization and deindustrialization".［J］. Social Forces, 2006, 85（1）：297-329
・Carlisle Ysanne, Ietto-Gillies, Grazia.International production: trends, theories, effects.［J］. International Affairs, 1993, 69（2）：362-363
・Clark C. The conditions of economic progress［M］. MacMillan and Company（London）, 3 rd edition, 1957.
・Dasgupta S, Singh A. Manufacturing, services, and premature deindustrialization in developing countries: a kaldorian analysis. In Mavrotas G., & Shorrocks A.（eds）［J］. Advancing Developments: Studies in Development Economics and Policy. London: Palgrave Macmillan, 2007：435-454

・Tregenna F. Deindustrialization and premature deindustrialization [J].
Handbook of alternative theories of economic development., 2016 : 710-
728

・Frenkel R, M Rapetti. 'External fragility or deindustrialization: what is
the main threat to Latin American countries in the 2010s?' , [J]. World
Economic Review, 2012, 1 (1) : 37-57

・Gwynne R.The deindustrialization of Chile, 1974-1984 [J]. Bulletin of
Latin American Research, 1986, 5 (1) : 1-23

・Kojima, K, Ozawa T. Micro- and macro-economic models of direct for-
eign investment: toward a synthesis. [J]. Hitotsubashi Journal of Eco-
nomics, 1984, 25 (1) : 1-20

・Lawrence R.Z. (1983). "The Myth of U. S. Deindustrialization." In: Chal-
lenge, 46 (5), pp. 12-21

・Nickell S, Redding S, Swaffield J.The uneven pace of deindustrialisation
in the OECD [J]. World Economy, 2010, 31 (9) : 1154-1184

・Ramaswamy R, Rowthorn B. Deindustrialization: Causes and Implica-
tions [J]. IMF Working Papers, 2006, 97 (42).

・Reinert E S. How rich countries got rich and why poor countries stay
poor [J]. Erik S Reinert, 2007, 40 (1) : 5-44

・Rowthorn R, Coutts, K. De-industrialization and the balance of payments
in advanced economies. [J]. Cambridge Journal of Economics, 2004, 28
(5) : 767-790

・Saeger S. Globalization and deindustrialization:myth and reality in the
OECD." [J]. Review of World Economics, 1997, 133 (4) : 579-608

・Singh, Ajit. "UK Industry and the World Economy: A Case of de-Indus-
trialisation?" Cambridge Journal of Economics, vol. 1, no. 2, Oxford Uni-
versity Press, 1977, pp. 113-36.

・Singh Ajit. "UK industry and the world economy: a case of deindustrial-
ization? third world competition and de-industrialization in advanced
countries." [J]. Cambridge Journal of Economics, 1989, 1 (1) : 36-113

· Tregenna. Characterizing deindustrialization: an analysis of changes in manufacturing employment and output in-trinationally [J]. Cambridge Journal of Economics, 2009, 33 (3)：433-466

· Vernon R. International investment and international trade in the product cycle [J]. Quarterly Journal of Economics, 1960, 80 (2)：190-207

· United Nations Industrial Development Organization (UNIDO). Industry in a changing world. [J]. Industry in a Changing World., 1983.

· Wood A. "How Trade hurt unskilled workers" [J]. Journal of Economic Perspectives, 1995, 3 (3)：57-80

· 白雪潔，于庆瑞. OFDI 是否导致中国"去工业化"？[J]. 财经论丛，2019，11 (11)：3-11

· 胡立君，薛福根，王宇. 后工业化阶段的产业空心化机理及治理——以日本和美国为例 [J]. 中国工业经济，2013, 8 (8)：122-134

· 黄永春，郑江淮，杨以文，祝吕静. 中国"去工业化"与美国"再工业化"冲突之谜解析——来自服务业与制造业交互外部性的分析 [J] 中国工业经济，2013, 3 (3)：7-19

· 黄群慧，全球化大变局下中国工业化战略抉择 [N]. 中国经济时报，2020年7月31日

· 劉海雲，聂飞. 中国制造业对外直接投资的空心化效应研究 [J]. 中国工业经济，2015, 4 (4)：83-96

· 石柳，张捷. 广东省对外直接投资与产业"空心化"的相关性研究——基于灰色关联度的分析 [J]. 国际商务对外经济贸易大学学报，2013, 2 (2)：52-64

· 経済摩擦研究班『経済摩擦と構造変化』関西大学経済・政治研究所1989

· 南亮進『日本の経済発展（第三版)』東洋経済新報社2002

· 魏后凯，王颂吉. 中国"过度去工业化"现象剖析与理论反思 [J]. 中国工业经济，[J]. 中国工业经济，2019, 1 (1)：5-22

· 徐奇渊，杨盼盼「双循环新发展格局下货币金融体系运行逻辑之变」，《中国银行业》2020年第11期

· 薛軍等『中国民营企业对外直接投资指数年度报告（2021)』中国人民出版

社2022年 8 月

・楊麗麗，盛斌，呂秀梅. OFDI 的母国产业效应：产业升级抑或产业"空心化"——基于我国制造业行业面板数据的经验研究［J］. 华东经济管理, 2018, 259（07）：95-103.

・杨丽丽，盛斌. 制造业 OFDI 的产业"空心化"非线性效应研究——基于中国省际面板数据 PSTR 分析［J］. 现代经济探讨, 2019, 2（2）：63-72

・余永定，准确理解"双循环"背后的发展战略调整（下），《财经》杂志, 2021年 1 期 2021年01月04日

・小島清「我が国海外投資の動態と小島命題」、『世界経済評論』1998年11月

・佐藤定幸「日本経済も『空洞化』のおそれ」、『エコノミスト』1986年 2 月 4 日

・篠原三代平「私の日本経済空洞化論」、『週刊ダイヤモンド』1987年 2 月28日

第 7 章

コロナショック、中国社会保障と
リスク金融資産の保有

はじめに

　中国では、2019年12月下旬以降、新型コロナウイルスが猛威を振るった。中国国家衛生健康委員会によれば、新型コロナウイルス感染症（COVID-19）の確認症例は2020年3月末時点で81,554名、死亡者は3,312名、致死率は4.06％となっている。2020年1月から、中国政府は全国ロッグダウンを実施した。現在でも都市封鎖などの厳しいコロナ対策を実施している。企業生産が徐々に再開されたが、新型コロナウイルス感染症による輸入・輸出の減少や国内・海外消費の低迷により高成長が続いてきた中国経済は、大きな打撃を受けた。コロナショックに対応し、2020年2月以降、中国政府は、経済刺激のための緊急財政対策を実施した。以前のリーマン・ショックによる金融危機とは異なり、今回のコロナショックに対応する財政対策には、社会保障の強化措置が強調された。社会保障政策の実施を重視し、それを通じて国民生活を安定化させる意図がうかがえる。

　中国では、どのような社会保障政策を実施しているのか、コロナショックの後、どのような対策を取ったのか、そして社会保障政策は個人のリスク金融資産の保有にどのような影響を与えるのか。本稿では、制度的・実証的視点から、中国家計調査のパネルデータに基づいて、これらの問題を明らかにする。

　本稿では、まず、第2節では、中国人口高齢化の実態および社会保障政策の内容、主に公的年金、公的医療保険の改革およびその仕組みを解説する。第3節では、中国公的年金と金融市場を紹介し、そして第4節では、コロナ後の社会保障対策と金融市場について述べる。第5節では、中国社会保障政策が個人のリスク金融資産の保有に与える影響を明らかにするため、パネルデータを用いて、実証研究を行う。最後には、得られた結論と政策示唆をまとめる[1]。

■ 第2節

中国高齢化の実態と社会保障政策の改革

　人口大国としての中国は、2010年以降世界第二の経済大国に躍進したと同時に、人口構造の少子高齢化も急速に進行している。国家統計局（NBS、2021）のデータ（図表7－1）に基づくと、65歳以上の人口の割合は1990年の5.6％から2000年に7.0％、2015年に10.5％、2020年には13.5％へと増加した。また、図表7－2によると、2020年、65歳以上の人口が総人口に占める割合は中国が13.5％であったが、国連の推計によると、2060年、その割合が37.1％になると予測されている。人口高齢化の速度は、ヨーロッパ諸国（フランス、イギリスなど）や米国よりも中国の方が速い傾向がみられる。

　先進国では、人口高齢化の重要な対策の一つとして、社会保障政策が実施されている。中国政府は、1990年以降、社会保障制度を改革し、公的年金、公的医療保険が全国民をカバーする社会保障制度を構築することを目指し、社会保障制度に関する改革を行っている。以下では、現行の中国社会保障政策（特に公的年金、公的医療保険）の変遷を概観する。日本や欧州などの先進国に比べ、中国社会保障の1つの大きな特徴として、戸籍制度（都市と農村戸籍）によって社会保障制度が異なることが挙げられる。

　まず、公的年金制度の変遷（図表7－3参照）に関しては、都市部の雇用労働者と公務員を対象とした公的年金が1950年代労働保険に基づいて実施された。1995年から都市雇用労働者を対象とする公的年金制度が改革され、都市従業員基本年金保険に変更し、雇用労働者の年金保険料金を納付すること

1　馬欣欣、法政大学経済学部。本稿は、公益財団法人日本証券経済研究所「アジア資本市場研究会」の成果物であり、また日本学術振興会科学研究費補助金基盤研究B（課題番号20H01512、研究代表者：馬欣欣）の研究成果の一部である。同研究会では、座長の木原隆司先生（獨協大学）をはじめ、澤田康幸先生（東京大学）、大野早苗先生（武蔵大学）および他の研究会委員の先生方から多くの有益なコメントを頂いたことに感謝申し上げる。

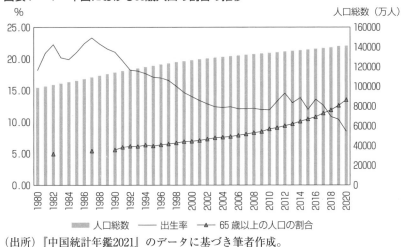

図表 7 － 1 　中国における65歳人口の割合の推移

（出所）『中国統計年鑑2021』のデータに基づき筆者作成。

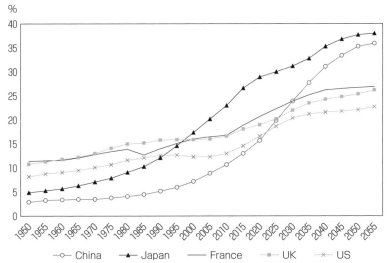

図表 7 － 2 　65歳人口の割合の推移：国際比較

（出所）以下のデータに基づき筆者作成。日本以外：United Nations（2017）World Population Prospects: The 2017 Revision に公表されたデータ。日本：1950-2015データ：人口センサス（総務省）；2020-2060 データ：国立社会保障・人口問題研究所の計算結果。2020年以降の数値は予測値である。

図表 7 - 3　中国における公的年金

	都市		農村	
	名称	実施年	名称	実施年
計画経済期	労働保険による企業雇用労働者年金制度および公務員年金制度	1956年	なし	
市場経済期	都市従業員基本年金保険	1995年	新型農村社会年金保険（「新農保」）	2009年
	都市住民基本年金保険	2011年		
	都市農村住民基本年金保険	2014年	都市農村住民基本年金保険	2014年

（出所）筆者作成。

などが義務付けつけられた。都市従業員基本年金保険の適用者が雇用労働者である。非雇用労働者（たとえば、自営業者、非就業者、学生など）が公的年金にカバーされなかったため、2011年、新たな公的年金制度の1種として、政府は都市戸籍を有する非雇用労働者を対象とする都市住民基本年金保険を制定・実施した。一方、農村部では、2000年代までに、公的年金制度が実施されなかった。都市部と農村部の年金格差問題を是正するため、政府は2009年に農村一部の地域（試験地区）で、新型農村社会年金保険（「新農保」）に関する実験を開始した。「新農保」は農村戸籍住民を対象とした最初の公的年金保険制度である。2014年、政府は都市住民基本年金と「新農保」を一体化する改革を行い、両制度は都市農村住民年金保険に統合された。現在、都市従業員基本年金保険および都市農村住民基本年金保険はすべての国民をカバーし、制度上で「国民皆年金保険」となっている。

　公的医療保険制度（図表7-4参照）に関しては、都市戸籍を有する雇用労働者およびその扶養家族を対象とした公的医療制度が1950年代に実施された。1997年以降、この公的医療制度が改革され、都市戸籍を有する雇用労働者のみを対象とする都市従業員基本医療保険に変更した。2007年に新たな公的医療保険制度として、都市戸籍を有する非雇用労働者（自営業者、非就業者など）を対象とする都市住民基本医療保険が制定・実施された。一方、農村部では、1960年代に人民公社が管理した農村合作医療制度が実施された。

図表7－4　中国における公的医療保険

	都市		農村	
	名称	実施年	名称	実施年
計画経済期	労働保険による企業雇用労働者および公務員の公費医療	1956年	農村合作医療	1960年代
市場経済期	都市従業員基本医療保険	1998年	新型農村合作医療保険（「新農合」）	2003年
	都市住民基本医療保険	2007年		
	都市農村住民基本医療保険	2017年	都市農村住民基本医療保険	2017年

（出所）筆者作成。

1980年代初期、農村土地改革—農村家庭生産責任制度が導入された後、農業生産は集団単位（たとえば、人民公社）から世帯単位となったため、農村合作医療制度の維持・管理ができなくなった。2003年以降、新型農村合作医療保険制度（「新農合」）が徐々に実施された。さらに、2017年に政府は都市住民基本医療保険と「新農合」を一体化する改革を実施した。

　1990年以降、中国政府が社会保障制度の改革を促進した結果、公的年金および公的医療保険に加入する者の割合が増加した。図表7－5によると、2010年から2020年にかけて、都市従業員基本年金加入者数が2億5707万人から4億5621万人へ増加し、住民基本年金保険の加入者数は1億277万人から5億4244万人へと増加した。特に2014年以降、都市住民基本年金保険と新型農村社会年金保険を都市農村住民基本年金保険に統合した後、公的年金の加入者数が大幅増加した。2020年に、公的年金加入者総数は9億9865万人となっている。図表7－6によると、2007年から2020年にかけて、都市従業員基本医療保険の加入者数は1億8020万人から3億4455万人へ増加し、住民基本医療保険の加入者数は4291万人から10億1676万人へ増加した。特に2017年以降、都市住民基本医療保険と新型農村合作医療保険が統合した後、住民基本医療保険の加入者数が大幅増加した。2019年に、公的医療保険加入者数は13億5407.4万人、中国人口総数（14億5万人）に占める割合が96.72％となっている。

図表 7 − 5　中国公的年金加入者数の推移（2010-2020年）

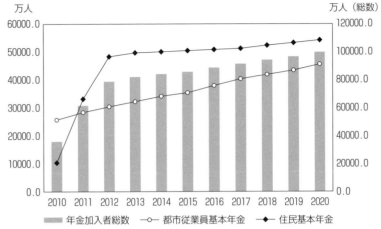

（出所）『中国統計年鑑2021』のデータに基づき筆者作成。

図表 7 − 6　中国公的医療保険加入者数の推移（2007-2020年）

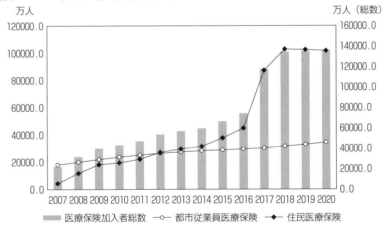

（出所）『中国統計年鑑2021』のデータに基づき筆者作成。

　現在、都市従業員基本年金保険および都市農村住民基本年金保険、都市従
業員基本医療保険および都市農村住民基本医療保険はすべての国民をカバー
し、制度上で「国民皆保険」となっているが、都市と農村の戸籍によって公
的年金および医療保険制度が異なり、社会保障の格差問題が存在している。

たとえば、年金受給額に関しては、2018年中国健康と退職パネル調査（China Health and Retirement Longitudinal Study）に基づいて筆者が計算した結果によると、60歳以上のグループの平均年間年金受給額は、都市従業員基本年金保険加入者が7,038元であったが、都市農村住民年金保険加入者が1,650元であった。都市と農村の戸籍によって公的年金制度が異なり、年金受給額の格差が大きいことがうかがえる。また、都市と農村によって、医療保険基金が異なり、適用された制度の内容（たとえば、適用できる疾病の種類、治療レベルなど）、償還率（あるいは医療費自己負担率）などが異なる（Ma, 2022；馬 2022）。たとえば、医療費自己負担率は、都市戸籍者がほぼ3割であるが、農村戸籍者が5〜6割であった（馬 2015；胡等2019）。雇用形態や戸籍によって参加できる社会保障制度が異なり、またそれぞれの社会保障制度の仕組みが異なるため、新たな格差問題—社会保障格差が問題視されている（Ma, 2022；馬 2022；于 2022）。したがって、社会保障制度が家計・個人の行動に与える影響は、戸籍によって異なると考えられる。この点に関しては、第5節では、実証研究に基づいて検証する。

■ 第3節

中国公的年金と金融市場

　中国公的年金基金の運営は金融市場の発展状況に関連している。年金制度を管轄する地方政府は、給付に充てられなかった部分（年金積立金）の運用について、これまで銀行預金、国債の売買に限定し、自己運用してきた。このような運用手法は、安全に運用できる一方、利回りは低く、近年は物価上昇分をカバーできない問題が生じた。

　中国政府は、2015年8月に、年金積立金のリスク金融資産への投資（たとえば、株式投資など）を解禁した。中国全国社会保障基金理事会は、市場での年金積立金の運営を受託する機関として指定された。2016年には、全国社会保障基金理事会が年金積立金運用を受託する21社の金融機関[2]、資産管理を受託する4社の銀行[3]を公表した。全国社会保障基金は、少子高齢化など人口構造の変化による基本年金積立金の収支が赤字になった場合に備えて、

図表 7 － 7　中国年金積立金の委託運用資金の運用・投資先（2017年）

運営・投資先	資産（残高）
銀行預金（普通預金・1年以内の定期預金）、中央銀行手形、国債（償還年限1年以内）、債券、年金商品、MMF	5％以上
銀行預金（普通預金・1年以内の定期預金）、協議預金、銀行間預金、金融債、企業債、地方政府債、転換社債、短期融資券（CP）、中期手形（MTN）、資産担保証券（ABS）、債券ファンド	135％以下
株式、株式ファンド、合同運営ファンド、年金商品	30％以下
国家の重大建設プロジェクト、重点企業のエクイティ投資	20％以下
国債先物投資	別途規定
株価指数先物取引	別途規定

（出所）保険・年金フォーカス「中国年金積立金、株式運用が本格始動」（2017年
　　　　4月18日発表）に基づき筆者作成。

2000年に創設された基金（赤字補填金）である。その財源は、年金保険料ではなく、国庫拠出金、国有企業の株式売却益、宝くじの収益金で構成されている。その運用は、全国社会保障基金理事会が担っている。運用方式は主に国内外の株式、証券ファンドなどのリターンが高い資産への投資であるが、海外投資も可能である。2012年以降、広東省や山東省などの地域は、年金積立金の運用に関する将来的な規制緩和を想定し、運用を受託して実験を行った。その結果、高い利回りを確保した。2015年、全国社会保障基金理事会が運営した年金積立金の収益率は15.2％と高かった。

　そして、2016年3月末時点で、第一弾として、北京市、上海市、河南省、湖北省、広西チワン族自治区、雲南省、陝西省の7つの省が全国社会保障基金理事会と委託契約を結んで、その委託金額は合計3,600億元であった。各地域が管理する年金積立金を全国で合計すると、2015年末時点で、およそ4

2　21社は、保険会社、保険関連会社6社（中国人保資産管理、華泰資産管理、泰康資産管理、中国人寿養老保険、平安養老保険、長江養老保険）、基金管理会社14社（博時基金管理、大成基金管理、富国基金管理、工銀瑞信基金管理、広発基金管理、海富通基金管理、華夏基金管理、匯添富基金管理、嘉実基金管理、南方基金管理、鵬華基金管理、易方達基金管理、銀華基金管理、招商基金管理）、証券会社1社（中信証券）である。
3　4社の銀行は、中国工商銀行、中国銀行、交通銀行、招商銀行である。

兆元（約73兆円）であった。集まった委託運用資金3,600億元の投資先は公表されていないが、新たな規定によると、投資先は中国の企業年金とほぼ同様で、海外投資は行ってはいけないと規定されている。2017年以降、年金積立金の委託運用資金・投資先はより多くなっている（図表7－7）。

■ 第4節
コロナ後の社会保障対策と金融市場

　中国経済は、「国家資本主義」、「混合型市場」、「混合型所有制」と言われている（加藤他　2013）。こうした国家資本主義の合理性に関しては、開発経済学における「開発独裁モデル」[4]によれば、経済発展初期には、国家が主導する産業振興などの経済政策と政治独裁は、経済成長を促進する効果を持つと説明されている。

　経済ショックが発生するとき、集権型政府は全国の財政を駆使し、大きな景気対策も実施できると考えられる。たとえば、2008年のリーマン・ショック後、中国政府が打ち出した4兆元の景気対策は、中国経済の回復に大きく貢献した。しかし、この対策は、中国地方政府や国有企業の債務を急増させ、不動産バブルといった後遺症をもたらした。コロナショックが発生した後、中国政府は速やかに一連の財政・税制政策を制定・実施した。リーマン・ショックの大規模財政支援政策（国有企業援助、公共事業プロジェクトなど）からの教訓を受けて、今回、コロナショックに対して、中国政府は大規模な財政支出を抑え、特別国債の発行、地方政府の債券発行、減税・社会保険料の引き下げの対策を中心にして緊急財政・税制対策を実施した。

　図表7－8では、コロナショックに対応する中国緊急税制・財政政策の類型と金額をまとめている。今回、中国政府は、政府財政支出1兆元、特別国債の発行1兆元、地方政府の債券発行3.75兆元、減税・社会保険料の引き下

4　開発独裁モデルとは、発展途上国における権威主義的な開発政策と強権政治からなる体制を指す。具体的には1970年代から、ラテンアメリカやアジアに現れた新しい形の独裁政権のもとで、工業化、外国資本の導入が積極的に行われ、経済的発展がすべてに優先する経済発展政策が実施されていた。これを正当化するために政治的自由は制限される体制である。

図表7－8　コロナショックに対応する中国緊急税制・財政政策

項目	金額
政府財政支出	1兆元
特別国債の発行	1兆元
地方政府の債券発行	3.75兆元
減税・社会保険料の引き下げ	2.5兆元
合計	8.25兆元（約120兆円）

（出所）中国政府資料に基づき筆者作成。

図表7－9　コロナショックに対応する中国政府の社会保険料の引き下げ対策

公布時期	公布機関	政策名称
2020年2月21日	医保局、財政部および税務総局	従業員基本医療保険の保険料の定期的な削減に関する指導意見（医保発［2020］6号
2020年2月25日	税務総局	企業の社会保険料の定期的な削減と免除の実施に関する通知（税総函［2020］33号）
2020年2月26日	住宅と都市・農村建設部、財政部、人民銀行	新型コロナウイルス感染性肺炎の流行に適切に対応し、住宅積立基金を定期的にサポートする政策に関する通知

（出所）中国政府公表資料および国連開発計画（2020）に基づき筆者作成。

げ2.5兆元、合計8.25兆元（約120兆円）の政策を打ち出した。そのうち、税制対策は2.5兆元であり、総額（8.25兆元）の30.3％となっている。

　新型コロナウイルス感染症が蔓延する時期、中国政府は全国でロックダウンを実施した結果、中小規模企業、大企業のいずれにおいても、雇用者賃金の支払い、家賃の支払い、借金返済などの資金問題が深刻化していた（馬2020）。企業負担を軽減するため、2020年2月以降、一連の新たな政策も制定・実施した（図表7－9）。

　2020年2月21日、医保局、財政部および国家税務総局が「従業員基本医療保険の保険料の定期的な削減に関する指導意見」（医保発［2020］6号）を公布し、以下のことが規定されている。

㋐　2020年2月より、基金収支のバランスを中長期的に確保することを前提

にしたうえで、従業員の医療保険の保険料を負担するユニットに対し、徴収額を半額にする。保険金減額期間を5カ月以内とする。

(イ) プールした保険基金の累計金額に基づき、6カ月以上の支払ができる地域で、保険料減額を実施する。支払ができる月数は6カ月以下である地域に関しては、各省が検討して決める。後払いの方針を継続して実施し、後払い期間は原則6カ月を超えないものとし、後払い期間中の延滞料を徴収しない。

また2020年2月25日、税務総局が「企業の社会保険料の定期的な削減と免除の実施に関する通知」（税総函［2020］33号）を公布し、新たな内容が定められている。

(ア) 払い戻しが必要な保険対象ユニット（企業等）の払い戻しを迅速に処理し、企業（特に中小企業）経営の困難を確実に緩和する。2月に支払われた社会保険料の支払いを翌月の支払いと相殺する保険対象ユニットに対して、相殺するプロセスと運用方法を明確化し、相殺する業務を秩序正しく行う。

(イ) 原則として延滞期間が6カ月を超えないことや、延滞期間中には延滞料が免除されることを厳格に履行する。社会保険料の支払者（労働者）が社会保険を十分に享受できることを確保する。

さらに2020年2月26日、住宅と都市・農村建設部、財政部、人民銀行が共同して「新型コロナウイルス感染性肺炎の流行に適切に対応し、住宅積立基金を定期的にサポートする政策に関する通知」を公布した。主な内容は以下の通りである。

(ア) 新型コロナウイルス感染性肺炎の流行の影響を受けた企業は、2020年6月30日までに規定にしたがって住宅積立基金の繰延支払いを申請できる。延滞支払期間は、従業員の通常の引き出しや住宅積立基金ローンの申請に影響を与えることなく、継続的に計算される。

(イ) 新型コロナウイルス感染性肺炎の流行を受けた従業員の場合、2020年6月30日まで、住宅供給基金ローンを返済できない場合、期限切れの処理は行わず、期限切れの記録として信用調査部門に報告されない。既に報告された場合、処理調整を行う。

㈡　家賃の支払い負担が大きい従業員の場合、住宅積立基金ローンから家賃の引き出し額を合理的に引き上げ、引き出し期間を柔軟に調整する。

コロナ感染症流行の初期に、都市封鎖による企業減産、雇用減少などの負の影響を軽減するため、中国政府は早い段階に企業や労働者の両方を対象とする社会保険料の引き下げ対策および住宅保障政策を打ち出したことは、コロナショックに対応する有効な政策として評価できる。

第5節

実証研究：中国社会保障と
リスク金融資産の保有

Ⅰ　問題所在

社会保障政策は、先進国や発展途上国を含む世界中のほとんどの国で実施されている。公的年金や医療保険などの社会保障制度の実施は、老後の所得低下のリスクを軽減でき、また高額な自己負担医療費のリスクも軽減できるため、個人・家計のリスク金融資産の保有に正の効果を持つ可能性がある。他方で、社会保障の対象外である場合、予防的な貯蓄動機により、より高いリターンを求めるため、リスクの高い金融資産を保有する可能性が高くなる。個人・家計は、将来の収入の不確実性に対応するために、リスクの高い金融資産の保有から高いキャピタルゲインを獲得するためのより高いインセンティブを持つことが指摘されている（Zhou et al. 2017；Angrisani et al. 2018）。このように、経済理論によると、社会保障政策がリスク金融資産の保有（あるいは家計ポートフォリオの選択）に与える影響は明確となっていない。この課題を解明するため、実証研究を行う必要がある。社会保険への加入行動とリスクの高い金融資産の保有行動の両方がリスク選好度などの個人属性に影響されるため、分析では個人間の異質性の問題を考慮する必要がある。以下では、中国大規模なパネル調査の個票データを用い、個人間の異質性などの問題に対応したうえで、公的年金および医療保険は、どの程度中

国人のリスク金融資産の保有（あるいはリスク金融市場への参加行動）に影響を与えるのかを明らかにする。

Ⅱ　先行文献のサーベイ

　家計ポートフォリオの選択行動に関する経済理論については、ライフサイクル仮説および恒常所得仮説に基づいて、Lehand（1968）は予備的貯蓄仮説を提唱した。その後、Sandmo（1970）と Dreze and Modigliani（1972）は、予防的貯蓄に関する複数期間モデルを発展させた。この仮説によると、予防的貯蓄がライフサイクル消費を平滑し、所得低下のリスクを減らすと説明されている。将来のリスクや不確実性が高くなると、より多くの貯蓄が発生するため、将来のリスクや不確実性がリスク金融資産の保有に影響を与える可能性が存在する（Hall 1978；Blanchard and Mankiw 1988; Browning and Lusardi 1996）。

　社会保障はどのようにリスク金融資産の保有に影響を与えるのか。以下のように、社会保険加入と未加入の両方がリスク金融資産の保有を高める可能性が存在するため、理論上では明確な結論が得られない。

　３つのチャネルによって社会保険加入がリスク金融資産の保有を高める効果を持つと考えられる。⑴年金を受け取ることにより、老後の所得の不確実性を減らすことできる（Bertauand Haliassos1997; Nelissen 1998; Jensen and Richter 2004; Iskhakov and Keane 2021; Bottanetal 2021; Bai et al 2021）。⑵公的医療保険への加入は、疾病を罹患するとき、自己負担医療費の高額の支払いによって引き起こされる貧困になるリスクを軽減できる（Sommers and Oellerich 2013; Korenman and Remler 2016; Chen et al.2019; Korenman et al.2021; Qin et al.2021）。⑶公的医療保険への加入は、医療サービスの利用（たとえば、健診、外来治療、入院治療など）を増やし、健康状態を改善する効果を持つ（Jensen and Richter 2004; Wagstaff et al.2009; Antwi et al.2015; Mebratie et al 2019; He and Nolen 2019; Huang and Wu 2020; Ma and Oshio 2020）。上記の３つのメカニズムにより、社会保障にカバーされると、予防的貯蓄のインセンティブが減少し、リスクの高い金融市場への参加やリ

スク金融資産の保有の可能性が高くなる。

　一方、以下の2つのメカニズムによって、社会保険未加入はリスク金融資産を保有する可能性を高める効果を持つことも考えられる。(1)社会保険の対象外である場合、予備的貯蓄動機により、将来の収入の不確実性に対応するために、リスクの高い投資から高いキャピタルゲインを獲得するインセンティブが存在する。その結果、社会保険加入者に比べ、社会保険未加入者がリスク金融資産を保有する可能性が高くなる（Zhou et al. 2017；Angrisani et al. 2018)。(2)観察されない個人間の異質性（性格、リスク選好度など）が、社会保険への加入行動とリスク金融資産の保有行動に影響を与える。たとえば、社会保険加入者に比べ、社会保険に加入しないことを選択した者は、予備的貯蓄動機が少なく、リスク選好度が高いため、リスク金融資産を保有する可能性も高い。

　以上のように、理論上で明確な結論が得られなかったが、多くの実証研究では、社会保障がリスク金融資産の保有を高める効果を持つことが示されている。たとえば、Angrisani et al.（2018）は、アメリカの健康と退職に関するパネル調査（Health and Retirement Study）のデータと固定効果モデルを用い、米国では、メディケア（Medicare）が実施される前に、健康状態が良いグループに比べ、健康状態の悪いグループでは、医療費自己負担のリスクが高く、株式を保有する確率が低かったが、メディケアが適用された後、健康状態による株式保有の差異が小さくなったことを示している。

　中国を対象とした実証研究に関しては、呉・周（2015）は、2011年中国家計金融調査（China Household Finance Survey：CHFS）のデータを用いた分析結果により、医療保険未加入者に比べ、医療保険加入者の場合、株式投資の可能性が大きくなり、また保有するリスク金融資産（株式）が金融資産総額に占める割合が多いことを示している。宗等（2015）は、CHFS2011を用いて実証研究を行い、年金保険は、リスク資産を保有する可能性と保有割合（リスクの高い金融資産が金融資産総額に占める割合）を高める効果を持つと指摘している。Zhou et al.（2017）は、2002年中国家計所得調査（Chinese household Income Project Survey: CHIP）のデータを用いて実証研究を行い、医療保険が、中国都市住民の金融資産、特にリスク金融資産を保有

する可能性を高める効果を持つことを示している。また、王・劉（2021）は、CHFS2017のデータと、Probit、Tobit および操作変数法を用い、公的年金および医療保険は、リスク金融資産を保有する確率および保有割合を高めると報告している。ただし、これまでの研究は、クロスセクションデータを用いた分析であり、内生性問題（例えば、逆因果関係の問題や個人間の異質性問題など）が考慮されなかったため、分析結果にはバイアスが存在する可能性がある。そこで、本稿では、パネルデータおよびその分析手法を活用し、これらの計量分析の問題に対処したうえで、公的年金および医療保険がリスク金融資産の保有確率および保有割合に与える影響を明らかにする。

Ⅲ 分析方法

(1) 推定モデル

基本モデルとして、ロジスティック回帰モデル（Logit）を用いてリスク金融資産を保有する確率を計測する。また、リスク金融資産を保有しないサンプルが存在するため、サンプル切断によるサンプル・セレクション・バイアス問題に対処するため、トービット回帰モデル（Tobit）を用いてリスク金融資産の保有割合を分析する。これらの推定式は式(1)で示す。

$$RFA_i = a + \beta_{SC} SS_i + \beta_X X_i + \varepsilon_i \tag{1}$$

(1)式で、RFA は被説明変数（リスク金融資産を保有するかどうかまたはリスク資産の保有割合）、i は個人、SS は社会保険要因（公的年金、公的医療保険）、X はリスク金融資産の保有に影響を与える他の要因（たとえば、個人属性要因、所得要因、社会資本など）を示す。β は推定係数、ε は誤差項である。

ただし、(1)式には、2つの計量分析問題が存在する可能性がある。第1に、真の誤差 u、個人 i 固有の時間とともに変化しない要因 v に関連するものである。具体的には、式(1)では、ε には個人固有の要因 v および真の誤差 u が含まれ、推定結果で個人間の異質性問題（heterogeneity）が発生する可能性がある。(2)式で示される固定効果（fixed-effects: FE）あるいはラン

ダム効果（random-effects: RE）モデルを用い、この問題に対処する。(2)式
で、t は調査年次である。

$$RFA_{it} = a + \beta_{SC}SS_{it} + \beta_X X_{it} + v_i + \mathrm{u}_{it} \tag{2}$$

　第 2 に、逆因果関係（reverse causality）が存在する可能性がある。たと
えば、リスク金融資産の保有によって、より高いキャピタルゲインを獲得す
る（所得上昇）可能性が高くなるため、より良い健康状態および長寿を好ん
で、公的年金および医療保険に加入するインセンティブが高くなる可能性が
ある。逆因果関係問題に対応するため、本稿では説明変数の一期ラグ項を活
用するラグ変数（lagged variable：LV））モデルを用いる。前期（$t-1$期）
の社会保険加入状態（たとえば、2011年の公的年金加入状態、2011年の公的
医療保険加入状態）が、現在（t 期）のリスク金融資産の保有（たとえば、
2013年にリスク金融資産を保有したかどうか、2013年にリスク金融資産を保
有した割合）に与える影響を計測する。(3)式は LV モデル、(4)式は LV_FE
モデルをそれぞれ示している。SS_{t-1}は前期社会保険の加入状態を示す。

$$RFA_{it} = a + \beta_{SC}SS_{it-1} + \beta_X X_{it} + \varepsilon_{it} \tag{3}$$
$$RFA_{it} = a + \beta_{SC}SS_{it-1} + \beta_X X_{it} + v_i + \mathrm{u}_{it} \tag{4}$$

⑵　データおよび変数の設定

　本稿では、3 時点（2011、2013、2015）の中国健康と退職パネル調査（Chi-
na Health and Retirement Longitudinal Study：CHARLS）のデータを用い
る。CHARLS は、2011年から2015年まで北京大学によって 2 年間隔で実施
され、中国の代表的な地域を対象としている。調査は中国全国31省・直轄市
のうち、29省・直轄市をカバーした。調査対象者は2011年時点に45歳以上の
個人である。2011年に実施された CHARLS のベースライン全国調査には、
150の郡／地区および450の村／居住委員会の約10,000世帯と17,708人の個人
が含まれている。追跡調査は2013年と2015年に実施された。CHARLS には
都市部と農村部の住民が含まれている。CHARLS から、リスク金融資産（株
式や債券など）、総金融資産、個人属性要因（性別、教育、戸籍、婚姻状況

など）や所得要因（家計収入、住宅所有）、社会資本要因などに関する情報を取得できる。異常値サンプル、無回答サンプル、欠測値のあるサンプルを削除した。

　以下のような2種類のリスク金融資産保有変数を、被説明変数として設定した。

① 　リスク金融資産を保有する確率関数では、個人が株式と債券の両方を含むリスクの高い金融資産を保有するかどうかに関する二値変数（保有する場合＝1、保有しない場合＝0）を被説明変数として設定した。

② 　トービット回帰モデルでは、リスク金融資産の保有割合を被説明変数として用いた。保有割合は、リスクの高い金融資産（本稿では、株式、債券）を家計総金融資産で割って算出した。家計総金融資産は、リスクの高い金融資産（株式や債券）とリスクのない金融資産（貯蓄や現金など）の合計である。家族人数に基づいて、一人あたりリスク金融資産の保有割合を算出した。リスク金融資産の金額が0より大きい場合、リスク金融資産を保有すると定義される。

　説明変数の設定に関しては、まず、重要な説明変数は、公的年金と公的医療保険加入のダミー変数（加入＝1、未加入＝0）である。CHARLSの調査項目における公的年金および医療保険の加入状態に関する質問に基づいて、回答者が5つの選択肢—(1)都市従業員基本年金、(2)農村住民基本年金、(3)都市農村住民基本年金、(4)都市住民基本年金、および(5)高齢者年金補助のいずれかの選択肢を選択した場合、公的年金加入とみなす。また、回答者が、6つの選択肢—(1)都市従業員基本医療保険、(2)都市住民基本医療保険、(3)新型農村合作医療保険、(4)都市農村住民基本医療保険、(5)公務員医療保険、(6)公的医療補助のいずれかの選択肢を選択した場合、公的医療保険加入とみなす。

　次に、コントロール変数に関しては、以下のように設定した。

　第1に、年齢、年齢の二乗、性別（1＝女性、0＝男性）、学歴（中学生および以下、高校、大学および以上ダミー）、既婚（1＝既婚、0＝その他）、都市戸籍、および健康状態（慢性病の数、調査年に入院した経験があるダミー、手段的日常生活動作［IADL］、基本的日常生活動作［BADL］）

図表 7 −10 記述統計量

	全体	加入者	未加入者	t 検定 (b) vs. (c)	
	(a)	(b)	(c)	(b)−(c)	p-value
リスク金融資産保有	0.154	0.148	0.318	−0.170***	0.000
株式保有	0.148	0.142	0.313	−0.171***	0.000
証券保有	0.137	0.130	0.314	−0.184***	0.000
公的年金加入	0.617				
公的医療保険加入	0.935				
年齢	59.791	59.802	59.494	0.308**	0.031
女性	0.514	0.513	0.538	−0.025***	0.007
学歴					
中学校および以下	0.876	0.876	0.869	0.007	0.254
高校	0.101	0.101	0.110	−0.009	0.166
大学および以上	0.022	0.022	0.022	0.000	0.778
既婚	0.865	0.868	0.790	0.078***	0.000
都市戸籍	0.217	0.213	0.330	−0.117***	0.000
慢性病	0.714	0.720	0.563	0.157***	0.000
入院	0.127	0.129	0.063	0.066***	0.000
IADL（0 − 7）	0.786	0.790	0.688	0.102***	0.006
BADL（0 −10）	1.845	1.858	1.511	0.347***	0.000
一人あたり家計所得	9519	9526	9319	207	0.676
家計負債	8401	8479	5837	2642	0.469
持ち家	0.889	0.890	0.862	0.028***	0.000
非就業者	0.325	0.323	0.386	−0.063***	0.000
社会参加	0.497	0.499	0.425	0.074***	0.000
家族人数	3.398	3.403	3.249	0.154***	0.000
地域					
東部	0.191	0.194	0.167	0.027**	0.011
中部	0.212	0.209	0.248	−0.039***	0.000
西部	0.568	0.567	0.560	0.007	0.531
東北	0.030	0.030	0.025	0.005	0.156
調査年					
2011年	0.312	0.301	0.593	−0.292***	0.000
2013年	0.329	0.332	0.265	0.067***	0.000
2015年	0.359	0.367	0.141	0.226***	0.000
サンプル数	31,814	19,489	12,325		

（出所）CHARLS2011、2013、2015のデータに基づき筆者計測。

（注）*p<0.1、**p<0.05、***p<0.01。IADL：手段的日常生活動作；BADL：基本的日常生活動作。

を個人属性要因として設定した。

第2に、所得要因の指標として、⑴1人あたり世帯収入（第1～第5所得五分位）および⑵持ち家ダミーの2種類の変数を設定した。

第3に、社会資本の影響をコントロールするため、家族の人数と社会参加ダミー変数を用いた。家族人数が多いグループ、および社会活動に参加するグループで、社会資本がより多いと考えられる。

第4に、金融市場における地域格差の影響を制御するために、4つの地域ダミー変数（東部、中部、西部、東北）を設定した。また、景気循環の影響と年次ごとのマクロ経済環境の変化をコントロールするため、年次ダミーを設定した。

図表7－10には各変数の記述統計量をまとめている。公的年金加入者の割合は61.7%、公的医療保険加入者の割合は93.5%となっている。リスク金融資産を保有する者の割合は15.4%であり、そのうち、株式、証券を保有する者の割合はそれぞれ14.8%、13.7%となっている。また、リスク金融資産保有者の割合は、社会保険未加入者が加入者より多い。さらに、t検定の結果によると、個人属性、家族要因で社会保険加入者と未加入者間の差異が存在する。そのため、分析では、これらの要因をコントロールする必要がある。

Ⅳ　主な分析結果

⑴　リスク金融資産の保有確率に関する分析結果

図表7－11では、社会保障がリスク金融資産を保有する確率に与える影響に関する分析結果をまとめている。以下のことが示された。

第1に、モデル1～4はクロスセクションデータ（2011～2015年）を用いた分析である。用いる説明変数の違いによって、4つのモデルに分けられている。これらの分析結果によると、公的年金と公的医療保険のいずれも、リスク金融資産を保有する確率を高める効果を持つことが示された。先行研究の結論に一致している（呉・周 2015；Zhou et al. 2017；呉等2017；卢等2019；張・程2019；馬（瑞）2020；王・劉 2021）。

異なるコントロール変数の使用によって、公的年金および公的医療保険の

	係数	z値
モデル 1：Logit		
公的年金	0.800***	7.30
公的医療保険	0.650***	3.04
モデル 2：Logit		
（説明変数：モデル 1 ＋個人属性要因）		
公的年金	0.302***	2.82
公的医療保険	0.740***	3.40
モデル 3：Logit		
（説明変数：モデル 2 ＋所得要因）		
公的年金	0.333***	3.01
公的医療保険	0.616***	2.82
モデル 4：Logit		
（説明変数：モデル 3 ＋社会資本要因）		
公的年金	0.328***	2.90
公的医療保険	0.589***	2.63
モデル 5：FE		
（説明変数：モデル 4 と同じ）		
公的年金	0.115	0.54
公的医療保険	−0.012	−0.02
モデル 6：RE		
（説明変数：モデル 4 と同じ）		
公的年金	0.348**	2.22
公的医療保険	0.613**	2.05
モデル 7：LV		
（説明変数：モデル 4 と同じ）		
公的年金	0.292**	2.16
公的医療保険	0.617**	2.03
モデル 8：LV_RE		
（説明変数：モデル 4 と同じ）		
公的年金	0.365**	1.98
公的医療保険	0.866**	2.11

（出所）CHARLS 2011、2013、2015のデータに基づき筆者計測。

（注）　1．*$p<0.1$、**$p<0.05$、***$p<0.01$。

　　　2．Logit：ロジット回帰モデル；FE：固定効果モデル；RE：ランダム効果モデル；LV：ラグモデル、社会保険加入のラグ項（t-1期）を使用。

　　　3．個人属性要因（年齢、年齢の二乗、性別、学歴、既婚、都市戸籍、慢性病、入院、手段的日常生活動作、基本的日常生活動作）、所得要因（家計収入、住宅所有）、社会資本（社会参加、家族の数）、地域、および年次ダミー変数を分析したが、表に掲載しなかった。

効果が異なることがわかる。たとえば、個人属性要因を追加すると、公的年金の正の効果は小さくなったが、公的医療保険の正の効果は大きくなった。所得要因や社会資本要因を加えると、公的年金および公的医療保険の推定値の変化は小さかった。リスク金融資産の保有確率に対する社会保障の効果は、個人属性要因によってより大きく作用され、属性グループ（たとえば、都市と農村住民、中年齢者と高年齢者）によって、社会保障政策の効果が異なることを示された。

第2に、個人間の異質性問題を考慮し、FEモデル（モデル5）およびRE（モデル6）を用いて分析を行った。モデル5の分析結果により、公的年金および公的医療保険のいずれも、リスク金融資産を保有する確率に有意な影響を与えていない。観察できない個人の異質性がリスク金融資産の保有に大きな影響を与えることが示された。

第3に、逆因果関係問題を考慮して、LVモデル（モデル7とモデル8）を用いて分析を行った。社会保険がリスク金融資産を保有する確率を高める効果を持つことが示された。モデル1〜4を用いた分析と同じような結果が得られた。

(2) リスク金融資産の保有割合に関する分析結果

図表7−12には社会保障がリスク金融資産の保有割合に与える影響に関する分析結果をまとめている。以下のことが示された。

第1に、モデル1〜5はクロスセクションデータを用いた分析である。モデル1の分析結果により、公的年金と公的医療保険のいずれも、リスク金融資産の保有割合を高める効果を持つことが示された。個人属性や他の要因を追加すると（モデル2〜5）、公的年金の効果が統計的に有意ではなかったが、公的医療保険は依然として保有割合に正の影響を及ぼし、また推定係数のサイズはほとんど変化しなかった。リスク金融資産の保有割合に対する社会保険の効果は、公的年金よりも公的医療保険の方が大きいことが示された。

第2に、個人間の異質性問題を考慮し、固定効果およびランダム効果モデル（モデル5、6および8）を用いて分析を行った。モデル5およびモデル

	係数	z値
モデル 1 ：Tobit		
公的年金	0.005***	3.87
公的医療保険	0.004*	1.92
モデル 2 ：Tobit		
（説明変数：モデル 1 ＋個人属性要因）		
公的年金	0.002	1.53
公的医療保険	0.005***	2.62
モデル 3 ：Tobit		
（説明変数：モデル 2 ＋所得要因）		
公的年金	0.002	1.57
公的医療保険	0.005**	2.52
モデル 4 ：Tobit		
（説明変数：モデル 3 ＋社会資本要因）		
公的年金	0.002	1.57
公的医療保険	0.004**	2.31
モデル 5 ：FE		
（説明変数：モデル 4 と同じ）		
公的年金	− 0.002	− 1.11
公的医療保険	0.003	1.22
モデル 6 ：RE		
（説明変数：モデル 4 と同じ）		
公的年金	0.001	0.68
公的医療保険	0.004**	2.23
モデル 7 ：LV Tobit		
（説明変数：モデル 4 と同じ）		
公的年金	0.002	1.18
公的医療保険	0.002	0.86
モデル 8 ：LV_RE Tobit		
（説明変数：モデル 4 と同じ）		
公的年金	0.002	1.24
公的医療保険	0.002	0.82

（出所）CHARLS 2011、2013、2015のデータに基づき筆者計測。

（注）　1 ．$*p<0.1$、$**p<0.05$、$***p<0.01$。

　　　 2 ．Tobit：トービット回帰モデル；FE: 固定効果モデル；RE：ランダム効果モデル；LV：ラグモデル、社会保険加入のラグ項（t-1期）を使用。

　　　 3 ．個人属性要因（年齢、年齢の二乗、性別、学歴、既婚、都市戸籍、慢性病、入院、手段的日常生活動作、基本的日常生活動作）、所得要因（家計収入、住宅所有）、社会資本（社会参加、家族の数）、地域、および年次ダミー変数を分析したが、表に掲載しなかった。

8の分析結果によると、公的年金、公的医療保険のいずれも、リスク金融資産の保有割合に有意な影響を与えていない。観察できない個人の異質性要因（たとえば、性格、能力、リスク選好など）が保有割合に大きな影響を与えることが示された。

(3) リスク資産種類別分析結果

リスク金融資産の種類によって、社会保障の効果が異なる可能性がある。通常、金融資産のリスクは、債券より株式のほうが高い。本稿では、リスク資産を株式と債券の2種類に分けてそれぞれの推計を行った。

図表7-13では、株式や債券の保有確率に関する分析結果をまとめている。公的年金および医療保険が債券保有確率に与える影響は、ほとんど統計的に有意ではない。一方、公的年金および医療保険が株式の保有確率を高める効果を持つことが示された。ただし、個人間の異質性問題に対応すると、公的医療保険の有意性がなくなった。

図表7-14では、株式や債券の保有割合に関する分析結果をまとめている。図表7-13の結果に類似し、公的年金および医療保険が債券保有割合に与える影響は、ほとんど統計的に有意ではない。一方、公的年金および医療保険が株式の保有割合を高める効果を持つことが示された。

(4) グループ別分析

グループ間の差異を考慮し、LV_FEモデルを用いて年齢別、都市・農村戸籍別分析をそれぞれ行った。分析結果は図表7-15（年齢別）と図表7-16（戸籍別）にまとめている。

まず、年齢別の社会保障効果については、中年齢層（45～59歳）と高年齢層（60歳以上）に分けて推計した（図表7-15）。(1)公的年金に関しては、中年齢層で、公的年金がリスク金融資産の保有確率と保有割合の両方を高める効果を持つことが示された。一方、高年齢層で、正の効果は確認されなかった。公的年金がリスク金融資産の保有に与える影響は、年齢層によって異なることは明らかである。これらの分析結果は、先行研究（王・劉 2021）の結果に類似している。(2)公的医療保険に関しては、高年齢層で、公的医療

図表 7 − 13　社会保障とリスク金融資産の保有確率（リスク金融資産種類別分析）

	(1)株式		(2)債券	
	係数	z値	係数	z値
モデル 1 ：Logit				
公的年金	0.482***	3.63	0.029	0.15
公的医療保険	0.800***	2.76	0.079	0.25
モデル 2 ：FE Logit				
公的年金	0.342	1.13	−0.102	−0.33
公的医療保険	0.988	1.37	−1.564	−1.34
モデル 3 ：RE Logit				
公的年金	0.652***	3.07	0.006	0.03
公的医療保険	1.100**	2.46	0.030	0.09
モデル 4 ：LV_Logit				
公的年金	0.389**	2.51	−0.028	−0.12
公的医療保険	0.408	1.27	1.161*	1.62
モデル 5 ：LV_RE Logit				
公的年金	0.703***	2.69	−0.028	−0.12
公的医療保険	0.680	1.28	1.161*	1.62

（出所および注）図表 7 − 11と同じ。

図表 7 − 14　社会保障とリスク金融資産の保有割合（リスク金融資産種類別分析）

	(1)株式		(2)債券	
	係数	z値	係数	z値
モデル 1 ：Tobit				
公的年金	0.003**	2.56	−0.001	−1.39
公的医療保険	0.004**	2.21	0.001	0.79
モデル 2 ：FE				
公的年金	0.000	0.23	−0.002**	−2.19
公的医療保険	0.004**	2.15	−0.001	−0.84
モデル 3 ：RE				
公的年金	0.002**	2.14	−0.001	−1.57
公的医療保険	0.004***	2.58	0.001	0.67
モデル 4 ：LV_Tobit				
公的年金	0.002	1.58	0.000	−0.49
公的医療保険	0.001	0.56	0.001	0.81
モデル 5 ：LV_RE				
公的年金	0.003**	2.07	0.000	−0.49
公的医療保険	0.001	0.55	0.001	0.81

（出所および注）図表 7 − 12と同じ。

保険がリスク金融資産の保有確率を高めることが確認された。年齢層によって、公的医療保険の効果が異なることが示された。

次に、戸籍制度の影響を考慮し、都市戸籍住民と農村戸籍住民に分けて分析を行った（図表7－16）。都市戸籍住民と農村戸籍住民によって、公的年金、公的医療保険の効果がそれぞれ異なることが示された。具体的に言えば、公的医療保険は都市戸籍住民のリスク金融資産の保有確率を高める効果が確認されたが、公的医療保険は農村戸籍住民に有意な影響を与えていない。一方、公的年金は農村戸籍住民のリスク金融資産の保有確率を高める効果を持つことが示されたが、公的年金は都市戸籍住民に有意な影響を与えていない。

分析結果の理由は、主に中国社会保障制度が戸籍制度によって分断化されることにある。具体的には、まず、公的年金の効果に関しては、計画経済期に、都市戸籍労働者が公的年金制度の対象者であり、年金保険料を納付せずに、定年退職後年金給付を受給できることがあった。一方、体制移行期に、公的年金制度が改革され、雇用労働者が年金保険料を納付することなどが義務付けられた。つまり、都市戸籍者にとって、公的年金制度の改革によって、自己負担が増加した。一方、2000年代までは、農村部で公的年金制度が実施されなかった。2009年に開始した新型農村社会年金保険（「新農保」）は、農村戸籍者を対象とした初めての公的年金である。しかも、中国政府が農村地域で公的年金制度を普及させるため、個々の保険加入者に対する補助金を提供し、年金保険料金を低く設定している。したがって、公的年金の効果は、農村戸籍者が都市戸籍者より大きいと考えられる。また、公的医療保険に関しては、2000年代に、制度上で、全国民を対象とした公的医療保険制度が実施されているが、都市戸籍住民と農村戸籍住民によって、適用された制度の内容（たとえば、適用できる疾病の種類、治療レベルなど）や償還率（あるいは医療費の自己負担率）などが異なる。たとえば、医療費の自己負担率は、都市住民がほぼ3割で日本と同じであるが、農村住民が5～6割であった（馬　2015；胡等2019; Ma 2022）。戸籍の違いによって、医療保険の仕組みや保険レベルには格差が生じているため、公的医療保険の効果は、都市戸籍者が農村戸籍者より顕著であることが考えらえる。

図表7－15　社会保障とリスク金融資産の保有確率と保有割合（年齢別分析）

	(1)保有	(2)割合
	LV_ RE Logit	LV_RE Tobit
45-59歳		
公的年金	0.722***	0.005**
	(3.18)	(2.39)
公的医療保険	0.461	0.002
	(0.95)	(0.56)
60歳および以上		
公的年金	−0.715**	−0.005*
	(−1.88)	(−1.81)
公的医療保険	1.781**	0.003
	(2.09)	(0.75)

（出所）CHARLS 2011、2013、2015のデータに基づき筆者計測。
（注）　1．*p＜0.1、**p＜0.05、***p＜0.01。
　　　　2．Logit：ロジット回帰モデル；Tobit：トービット回帰モデル；RE：ラン
　　　　　　ダム効果モデル；LV：ラグモデル、社会保障変数のラグ項（t-1期）を使用。
　　　　3．個人属性要因（性別、学歴、既婚、都市戸籍、慢性病、入院、手段的日常生活
　　　　　　動作、基本的日常生活動作）、所得要因（家計所得、住宅所有）、社会資本（社会
　　　　　　参加、家族の数）、地域、および年次ダミー変数を分析したが、表に掲載しなかった。

図表7－16　社会保障とリスク金融資産の保有確率と保有割合（都市と農村戸籍別分析）

	(1)保有	(2)割合
	LV_ RE Logit	LV_RE Tobit
都市戸籍		
公的年金	0.181	0.009
	(0.59)	(1.34)
公的医療保険	1.317**	0.009
	(2.07)	(0.94)
農村戸籍		
公的年金	0.512**	0.000
	(2.17)	(−0.13)
公的医療保険	0.552	0.000
	(0.92)	(0.16)

（出所）CHARLS 2011、2013、2015のデータに基づき筆者計測。
（注）　1．**p＜0.05。
　　　　2．Logit：ロジット回帰モデル；Tobit：トービット回帰モデル；RE：ラン
　　　　　　ダム効果モデル；LV：ラグモデル、社会保障変数のラグ項（t-1期）を使用。
　　　　3．個人属性要因（年齢、年齢の二乗、性別、学歴、既婚、慢性病、入院、手段的
　　　　　　日常生活動作、基本的日常生活動作）、所得要因（家計収入、住宅所有）、社会資
　　　　　　本（社会参加、家族の数）、地域、および年次ダミー変数を分析したが、表に掲載
　　　　　　しなかった。

結論と政策示唆

　1990年代以降、中国政府は、計画経済時期の社会保障制度を改革し、すべての国民をカバーする「国民皆保険」を実施している。コロナショック後、2020年2月以降、中国政府は、緊急財政対策を実施し、社会保険料の引き下げ・納付期間延長などの措置を実施した。高齢化社会となった国民生活を安定化させる姿勢が見られた。本稿では、中国社会保障制度（特に公的年金、公的医療保険）の変遷を回顧したうえで、全国大規模なパネル調査のデータ（CHARLS）を用いて、社会保障が個人のリスク金融資産の保有に与える影響に関する実証分析を行った。得られた主な結論は、以下の通りである。

　第1に、現行の中国社会保障は、戸籍制度（都市住民、農村住民）によって分断化されている。たとえば、個人納付の社会保険料、政府補助金が異なるため、社会保険基金が異なっている。そのため、医療費の自己負担率や年金受給額などが異なる。都市戸籍住民に比べ、農村戸籍住民の社会保障レベルが低い。

　第2に、中国政府は、2015年8月に、年金積立金の株式運用など、リスク資産への投資解禁を決定し、年金積立金の一部は、金融市場で運用できるようになったが、政府機関としての全国社会保障基金理事会は、積立金運用の管理・監督を行っている。今後、年金積立金の運用が中国金融市場、特に証券市場に与える影響を注目すべきである。

　第3に、CHARLSのパネルデータに基づく実証分析の結果によると、(1)クロスセクションデータ分析結果で、公的年金および公的医療保険のいずれもリスク金融資産の保有確率および保有割合を高める効果を持つことが示されたが、個人間の異質性問題に対応した後、両者の効果が統計的に有意ではない。クロスセクション分析方法に基づく既存研究には、推定バイアスが存在することがうかがえる。個人間の異質性がリスク金融資産の保有に大きな影響を与えることが示された。(2)社会保障の効果は、リスク金融資産の種類によって異なる。リスクの低い金融商品（債券）に比べ、社会保障はリスク

の高い金融商品（株式）の保有を高める効果が顕著である。⑶グループ間の差異が存在する。年齢、戸籍によって社会保障の効果が異なる。公的年金の効果は、中年齢層、農村住民グループで大きく現れ、一方で公的医療保険の効果は、高年齢層、都市住民グループで顕著である。

　本稿の分析結果は、以下の政策含意を持つ。まず、実証分析の結果によると、個人間の異質性がリスク金融資産の保有に大きな影響を与えることが明らかになった。個人間の異質性は、個々の性格、認知能力および非認知能力、リスク選好度などによるものである（Gong and Zhu 2019; Moret et al. 2020）。個人間の異質性は、金融市場の不確実性を引き起こす可能性がある。金融市場を安定して発展させるため、適切な規制に基づいて金融市場を一定程度管理・監督を行うことは、必要である。現在、中国銀行保険監督管理委員会（「銀保監会」）、中国証券監督管理委員会（「証監会」）は、この重要な役割を果たしているが、金融市場に対する政府の管理監督と市場メカニズムのバランスを取る政策の実施は、中国政府の大きな課題となっている。また、証券市場を安定させるため、株式市場での情報開示、透明性の向上などの政策が必要である。また、グループ（都市と農村戸籍住民、若者層、中年齢層と高年齢者層など）間の金融知識（financial literacy）の格差を縮小することによって、リスク金融市場への参加行動における個人間の差異を減らす可能性がある。健全な金融市場を発展させるため、低学歴者、高年齢者や農村戸籍住民などを対象とする金融知識の普及は必要である（Balloch, Nicolae and Phillip 2015; Zou and Deng 2019）。

　第2に、戸籍制度（都市戸籍、農村戸籍）によって、中国社会が分断化されている。制度的には、現行の公的年金保険、公的医療保険はすべての国民をカバーし、「国民皆保険」の目標が達成されたが、社会保障制度の仕組みが戸籍制度によって異なる。社会保障のレベルは農村戸籍住民が都市戸籍住民に比べて低く、社会保障の格差によって、消費格差や医療格差などの問題が生じた（Ma and Oshio 2020；Ma 2022；馬2022）。本稿の分析結果によると、戸籍によって社会保障のリスク金融資産の保有に与える影響は異なることが示されている。今後、格差を是正するため、農村戸籍住民の社会保障レベルをさらに高め、都市と農村の社会保障制度を一体化する改革を促進すべ

きである。農村戸籍住民の社会保障レベルを引き上げることによって、農村戸籍住民がより多くの株式投資行動を行う可能性が高くなる。その結果、ベンチャー企業がイノベーションを行う際に、直接金融による資金調達がより容易になり、経済成長は好循環になると考えらえる。

　最後に、実証分析の限界を指摘しておきたい。第1に、本稿では、固定効果モデルや時間ラグモデルを用い、個人間の異質性および逆因果関係問題に対処したが、分析結果に内生性問題は依然として存在すると考えられる。今後、操作変数法や自然実験法などを活用するさらなる分析は必要である。第2に、CHARLSの調査対象者は45歳以上の中高年齢者である。若年層を含む実証分析は今後の課題としたい。第3に、分析期間（2011-2015）に公的年金および医療保険の加入率が高い（特に公的医療保険の加入率が9割以上である）ため、分析結果に影響を与えると考えられる。また、年金受給額の影響に関する分析は、今後の研究課題となる。

＜参考文献＞
［英語］
・Angrisani, M., V. Atella, and M. Brunetti（2018）Public health insurance and household portfolio Choices: Unravelling financial "Side Effects" of Medicare. *Journal of Banking and Finance*, 93, 198-212.
・Antwi, Y.A., A.S. Moriya, and K. I. Simon（2015）Access to health insurance and the use of inpatient medical care: Evidence from the Affordable Care Act young adult mandate. *Journal of Health Economics*, 39, 171-187.
・Bai, C., W. Chi, T. X. Liu, C. Tang, and J. Xu（2021）Boosting pension enrollment and household consumption by example: A field experiment on information provision. *Journal of Development Economics*, 150: 102622.
・Balloch, A., A. Nicolae, and D. Phillip（2015）Stock market literacy, trust, and participation. *Review of Finance*, 19（5）, 1925-1963.
・Bertau, C.C., and M. Haliassos（1997）Precautionary portfolio behavior from a life-cycle perspective. *Journal of Economic Dynamics and Control*, 21（8-9）, 1511-1542.

- Blanchard, O. J., and N. G. Mankiw (1988) Consumption: Beyond certainty equivalence. *American Economic Review*, 78 (2), 173-77.
- Bottan, N., B. Hoffmann, and D. A. Vera-Cossio (2021) Stepping up during a crisis: The unintended effects of a noncontributory pension program during the Covid-19 pandemic. *Journal of Development Economics*, 150: 102635.
- Browning, M., and A. Lusardi (1996) Household saving: Micro theories and micro facts. *Journal of Economic Literature*, 34 (4), 1797-855.
- Chen, Y., J. Shi, and C. Zhuang (2019) Income dependent impacts of health insurance on medical expenditures: Theory and evidence from China. *China Economic Review*, 53, 290-310.
- Dreze, J. H., and F. Modigliani (1972) Consumption decisions under uncertainty. *Journal of Economic Theory*, 5 (3), 308-335.
- Hall, R. E. (1978) Stochastic implications of the life cycle-permanent income hypothesis: Theory and evidence. *Journal of Political Economy*, 86 (6), 971-987.
- He. H., and P.J. Nolen (2019) The effect of health insurance reform: Evidence from China. *China Economic Review*, 53, 168-179.
- Huang, X., and B. Wu (2020) Impact of urban-rural health insurance integration on health care: Evidence from rural China. *China Economic Review*, 64:101543.
- Iskhakov, F., and M. K. Keane (2021) Effects of taxes and safety net pensions on life-cycle labor supply, savings and human capital: The case of Australia. *Journal of Econometrics*, 223 (2), 401-432.
- Jensen, R., and K. Richter (2004) The health implications of social security failure: evidence from the Russian pension crisis. *Journal of Public Economics*, 88 (1-2), 209-236.
- Gong, X., and R. Zhu (2019) Cognitive abilities, non-cognitive skills, and gambling behaviors. *Journal of Economic Behavior & Organization*, 165, 51-69.

- Korenman, S., and D.K.Remler (2016) Including health insurance in poverty measurement: The impact of Massachusetts health reform on poverty. *Journal of Health Economics*, 50, 27–35.
- Korenman, S., D.K. Remler, and R. T. Hyso (2021) Health insurance and poverty of the older population in the United States: The importance of a health inclusive poverty measure. *Journal of the Economics of Ageing*, 18:100297.
- Leland, H. E. (1968). Savings and uncertainty: The precautionary demand for savings. *The Quarterly Journal of Economics*, 82 (3), 465–473.
- Ma, X., and T. Oshio (2020) The impact of social insurance on health among middle-aged and older adults in rural China: A longitudinal study using a three-wave nationwide survey. *BMC, Public Health*, (2020) 20:1842. doi:10.1186/s12889-020-09945-2
- Ma, X. (2022) *Public Medical Insurance Reform in China*. Springer.
- Mebratie, A.D., R. Sparrow, Z. Yilma, D. Abebaw, G. Alemu, and A. S. Bedi (2019) The impact of Ethiopia's pilot community-based health insurance scheme on healthcare utilization and cost of care. *Social Science & Medicine*, 220, 112–119.
- Moret, F., P. Pinson, and A. Papakonstantinou (2020) Heterogeneous risk preferences in community-based electricity markets. *Research*, 287 (1), 36–48.
- Nelissen, J. H. M. (1998) Annual versus lifetime income redistribution by social security. *Journal of Public Economics*, 68 (2), 223–249.
- Qin, L., C. Chen, Y. Li, Y. Sun, and H. Chen (2021) The impact of the New Rural Cooperative Medical Scheme on the "health poverty alleviation" of rural households in China. *Journal of Integrative Agriculture*, 20 (4), 1068–1079.
- Sandmo, A. (1970) The effect of uncertainty on savings decisions. *The Review of Economic Studies*, 37 (3), 353–360.
- Sommers, B.D., and D. Oellerich (2013) The poverty-reducing effect of

Medicaid. *Journal of Health Economics*, 32 (5), 816-832.

・Wagstaff, A., L. Magnus, J. Gao, L. Xu and J. Qian (2009) Extending health insurance to the rural population: An impact evaluation of China's new cooperative medical scheme. *Journal of Health Economics*, 28 (1), 1-19.

・Zhou, Q., K. Basu, and Y.Yuan (2017) Does health insurance coverage influence household financial portfolios? A case study in urban China. *Frontiers f Economics in China*, 12 (1), 94-112.

・Zou, J., and X. Deng (2019) Financial literacy, housing value and household financial market participation: Evidence from urban China. *China Economic Review*, 55, 52-66.

［中国語］

・国家統計局（2021）『中国統計年鑑2021』、中国統計出版社。

・胡令遠・袁堂軍・馬欣欣（編著）（2019）『冷戦後日本社会保障制度：対中国的啓示』、上海人民出版社。

・卢亜娟・張雯涵・孟丹丹（2019）「社会養老保険対家庭資産配置的影響研究」、『保険研究』、第12期、108-119頁。

・馬瑞（2020）「社会養老保険与我国居民家庭風険金融資産投資的影響－基於中国総合社会調査（CGSS）的数拠研究」、『商業会計』、第11期、97-101頁。

・宗慶慶・劉沖・周亜虹（2015）「社会養老保険与我国居民家庭風険金融資産投資－来自金融資産調査（CHFS）数拠」、『金融研究』、第10巻第424期、99-114頁。

・王爽・劉喜華（2021）「社会保険対家庭資産配置的影響研究－基於医養結合角度的実証研究」、『長春理工大学学報（社会科学版）』、第3期、118-124頁。

・呉洪・徐斌・李潔（2017）「社会養老保険与家庭金融資産投資－基於家庭微観数拠的実証分析」、『財経科学』、第4期、39-51頁。

・呉慶躍・周欽（2015）「医療保険、風険偏好与家庭風険金融資産投資」、『投資研究』、第5期、18-32頁。

・張軍・程川南（2019）「社会保障対家庭資産選択的影響」、『重慶理工大学

学報（社会科学）』、第11期、60-72頁。

［日本語］

・加藤弘之・渡邊真理子・大橋英夫（2013）『21世紀の中国経済篇－国家資本主義の光と影』、朝日新聞出版。

・馬欣欣（2015）『中国の公的医療保険制度の改革』、京都大学学術出版会。

・馬欣欣（2020）「コロナショックと中国緊急税制対策」『月刊税理』、第63巻第11号、88-99頁。

・馬欣欣（2022）「中国公的医療保険制度の改革とその評価」、『社会保障研究』、第6巻第4号、421-438頁。

・于洋（2022）「未完の年金制度改革」『社会保障研究』、第6巻第4号、389-403頁。

第8章

タイにおけるポストコロナを
見据えた資本市場の強化
—サステナビリティとデジタル
分野の取り組みを中心に—

はじめに

ASEAN 主要国の１つであるタイは近年、新型コロナウイルス禍（以下、コロナ禍）により甚大な影響を受けてきた。タイの経済は、観光業をはじめとするサービス産業に大きく依存しており、国を跨ぐ移動の制限による外国人観光客の激減に加えて、外出制限やソーシャル・ディスタンスの措置に伴い国内の経済活動が停滞した。その結果、2020年の実質 GDP 成長率はマイナス6.2％となり、1999年以降で最低であった。その反動もあり、2021年の実質 GDP 成長率は1.5％となりプラスに転じたが、他の ASEAN 主要国の成長率を下回った。タイの2022年の実質 GDP 成長率は、3.2％に上昇したと2023年１月末時点で推定されている。

今後、タイが持続的な経済成長を遂げていくためには、国内企業の多様な資金調達ニーズに対応可能な資本市場の強化が不可欠である。タイ証券取引委員会（以下、タイ SEC）は、国内資本市場の発展に向けた戦略計画を毎年策定しており、2022年３月に2022〜2024年の戦略計画（Strategic Plan 2022-2024）を公表した。同計画では、①競争力、②包摂性、③信頼・信認の強化・向上、が柱となっており、以下の５つの目標が掲げられている。

第１に、資本市場がタイ経済を再構築・強化するためのメカニズムになることである。タイでは、バイオ・循環型・グリーン（BCG）経済モデルが提唱されており、次世代の有望分野として新 S カーブ産業と呼ばれるオートメーション及びロボット、航空・ロジスティックス、バイオ燃料・化学、デジタル経済、メディカルハブの５業種が挙げられている。第２に、タイ経済の成長力を促進するための資本市場のデジタル化である。重点分野として、デジタル資産、テクノロジー主導の監督、サイバーセキュリティが挙げられている。第３に、持続可能な資本市場の構築である。2030年までの持続可能な開発目標（SDGs）を背景として、環境・社会・ガバナンス（ESG）に対する意識が高まっている。第４に、環境変化に対応可能な資本市場の発展と監督を促進するためのエコシステムの形成である。国際的な経済関係を

促進するために、外国の金融規制当局との協力強化を図ること等が挙げられている。第5に、国民が財務健全性を確保するための能力向上の促進である。コロナ禍の影響により個人の財務状況が悪化する中、中長期的な資産形成を促す仕組みを整備することが求められている。タイSECは、当該5つの目標のうち、特に持続可能な資本市場の構築と資本市場のデジタル化に重点的に取り組んでいる。

　本稿では、コロナ禍におけるタイ資本市場の発展について概説した上で、サステナビリティ（持続可能性）とデジタル分野に焦点を当ててタイ資本市場強化の取り組みについて整理する。

■ 第2節
コロナ禍におけるタイ資本市場の発展

Ⅰ　規模の拡大が続く債券市場

　タイ債券市場の規模は右肩上がりに拡大しており、2009年末から2021年末にかけて年率8％超のペースで増加してきた。コロナ禍においても、債券発行残高は2019年末時点の13.52兆バーツ[1]から2021年末には15.07兆バーツへと11.5％増加した（図表8－1）。発行残高の内訳を見ると、政府債が7割以上を占めている。

　しかし、各年の政府債及び社債発行額は近年減少傾向にあり、2021年は2019年比で18.0％減少した（図表8－2）。政府債では、金融政策、流動性管理、ベンチマーク金利の設定等を目的とする中央銀行債の発行額が同期間に41.5％減少した。他方、コロナ禍の影響を受けた失業者への現金給付や中小企業・起業家向けの特別融資等の経済対策に必要な資金調達を目的とした国債の発行額は増加傾向にある。特に、償還期間が1年未満である短期国債の発行額の増加率が顕著である。これは、投資家がリスク回避姿勢を強めた中、政府が投資家ニーズに対応する形で短期国債の発行を優先したことが要

1　2022年末時点の為替レートは1バーツ＝3.80円。

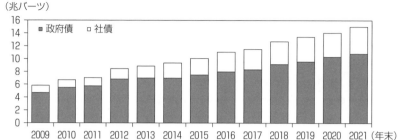

図表8-1　タイにおける債券発行残高の推移

（兆バーツ）

（出所）タイ債券市場協会より野村資本市場研究所作成

（注）本図表では、金額の少ない外国債券を表示していない。

図表8-2　タイにおける各年の債券発行額の内訳

（単位：兆バーツ）

	2019年	2020年	2021年	2019年⇒2021年増減率
政府債	8.56	8.79	6.98	−18.4%
長期国債	0.73	0.85	1.26	73.2%
短期国債	0.04	0.56	1.06	26.5倍
中央銀行債	7.63	7.20	4.46	−41.5%
国営企業債	0.17	0.18	0.20	18.3%
社債	2.07	1.30	1.73	−16.1%
長期社債	1.08	0.69	1.03	−3.9%
コマーシャルペーパー	0.99	0.61	0.70	−29.4%
外国債券	0.01	0.00	0.01	−53.3%
合計	10.64	10.08	8.72	−18.0%

（出所）タイ債券市場協会より野村資本市場研究所作成

（注）長期国債と長期社債は通常、償還期間が1年以上の国債と社債をそれぞれ指す。

因とされている。

　タイ財務省によると、公的債務残高の対GDP比率は2022年末時点で60.7%となった。従前、同比率の上限は60%と定められていたが、2021年9月に70%への引き上げが発表され、政府はより機動的な財政出動による経済対策を実施することが可能となった。なお、タイのソブリン格付けは2022年末現在、S&Pグローバル・レーティングでBBB＋、ムーディーズでBaa1、フィッチ

でBBB＋となっており、コロナ禍発生以降、据え置かれている。

　次に、各年の社債発行額を見ると、2020年は2019年比で37.3％減少した。タイ債券市場協会（The Thai Bond Market Association）によると、コロナ禍を背景とした企業の経営環境の悪化や投資家のリスク回避姿勢の強まりが、社債発行額の減少要因とされる。また、タイ中央銀行（Bank of Thailand、BOT）が2020年2〜5月に政策金利を計3回引き下げたこともあり、企業は従前よりも有利な条件で銀行借入を行うことが可能となり、社債発行ニーズが減退した。

　その反動もあり、2021年の社債発行額は2020年比33.9％増加した。タイ債券市場協会によると、国内企業による事業拡大や手元流動性向上を目的とした資金確保のための社債発行ニーズが高まったとされる。2022年は、景気回復を背景としてBOTによる利上げが実施される中、国内企業は資金調達コストの増加をできる限り回避したい姿勢を強め、さらなる利上げ前に社債発行を拡大させた。同協会によると、同年における長期社債の発行額は1.27兆バーツとなり、過去最大を記録した。

Ⅱ　堅調に発展する株式市場

⑴　増加傾向にある上場企業数と時価総額

　タイ株式市場の規模は、中長期的に拡大しており、近年もその傾向が続いている。上場企業数は2019年末時点の725社から2022年末には810社へと増加し、時価総額は同期間に17.0兆バーツから21.0兆バーツへと増加した（図表8-3）。タイの上場企業数はASEAN主要国の中ではマレーシア、インドネシアに次いで3番目に多く、時価総額はシンガポール、インドネシアに次いで3番目に大きい。

　タイでは、コロナ禍においても、企業の新規株式公開（IPO）による資金調達ニーズが旺盛である。IPO件数（不動産投資信託を含む）は、2019年の32件から2020年には28件へと若干減少したものの、2021年に41件、2022年には42件へと増加した。タイ証券取引所（The Stock Exchange of Thailand、SET）によると、過去5年間におけるIPOによる資金調達額は、ASEAN

図表 8 - 3　タイの上場企業数及び時価総額の推移

（出所）タイ証券取引所、国際取引所連合より野村資本市場研究所作成

主要国の証券取引所の中で首位となっている。

(2)　中小企業及びスタートアップ企業向け市場の創設

　SET は2022年３月、中小企業及びスタートアップ企業向けの新たな市場である LiVE Exchange の上場規則を発表した。LiVE Exchange が創設された背景には、タイでは多くの中小企業やスタートアップ企業が IPO を目指す一方で、本則市場や新興・成長企業向け市場である Market for Alternative Investment（mai）の上場要件を満たすことができない企業も多いため、そうした企業の IPO を促進する重要性が認識されていたことがある。

　LiVE Exchange の主な上場要件として、①公開有限責任会社（public limited company）であること、②中規模以上の中小企業であるか、ベンチャーキャピタルまたはプライベートエクイティ投資会社からの出資を受けていること、③経営陣が SET の定める研修を受講して合格すること、等が含まれる。２点目の中規模以上の中小企業とは、製造業の場合は年商が１億バーツ超５億バーツ以下、従業員数が50人超200人以下、卸売業・小売業・サービス業の場合は年商が5,000万バーツ超３億バーツ以下、従業員数が30人超100人以下の企業を指す。

　LiVE Exchange に参加可能な投資家は、機関投資家、超富裕層投資家、富裕層投資家に限定されている。超富裕層投資家とは、①個人の場合、配偶者分を含めて、純資産が6,000万バーツ以上、年収が600万バーツ以上、または投資額が1,500万バーツ以上（預金を含めて3,000万バーツ以上）、②法人

の場合、株主資本が1.5億バーツ以上、または投資額が3,000万バーツ以上（同6,000万バーツ以上）、という要件を満たす投資家を指す。富裕層投資家とは、①個人の場合、配偶者分を含めて純資産が3,000万バーツ以上、年収が300万バーツ以上、または投資額が800万バーツ以上（同1,500万バーツ以上）、②法人の場合、株主資本が7,500万バーツ以上、または投資額が1,500万バーツ以上（同3,000万バーツ以上）、という要件を満たす投資家を指す。

2022年末現在、LiVE Exchange にはテクノロジー企業 3 社が上場している。タイに先立って中小企業向け市場を2017年に創設したマレーシアや2019年に創設したインドネシアでは、中小企業の上場企業数が着実に増加していることに鑑みると、今後タイにおいても中小企業の IPO が促進される可能性がある。

(3) 個人投資家の取引拡大による流動性の向上

タイ株式市場では、コロナ禍において投資家の取引が拡大し、売買代金は2019年の13.0兆バーツから2021年には22.6兆バーツへと増加した。投資家別内訳を見ると、個人投資家の割合は2019年の33.7％から2021年には46.5％へと上昇した。個人投資家の取引が拡大した一因として、一時的に大幅下落した株価の回復が挙げられる。タイ株式市場の代表的な株価指数である SET 指数は、2020年 1 月高値の1,600ポイントから同年 3 月には1,024ポイントへと36％下落したが、その後回復に転じ、2021年末には1,658ポイントとなった。

また、タイ株式市場に初めて参加する個人投資家も増加している。証券口座保有者数は、2020年 1 月末時点の127.2万人から2022年11月末には233.1万人へと増加した（図表 8 － 4）。タイでは、インターネットの普及率が約 8 割と高く、ほとんどの投資家はオンライン証券口座を開設している。オンライン証券口座保有者は2022年11月末時点で225.1万人であり、証券口座保有者全体の97％を占めた。

コロナ禍における外出制限やソーシャル・ディスタンスの措置に伴って、個人投資家の在宅時間が以前よりも長期化したこともあり、オンライン取引が拡大した。オンライン取引の売買代金は、2019年の3.4兆バーツから2021

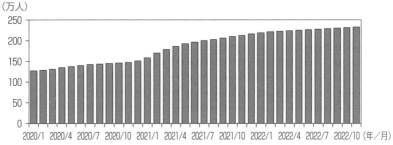

図表 8 - 4 タイにおける証券口座保有者数の推移

（万人）

（出所）タイ証券取引所より野村資本市場研究所作成

図表 8 - 5 ASEAN 主要国の株式市場の売買回転率

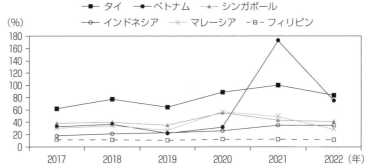

（出所）国際取引所連合、シンガポール取引所より野村資本市場研究所作成
（注）2022年はベトナムが11月まで、インドネシアが 4 月までの実績。

年には9.3兆バーツへと約 3 倍に増加し、売買代金全体に占めるオンライン
取引の割合は、同期間に26.3％から41.0％へと上昇した。

　株式市場の流動性を示す代表的な指標である売買回転率（売買代金／時価
総額）は、2019年の64％から2021年には100％へと上昇した。売買回転率で
見たタイ株式市場の流動性は、2022年時点で ASEAN 主要国の株式市場の
中で最も高い水準にある（図表 8 - 5 ）。

タイにおける持続可能な資本市場の構築

Ⅰ　タイがサステナブルファイナンスに取り組む背景・目的

　タイが持続可能な資本市場の構築を重視する背景には、前述の通り、2030年までの国際目標であるSDGsがあるが、同国が2016年に批准した気候変動に関する国際的な枠組みであるパリ協定も挙げられる。パリ協定の下では、世界の平均気温上昇を産業革命以前に比べて2℃より十分低く保つとともに、1.5℃に抑える努力を追求することとされている。

　タイでは、温室効果ガスの大部分を占める二酸化炭素（CO_2）の排出量が2013年頃まで増加傾向にあったが、それ以降は概ね横ばいで推移している（図表8－6）。同国政府は、国が定める貢献（nationally determined contribution）として、温室効果ガス排出量を2030年までに現状趨勢（BAU）ケース[2]と比較して30〜40％削減する目標を掲げている。また、同国政府は、2050年までにCO_2のネットゼロ（排出量実質ゼロ）、2065年までに温室

図表8－6　タイにおける温室効果ガス排出量の推移

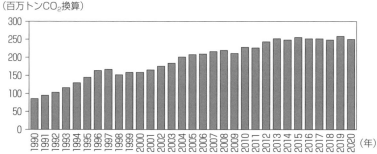

（百万トンCO_2換算）

（出所）国際エネルギー機関より野村資本市場研究所作成
（注）燃料焼却による温室効果ガス排出量を示す。

2　BAU（business as usual）ケースとは、追加的な対策を講じない場合の将来の温室効果ガス排出量を指す。

効果ガスのネットゼロの達成を目指している。

　また、タイでは、コロナ禍を背景として社会的課題への注目も高まっている。例えば、ヘルスケアの充実、雇用創出、手頃な価格の住宅開発、中小企業の支援といった分野である。

　そうした中、タイ財務省、BOT、タイ SEC、タイ保険委員会、SET から構成されるサステナブルファイナンスに関するワーキンググループは2021年8月、タイのためのサステナブルファイナンス・イニシアティブ（Sustainable Finance Initiative for Thailand）を公表した。同イニシアティブでは、以下の5つの戦略的取り組みが挙げられている。

　第1に、実用的なサステナブルファイナンス・タクソノミーの開発である。タクソノミーとは、様々な分野の持続可能な開発のインパクト毎に資金フローを分類する方法を指す。タクソノミーの導入により、①投資家と投資先企業との間での共通言語の設定、②政策当局による持続可能な開発向け資金フローの監視・測定、③資産運用会社による持続可能な投資ポートフォリオの構築、④サステナブルファイナンス分野の革新的な金融商品・サービスの開発、が可能となる。

　第2に、データ環境の改善である。投資家は、持続可能な開発に向けた資産配分に係る合理的な意思決定を行うに当たってデータが必要である。また、規制当局が ESG リスクを評価する上でもデータを必要とする。データ環境の改善は、ESG 関連資産のプライシング向上を通じてサステナブル投資を促進するとともに、幅広い投資家のニーズに対応可能な新たな金融商品・サービスの開発に貢献する。

　第3に、効果的なインセンティブの導入である。効果的なインセンティブは、持続可能な開発向けの資金フローに関する政策やメカニズムを促進する。インセンティブの例として、政府による保証、劣後債への投資、エクイティ出資等を通じたリスク・リターン特性の改善が挙げられているが、非財務インセンティブも検討されるべきとされている。

　第4に、需要主導の金融商品・サービスの創造である。そうした金融商品・サービスは、持続可能なプロジェクトへのニーズ拡大に対応し、その結果としてサステナブルファイナンスのエコシステム発展につながるという好

循環をもたらす。

　第5に、人的資本の強化である。優れた人材の拡充は、効果的な ESG 関連商品や ESG 市場の発展につながる。また、人的資本の開発は、様々なステークホルダーの ESG に対する意識向上を促す。人材の開発・訓練の対象には、金融セクターの実務担当者のみならず、資金調達を行う企業、投資家、政策当局者も含まれる。

　以上の通り、タイでは金融規制当局の連携によりサステナブルファイナンスが強化されている。次節以降では、債券市場と株式市場における同分野の取り組みと進展について紹介する。

Ⅱ　債券市場におけるサステナブルファイナンスの取り組みと進展

　SDGs やパリ協定等を背景として世界的にグリーンボンド、ソーシャルボンド、サステナビリティボンド、サステナビリティ・リンク・ボンド（以下、ESG 債と総称）の発行が拡大する中、タイにおいても ESG 債への関心が高まっている。サステナビリティボンドとは環境・社会課題の改善に資する事業を資金使途とする債券、サステナビリティ・リンク・ボンドとは、発行体が事前に設定したサステナビリティ目標の達成状況に応じて、財務的・構造的に変化する可能性のある債券を指す。

　タイにおける ESG 債の発行を促進するタイ SEC 及び政府の施策と ESG 債の発行状況は、以下の通りである。

⑴　ESG 債発行を促進するタイ SEC 及び政府の施策

　タイ SEC や政府は、国内企業の ESG 債の発行を促進するため、様々な施策を打ち出してきた。タイ SEC は2019年5月、ESG 債の登録費用を免除する措置を発表した。発行体が国内で債券を発行する際、タイ SEC への登録が求められており、最大3万バーツの登録費を支払う必要があるが、ESG 債については登録費が免除されることになった。当初、当該措置の期限は2020年5月であったが、2022年5月まで延長され、さらに2025年5月まで再延長された。

また、タイ SEC は2020年10月、タイ債券市場協会と共同で、投資家や発行体向けに ESG 債の情報プラットフォームを導入した。同プラットフォームは、ルクセンブルク証券取引所のプラットフォームを参考にして開発され、これまでに発行された ESG 債の詳細な情報や ESG 債の発行に係る国際的なガイドライン等を提供している。

タイ財務省は2020年7月、SDGs に対するコミットメント及び ESG 債の発行方針を明確化することを目的として、サステナブルファイナンス・フレームワーク（Kingdom of Thailand Sustainable Financing Framework）を策定し、同年8月に、政府として世界で初めてサステナビリティボンドを発行した。資金使途は、大量高速輸送システム（MRT）の建設と、コロナ禍の影響を受けた個人及び企業の支援である。同省は、それ以降も継続的にサステナビリティボンドを発行しており、企業が ESG 債を発行する際のベンチマークとなるイールドカーブの確立に貢献している。

⑵ ESG 債発行額の増加

タイ SEC や政府が ESG 債発行を促進するための施策を打ち出す中、国内企業の ESG 債発行額は増加傾向にある。タイ債券市場協会によると、同国内の ESG 債発行額は、2018年の約100億バーツから2022年には1,900億バーツ超へと増加した（図表8－7）。債券の種類別では、サステナビリティボンドの発行増が顕著である。その背景として、上述の通り、コロナ禍の影響

図表8－7　タイにおける ESG 債発行額の推移

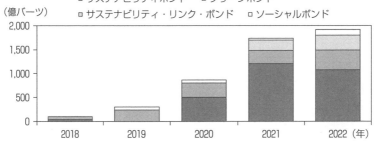

（出所）タイ債券市場協会より野村資本市場研究所作成

により社会的課題への対応の重要性が高まったことが挙げられる。ESG 債の発行体には、エネルギー企業、鉄道企業、銀行等が含まれるが、タイ財務省が最大の発行体となっている（図表 8 - 8 ）。同省のサステナビリティボンド発行額は、2022年末までの累計で約3,000億バーツに達している。

　本稿執筆時点では、前述のサステナブルファイナンス・タクソノミーは開発されていない。しかし、今後、同タクソノミーが導入され、国内において利用が広がれば、タイ企業による ESG 債の発行がさらに拡大していく可能性がある。

Ⅲ　株式市場におけるサステナブルファイナンスの取り組みと進展

　SET は、2014年に国際連合主導の持続可能な証券取引所イニシアティブ（Sustainable Stock Exchanges Initiative）に参加したことに加えて、2021年に国際的な枠組みである気候関連財務情報開示タスクフォース（Task Force on Climate-related Financial Disclosures、TCFD）[3]の支持を表明する等、株式市場におけるサステナブルファイナンス分野の様々な取り組みを推進している。以下では、主な取り組みとして、上場企業のコーポレート・ガバナンス及び ESG 情報開示の強化と ESG 指数の導入について紹介する。

(1)　上場企業のコーポレート・ガバナンス及び ESG 情報開示の強化

(ⅰ)　上場企業のコーポレート・ガバナンスの強化

　タイの上場企業は、タイ SEC が2017年に制定したコーポレートガバナンス・コード（Corporate Governance Code for listed companies 2017、以下、2017年 CG コード）を遵守することが求められている。2017年 CG コードは、経済開発協力機構（OECD）のコーポレート・ガバナンス原則を参考にして、SET が2012年に策定した上場企業のためのグッド・コーポレート・ガバナンス原則（Stock Exchange of Thailand Principles of Good Corporate Governance for Listed Companies 2012）を基に策定された。2017年

3　TCFD は、金融システムの安定化を目指す国際的組織の金融安定理事会（Financial Stability Board）により、2015年に設立された。

図表 8 - 8　タイで発行された主な ESG 債

発行体	発行年月	発行額	償還期間	利率	資金使途	備考
Bグリム・パワー	2018年12月	50億バーツ	5年、7年	3.01%、3.39%	再生可能エネルギー発電事業	グリーンボンド、2トランシェ、アジア開発銀行が投資
	2021年7月	30億バーツ	5年	1.95%		グリーンボンド
	2022年5月	33億バーツ	3年、5年	2.86%、3.79%		グリーンボンド、2トランシェ
BTSグループ・ホールディングス	2019年5月	130億バーツ	2～10年	2.51～3.86%	環境に配慮した鉄道事業	グリーンボンド、5トランシェ
	2020年11月	86億バーツ	2～10年	2.1～3.41%		グリーンボンド、5トランシェ
	2021年11月	102億バーツ	3～10年	2～3.66%		グリーンボンド、4トランシェ
	2022年5月	110億バーツ	3～10年	2.79～4.4%	一般事業目的	サステナビリティ・リンク・ボンド、4トランシェ
	2022年11月	200億バーツ	2～10年	2.95～4.7%		サステナビリティ・リンク・ボンド、8トランシェ
タイ財務省	2020年8月	2,120億バーツ	15.3年	1.585%	環境に配慮した鉄道の建設、コロナ禍の影響を受けた個人及び企業の支援	サステナビリティボンド
	2022年9月	350億バーツ	14.7年	3.39%		
国家住宅公社	2020年9月	68億バーツ	5～15年	1.02～1.9%	手頃な価格の住宅開発	ソーシャルボンド、3トランシェ
	2021年3月	30億バーツ	7年	1.4%		ソーシャルボンド
	2021年9月	21億バーツ	6年	1.12%	環境に配慮した手頃な価格の住宅開発	サステナビリティボンド
バンコク・エクスプレスウェイ・アンド・メトロ	2021年4月	60億バーツ	3～10年	1.56～3.33%	環境に配慮した鉄道事業	サステナビリティボンド、4トランシェ
	2022年9月	45億バーツ	3～12年	2.76～4.15%		サステナビリティボンド、4トランシェ
タイ・ユニオン・グループ	2021年7月	50億バーツ	7年	2.47%	一般事業目的	国内初のサステナビリティ・リンク・ボンド
	2021年11月	60億バーツ	5年、10年	2.27%、3.36%		サステナビリティ・リンク・ボンド、2トランシェ
BCPG	2021年9月	120億バーツ	3～12年	1.64～3.61%	地熱・太陽光発電事業	グリーンボンド、5トランシェ
インドラマ・ベンチャーズ	2021年11月	100億バーツ	5～10.5年	2.48～3.6%	一般事業目的	サステナビリティ・リンク・ボンド、3トランシェ
グローバル・パワー・シナジー	2020年8月	50億バーツ	5～15年	2.11～3.24%	再生可能エネルギー事業、省エネ事業等	グリーンボンド、3トランシェ
	2022年6月	120億バーツ	3～15年	2.55～4.4%		グリーンボンド、5トランシェ
政府貯蓄銀行	2022年6月	100億バーツ	3年	2.35%	貧困撲滅や不平等軽減のための事業	ソーシャルボンド、アジア開発銀行が発行支援
政府住宅銀行	2022年12月	85億バーツ	3年、12年	2.39%、3.87%	低中所得者層向け住宅プログラム、エネルギー効率的な住宅所有促進	サステナビリティボンド、2トランシェ

（出所）タイ債券市場協会、各社プレスリリース、ブルームバーグより野村資本市場研究所作成

（注）タイ財務省の2020年8月のサステナビリティボンドの発行額は、2022年5月までに追加発行された分を含む累計額を示す。

CGコードは、取締役会の役割と責任を重視しており、①取締役会の明確な
リーダーシップと責任の構築、②持続可能な価値創造を促進する目的の明確
化、③取締役会の有効性強化、④効果的な CEO 選定と人材管理体制の構
築、⑤イノベーションと責任ある事業の育成、⑥効果的なリスク管理と内部
管理の強化、⑦適切な開示と財務健全性の確保、⑧株主とのエンゲージメン
トとコミュニケーションの確保、の 8 原則から構成されている。

　また、タイ SEC は近年、国内上場企業との間で、コーポレート・ガバナ
ンスの強化に向けた対話を行ってきた。そうした取り組みの成果もあり、上
場企業のコーポレート・ガバナンスは改善している。国内企業のコーポレー
ト・ガバナンスに対する意識向上を推進しているタイ取締役協会（Thai
Institute of Directors Association）は2001年以降、SET の協力を得て、国
内上場企業のコーポレート・ガバナンスを毎年調査している。評価項目は、
①株主の権利、②株主の公平な扱い、③ステークホルダーの役割、④情報開
示と透明性、⑤取締役会の責任、の 5 つである。上場企業の平均スコアは毎
年上昇しており、2021年に過去最高を記録した（図表 8 − 9 ）。項目別に見
ると、全ての項目でスコアが上昇傾向にある。

(ⅱ)　上場企業の ESG 情報開示の強化

　SET は、上場企業の ESG 情報開示の強化にも積極的に取り組んでいる。

図表 8 − 9　タイ上場企業のコーポレート・ガバナンスの平均スコア

（単位：%）

指標	2017年	2018年	2019年	2020年	2021年
株主の権利	93	94	94	94	95
株主の公平な扱い	92	92	92	94	93
ステークホルダーの役割	78	80	81	83	84
情報開示と透明性	84	85	86	87	87
取締役会の責任	71	72	75	76	77
全体	80	81	82	83	84

（出所）タイ取締役協会より野村資本市場研究所作成
（注）各年の最大スコアは100%である。

カナダの調査会社であるコーポレート・ナイツ（Corporate Knights）によると、上場企業の ESG 情報の開示状況に関して、2019年時点で SET は世界の証券取引所の中で 9 位、アジアでは首位であった。

SET は2020年 7 月、投資ポータルサイトの settrade.com において、上場企業の ESG 情報の提供を開始した。settrade.com では、① SET が導入した ESG 指数（後述）や世界的に知名度の高いダウ・ジョーンズ・サステナビリティ・インデックス（Dow Jones Sustainability Indices、DJSI）に含まれる上場企業のサステナビリティ格付けデータ、②タイ取締役協会により作成されるコーポレート・ガバナンスのレポート、③国際的な ESG 評価機関である独アラベスク S－レイ（Arabesque S-Ray）及び仏ヴィジオ・アイリス（Vigeo Airis）により作成される ESG 評価スコア、等が提供されている。これにより、投資家による上場企業の ESG 情報へのアクセスが向上した。なお、DJSI に関して、新興国を対象とした Dow Jones Sustainability Emerging Markets Index には2022年末時点で26社のタイ企業が組み入れられており、ASEAN 主要国の中で最多となっている。

また、SET は2020年 9 月、ESG Development Services と呼ばれるサービスの提供を開始した。同サービスは、上場企業に対して、ESG の基準及び評価等に関する情報や、国内の ESG 関連プロジェクトへの参加機会を提供するものである。このサービスを通じて、上場企業の ESG 慣行の遵守が促進されている。

さらに、SET は2022年 5 月、サステナビリティ報告ガイドを導入した。同ガイドは、各業界の企業がサステナビリティ関連の情報を開示する上でのガイダンスとして使用されるものである。国内上場企業は、2021年度以降の年次報告書（Form 56-1 One Report）において ESG 情報の開示が義務付けられており、同ガイドは上場企業が年次報告書を作成する際にも利用される。

SET のこうした様々な取り組みを通じた ESG 情報開示の強化は、国内上場企業のコーポレート・ガバナンスの向上につながっている。

(2) ESG 指数の導入

SET は、ESG 分野に優れた上場企業を特定し、またそうした企業を促進

するため、ESG指数を導入している。SETは2015年、経済・環境・社会の観点で一定の持続可能性基準を満たす上場企業から構成されるThailand Sustainability Investment（THSI）リストを作成した。同基準の下では、コーポレート・ガバナンス、リスク管理、顧客関係管理、環境報告、環境管理、公平な労働環境、人材育成、ステークホルダーとの関係等の指標に関して一定のスコアを獲得するとともに、過去の会計年度において過度に純損失を計上していないこと等が求められる。THSIリストの構成企業数は2015年時点で51社であったが、2022年10月には170社へと増加した。

　SETは2018年、THSIリストに含まれる企業の中で、①過去3か月間の日次平均時価総額が50億バーツ以上、②浮動株比率が20％以上、③全上場株の売買代金に占める割合が0.5％以上、等の要件を満たす企業から構成されるSETTHSI指数を導入した。SETTHSI指数の構成銘柄数は2022年末時点で98社であり、例えば、発電事業者のガルフ・エナジー・デベロップメント（Gulf Energy Development）、国営空港運営会社のタイ空港公社（Airports of Thailand）、石油製品の探査・生産を行うタイ石油開発公社（PTT Exploration and Production）等が含まれる。

　SETTHSI指数のパフォーマンスを、時価総額や流動性等の指標に基づく上位100銘柄から構成されるSET100指数及び同50銘柄から構成されるSET50指数と比較すると、2020年末頃まではSETTHSI指数がSET100指数及びSET50指数を若干下回る時期があったが、2021年以降はSETTHSI指数が他の指数を上回って推移している（図表8−10）。

　本稿執筆時点では、SETTHSI指数に連動する投資信託等の金融商品は提供されていない。しかし、今後、そうした金融商品が導入されれば、タイ株式市場におけるESG投資の拡大につながる可能性がある。

■ 第4節
タイ資本市場のデジタル化

　タイでは近年、債券や株式等の発行・流通における効率性及び透明性を向上させ、資金調達や投資を促すことにより、資本市場のさらなる発展につな

図表 8 −10　SETTHSI 指数、SET100指数、SET50指数の価格推移

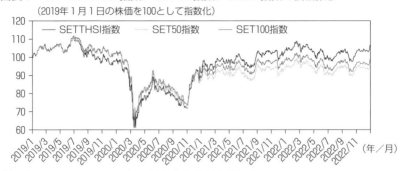

（出所）ブルームバーグより野村資本市場研究所作成
（注）2022年末までの日次データに基づく。

げることを目的として、金融規制当局等によるブロックチェーン技術の活用が
強化されている。以下では、主な取り組みとして、①貯蓄債券の販売プロセ
スの効率化、②デジタル資産に関する制度・規制整備、③中央銀行デジタル
通貨（Central Bank Digital Currency、CBDC）の導入、について紹介する。

Ⅰ　貯蓄債券の販売プロセスの効率化

　タイでは、政府債の一種として、政府貯蓄債券（government savings bond）
が発行されている。政府貯蓄債券の目的として、①銀行預金を補完する代替
的な金融商品として国民の貯蓄促進、②債券投資に対する国民の知識及び理
解の向上、③政府債の種類拡充、が挙げられている。政府貯蓄債券は、大手
商業銀行のインターネットバンキング、モバイルアプリ、店頭を通じて、個
人投資家等に販売されるが、販売プロセスが複雑かつ非効率であると指摘さ
れていた。具体的には、新発の政府貯蓄債券の販売には様々な機関が関与し
ており、重複したデータ検証や手作業での突合が行われていたため、投資家
が申し込みをしてから受け取るまでに15日もの期間を要していた。また、投
資家が１つの銀行で購入可能な政府貯蓄債券は200万バーツが上限となって
おり、それより大きな額の政府貯蓄債券を購入したい投資家は、複数の銀行
で口座開設し、申し込む必要があった。

そうした中、タイ財務省から政府貯蓄債券の決済業務を委託されている BOT は2018年3月、同債券の販売プロセスを効率化するためにブロックチェーン技術を活用する概念実証を開始したことを発表した。この取り組みは、DLT Scripless Bond Project と呼ばれ、政府貯蓄債券の販売にブロックチェーン技術を活用する世界初の事例となった。

　BOT は、同プロジェクトにおいて、タイ財務省、タイ証券保管振替機構（Thailand Securities Depository、TSD）、タイ債券市場協会、大手商業銀行のバンコック銀行、クルンタイ銀行、カシコン銀行、サイアム商業銀行、IBM と連携してきた。具体的には、タイ財務省は発行体、BOT はレジストラ（債権者登録を行う事業者）及び支払代理人、TSD は中央集中保管機関（CSD）に加えて ISIN コード及び金融商品分類（CFI）コードの登録、大手商業銀行4行は販売代理人、タイ債券市場協会は債券銘柄コードの登録、IBM は技術提供の役割を担った。

　同プロジェクトでは、新発の政府貯蓄債券の約定日（T）から投資家が受け取るまでの期間を15日から2日（以下、T＋2）へと短縮することが目標とされた。T＋2化を可能とするプロセスは次の通りである（図表8－11）。発行前の段階では、発行体により債券の概要及び販売条件が決定され、当該販売条件は、ブロックチェーン上で契約を自動的に実行する仕組みであるスマートコントラクトに組み込まれる。その後、債券の銘柄コードが登録され、ISIN コード及び CFI コードが割り当てられる。債券の販売が開始された後、販売に関する全ての情報がリアルタイムに関係者間で共有され

図表8－11　新発の政府貯蓄債券のT＋2化

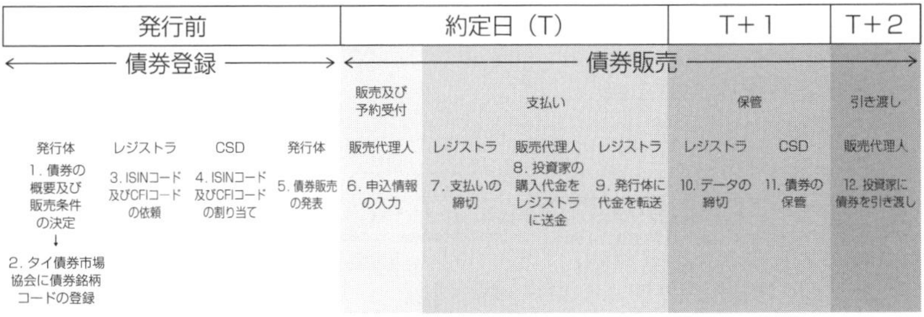

（出所）タイ中央銀行より野村資本市場研究所作成

る。投資家の申込情報がブロックチェーン・ネットワークに入力されると、スマートコントラクトに組み込まれた販売条件に対する検証が行われ、販売条件が満たされた場合、債券の予約が確定する。投資家の申込額と割当額の突合が行われた後、販売代理人は投資家の購入代金をレジストラに支払い、レジストラはそれを発行体に転送する。支払い状況はブロックチェーン・ネットワーク上で記録される。CSDは、約定日の翌日に投資家の証券口座に債券を記録し、投資家はT＋2に銀行口座で債券の残高を確認することができる。

　BOTは2018年10月、DLT Scripless Bond Projectを成功させたことを公表した。当該プロジェクトを通じて、①投資家はT＋2で債券を受け取ることが可能、②各投資家は1つの銀行を通じて最大1,000万バーツまで債券の購入が可能、③販売代理人、TSD、BOTは販売プロセスの効率性向上が可能、④発行体は債券の販売状況をリアルタイムに把握し、販売代理人間の競争を促すことが可能、という点が確認された。また、ブロックチェーン技術の活用により、販売プロセスの安全性向上と関係者のオペレーションコスト低減につながることが期待された。

　BOTは2020年9月、ブロックチェーン・プラットフォーム上で、計500億バーツの政府貯蓄債券が販売されたことを公表した。同債券は2つのトランシェから構成され、1つ目は発行額50億バーツ、償還期間4年、利率1.7%、2つ目は発行額450億バーツ、償還期間7年、利率2.22%である。BOTによると、募集期間は約2週間であったが、1週間以内に応募が募集額に達した。

　以上の通り、ブロックチェーン技術の活用により政府貯蓄債券の販売プロセスが効率化されたことで、同債券に関心を持つ個人投資家が中長期的に増加していく可能性がある。

Ⅱ　デジタル資産のエコシステム拡大

(1)　デジタル資産に関する制度・規制整備

　タイでは近年、ブロックチェーン技術を用いて発行されるデジタル資産に

関する制度・規制整備が進められている。その背景には、2017年頃にタイ企業の間で、デジタルトークンを発行して資金調達を行うイニシャル・コイン・オファリング（initial coin offering、ICO）への関心が高まった一方で、当時ICOに対する明確な規制が導入されておらず、投資家保護の観点から規制導入の必要性が認識されたことがある。デジタルトークンとは、暗号化により安全性が確保されており、保有者が便益を受けるまたは特定の機能を実行できる電子データユニットを指す。

2018年5月、デジタル資産事業に関する緊急勅令[4]（Emergency Decree on Digital Asset Businesses B.E. 2561）が制定された。同勅令に基づくと、デジタル資産には、仮想通貨[5]とデジタルトークンが含まれる。仮想通貨とデジタルトークンはともに、暗号化された電子データユニットであるが、仮想通貨は商品・サービス等との交換手段として用いられるのに対して、デジタルトークンは、①プロジェクトまたは事業に投資する者の権利が特定された投資トークン、②特定の商品・サービス等を取得する者の権利が特定されたユーティリティトークン、から構成される。

デジタル資産事業に関する緊急勅令の目的として、①デジタルトークンの発行及び流通市場における仮想通貨とデジタルトークンの取引に係る事業（以下、デジタル資産事業）に対する監督・規制、②詐欺・不正行為及びマネー・ローンダリング等のリスクに対する投資家保護、が挙げられている。タイSECは、同勅令に基づいて、個別の規則を導入してきた。

デジタルトークンの発行は、ICOポータルを通じてのみ実施することが認められている。ICOポータルとは、デジタルトークンの質や登録文書及び目論見書草案の内容検証、投資家の本人確認、一般個人投資家の適合性チェック等の役割を担う、タイSECに認可された電子システム事業者を指す（図表8－12）。

デジタルトークンの発行体は、有限責任会社の形態をとり、健全な事業計

---

4 緊急勅令は、政府により作成され、国王により制定される。緊急勅令は、議会制定法ではないが、法律と同様の効力を有する。
5 日本では暗号資産と呼ばれるが、デジタルトークンとの区別を明確にするため、本稿では仮想通貨という用語を用いる。

図表 8 −12　デジタルトークン発行の仕組み

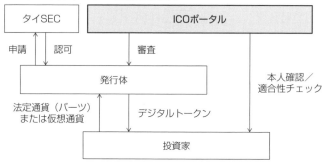

（出所）タイ証券取引委員会、各種資料より野村資本市場研究所作成

画を有すること等が求められる。発行体は、デジタルトークンの発行前に、
登録文書及び目論見書草案をタイ SEC に提出し、認可を取得する必要があ
る。但し、対象が機関投資家と超富裕層のみで、12か月間の累計投資家が50
人以下かつ募集額が2,000万バーツ以下の場合、例外的に登録文書及び目論
見書草案の提出が免除される。また、発行体は、デジタルトークンの発行
後、投資家に対する情報開示の継続的な義務を負うとともに、投資家の権
利・利益、投資判断、デジタルトークンの価格に影響を及ぼし得る財務・事
業状況に関する情報を含む報告書を作成し、タイ SEC に提出する必要があ
る。

　他方、流通市場におけるデジタル資産事業者としては当初、デジタル資産
取引所、デジタル資産ブローカー、デジタル資産ディーラーが導入された
（図表 8 −13）。デジタル資産取引所は、投資家がデジタル資産を購入・売
却・交換するためのセンターまたはネットワークである。デジタル資産ブ
ローカーは、第三者のためにデジタル資産を購入・売却・交換する役割を担
う。デジタル資産ディーラーは、自己勘定でデジタル資産を購入・売却・交
換する。なお、投資家は、デジタル資産ブローカーを介さずに、デジタル資
産取引所でデジタル資産を直接売買することが可能であり、デジタル資産ブ
ローカーは情報やセキュリティ等での付加価値を提供することが求められる
と言える。

　従前、一般個人投資家向けにデジタル資産の投資助言を行う事業者や、一

図表 8 - 13　デジタル資産の流通市場における事業者

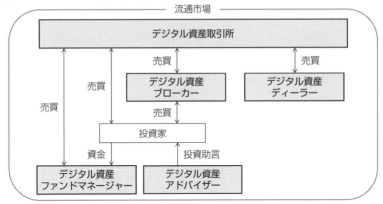

（出所）タイ証券取引委員会、各種資料より野村資本市場研究所作成

般個人投資家の資金を集めてデジタル資産のファンド運用を行う事業者は、タイ SEC の規制対象となっていなかった。しかし、タイ SEC は、一般個人投資家がデジタル資産への投資に関して詐欺に遭う可能性を懸念し、投資家保護の強化を目的として、デジタル資産の投資助言及びファンド運用を規制することとした。具体的には、タイ SEC は2020年12月、デジタル資産アドバイザーとデジタル資産ファンドマネージャーという新たな事業者カテゴリーの導入を発表した。デジタル資産アドバイザーは、有価証券の投資アドバイザーと同様に、金銭的対価を得ることを目的として、主に個人投資家に対してデジタル資産の投資に関する直接的または間接的な助言を行う事業者である。デジタル資産ファンドマネージャーは、伝統的な資産運用会社と同様に、主に個人投資家から資金を集めて、デジタル資産のファンド運用サービスを提供する事業者である。

　いずれかのデジタル資産事業者となるためには、タイ SEC の推薦に基づいてタイ財務省により認可される必要がある。全てのデジタル資産事業者は、タイ SEC が定める規則・条件・手続きの遵守が義務付けられているとともに、マネー・ローンダリング防止に関する法律・規制が適用される。例えば、デジタル資産事業者は、タイ法の下で設立された会社であることが要件として求められる。所要登録資本金は、デジタル資産取引所が１億バー

ツ、デジタル資産ブローカーとデジタル資産ディーラーが5,000万バーツ、デジタル資産ファンドマネージャーが2,500万バーツ（資産を保管せず、かつ機関投資家のみを対象としてサービスを提供する場合は1,000万バーツ）、デジタル資産アドバイザーが100万バーツである。

　タイ SEC は、デジタル資産を売買する投資家の保護策も講じている。機関投資家と超富裕層投資家は ICO で発行されたデジタルトークンへの投資が無制限に可能である一方、一般個人投資家は ICO 1 件当たり最大30万バーツとなっている。また、各 ICO 案件における一般個人投資家向けの募集額は、発行体の株主資本の 4 倍または募集額の70％のいずれか多い金額が上限と定められている。他方、デジタル資産の流通市場では、一般個人投資家の取引に制限が設けられていない。

　タイ SEC またはタイ財務省に認可された ICO ポータルとデジタル資産事業者の数は増加傾向にある。2022年末現在、ICO ポータルが 7 社、デジタル資産取引所が 9 社、デジタル資産ブローカーが 9 社、デジタル資産ディーラーが 2 社、デジタル資産アドバイザーが 2 社、デジタル資産ファンドマネージャーが 4 社である（図表 8 - 14）。デジタル資産取引所がデジタル資産ブローカーを兼業しているケースも見られる。ICO ポータル及びデジタル資産事業者のほとんどは、独立系フィンテック企業または国内大手商業銀行の子会社である。

　デジタル資産事業に関する緊急勅令が2018年に制定された当初、タイ企業の間で ICO への関心が示されていたが、ICO はしばらく実施されなかった。その一因として、資産担保型のデジタルトークンが、同勅令と証券取引法のいずれの法律の下で規制されるのか明確ではないことが指摘されていた。タイ SEC は、こうした状況を是正するため、資産担保型のデジタルトークンを証券取引法の下で規制することを2021年に明確化した。2022年末までに公式に実施された ICO は 2 件あり、1 つは商業用建物を裏付資産とするデジタルトークンの発行、もう 1 つはタイ映画の製作に必要な資金調達を目的としたデジタルトークンの発行である。

図表 8 –14　ICO ポータル及びデジタル資産事業者一覧

事業者カテゴリー	社名	取り扱い資産
ICO ポータル	Longroot（Thailand）	デジタルトークン
	T-BOX（Thailand）	デジタルトークン
	XSpring Digital	デジタルトークン
	BiTherb	デジタルトークン
	Kubix Digital Asset	デジタルトークン
	Fraction（Thailand）	デジタルトークン
	Token X	デジタルトークン
デジタル資産取引所	Bitkub Online	デジタルトークン、仮想通貨
	Satang	デジタルトークン、仮想通貨
	ERX	デジタルトークン
	Zipmex	デジタルトークン、仮想通貨
	Upbit Exchange（Thailand）	デジタルトークン、仮想通貨
	GMO-Z.com Cryptonomics（Thailand）	デジタルトークン、仮想通貨
	InnovestX Securities	デジタルトークン、仮想通貨
	Thai Digital Assets Exchange	デジタルトークン
	T-BOX（Thailand）	デジタルトークン
デジタル資産ブローカー	Coins TH	仮想通貨
	Bitazza	デジタルトークン、仮想通貨
	Satoshi	デジタルトークン、仮想通貨
	Upbit Exchange（Thailand）	デジタルトークン、仮想通貨
	GMO-Z.com Cryptonomics（Thailand）	デジタルトークン、仮想通貨
	Zipmex	デジタルトークン、仮想通貨
	XSpring Digital	デジタルトークン、仮想通貨
	InnovestX Securities	デジタルトークン、仮想通貨
	Krungthai XSpring Securities	デジタルトークン、仮想通貨
デジタル資産ディーラー	Coins TH	仮想通貨
	XSpring Digital	デジタルトークン、仮想通貨
デジタル資産アドバイザー	Cryptomind Advisory	デジタルトークン、仮想通貨
	Coindee	デジタルトークン、仮想通貨
デジタル資産ファンドマネージャー	Merkle Capital	デジタルトークン、仮想通貨
	Coindee	デジタルトークン、仮想通貨
	Lief Capital Asset Management	デジタルトークン、仮想通貨
	Mooncake Capital	デジタルトークン、仮想通貨

（出所）タイ証券取引委員会より野村資本市場研究所作成

⑵　SET のデジタル資産に関する取り組み

　タイにおいてデジタル資産の発行・流通に携わる事業者が増加する中、SET もデジタル資産事業に目を向けている。SET は2019年 3 月、資本市場の競争力強化を目的としたインフラのデジタル化の一環として、デジタル資産向けのプラットフォームを導入する計画を発表した。SET は、同年12月に発表したブループリントにおいて、発行プロセス、資産のトークン化、取引及び決済システム、カストディ等に関するインフラを整備し、デジタル資産のエコシステムの構築を目指すことを明らかにした。SET は、デジタル資産のエコシステムの発展が、①ステークホルダー間の連携促進、②新たな投資機会の創出、③取引の安全性及び効率性の向上、につながると見ている。

　SET は2020年10月、デジタル資産の発行・流通に携わる金融事業者をつなぐオープン・プラットフォームを運営する子会社としてタイ・デジタル・アセッツ・エクスチェンジ（Thai Digital Assets Exchange、TDX）を設立したことを発表した。その上で、SET は、カシコン銀行のテクノロジー子会社であるカシコン・ビジネス・テクノロジー・グループ（Kasikorn Business-Technology Group、KBTG）と連携し、ICO ポータル、デジタル資産取引所、デジタル資産を安全に保管するデジタルウォレットの接続を通じて、完全に統合されたデジタル資産投資サービスを開始することを明らかにした。KBTG は、SET のプラットフォームに接続された初の ICO ポータルになる予定である。

　SET は2022年 5 月、シンガポールで ADDX というデジタル証券発行・流通プラットフォームを運営する ICHX テックに出資した。ADDX はこれまでに、多くのデジタル証券の発行・流通に携わった実績を有する。当該出資は、タイにおけるデジタル資産市場の発展に向けて、同分野に関する知見を得ることが目的とされている。

　また、SET は同月、子会社の TDX を通じてデジタル資産取引所としての認可を取得した上で、デジタル資産事業の開始に向けた準備を進めている。今後、SET がデジタル資産事業を開始することに伴い、タイ企業によるデジタルトークンの発行・流通の活性化につながる可能性がある。

タイは、デジタル資産の分野において、ASEAN 主要国の中でシンガポールと並んで先駆的な存在と言える。タイの取り組みは、今後、他の ASEAN 諸国にとっての参考になる可能性もある。

Ⅲ　CBDC の導入

タイでは近年、ブロックチェーン技術が活用された CBDC の導入に向けた検討・準備が進められてきた。BOT は2018年、銀行間及びクロスボーダー決済向けに CBDC を使用する概念実証を目的としたプロジェクト・インタノン（Project Inthanon）を開始した。BOT は、プロジェクト・インタノンの経験を生かして、2020年6月に国内企業間の決済向けに CBDC を試験的に導入することを明らかにし、2021年3月には決済の効率性向上という点で一定の効果があったことを公表した。

BOT は2021年4月、国内消費者の決済に使用されるリテール型 CBDC の試験的な導入に関するコンサルテーション・ペーパーを公表し、意見募集を実施した。リテール型 CBDC 導入の主な目的として、①便利で安全な金融サービスへのアクセス向上、②多様で革新的な金融サービス開発の促進、が挙げられた。BOT は同年8月、提出された意見を踏まえて、リテール型 CBDC には金利が付かないため民間金融機関の預金と競合しないことを強調するとともに、2つの試験的取り組みを開始する方針を明らかにした。1つ目はファウンデーション・トラック（Foundation Track）と呼ばれ、決済等向けに限られた範囲で使用される CBDC の有用性が試験・評価される。2つ目はイノベーション・トラック（Innovation Track）と呼ばれ、CBDC の革新的な用途の開発可能性が試験・評価される。

BOT は2022年8月、リテール型 CBDC の導入に係る進捗状況を公表した。ファウンデーション・トラックに関しては、アユタヤ銀行、サイアム商業銀行、電子決済サービス事業者の2C2P（タイ）との連携を通じて、約1万人の個人により、商品・サービスの決済等において限定された範囲で CBDC が試験的に使用される。当該試験は、2022年末頃から2023年央まで実施される予定である。他方、イノベーション・トラックに関しては、

CBDC の革新的な用途を開発する企業向けにハッカソン[6]が開催され、プロジェクト・インタノンに参加する金融機関による支援が提供される予定である。

　今後、タイにおいて、広義のデジタル資産の一種と言えるリテール型 CBDC が本格的に導入されれば、デジタル資産全般に対する国民の認識・理解の向上につながり、ひいては国内資本市場におけるデジタル資産の使用・取引が促される可能性がある。

■ 第5節 ■

結びにかえて

　本稿では、コロナ禍におけるタイ資本市場の発展について概説し、サステナビリティとデジタル分野の取り組みを紹介したが、最後に、タイが直面している課題についても触れたい。

　タイでは、前述の通り、株式市場において活発に取引を行う個人投資家が多く、流動性が相対的に高い点が特色の1つとして挙げられる。他方、シンガポールやマレーシアと比較すると、資産運用会社や年金基金等の機関投資家の存在感が限定的である。今後、タイが資本市場のさらなる発展を推進していく上で、長期投資を行う機関投資家を育成することが課題の1つとなっており、そのための仕組み作りを行うことが重要と考えられる。

　また、タイでは、日本と同様に、高齢化が急速に進展している中、国民の中長期的な資産形成の促進も課題と言える。国際連合によると、タイにおける65歳以上人口の割合は2021年時点で15％と他の ASEAN 主要国と比較して高い水準にあり、同割合は2030年に21％、2050年には32％に達すると予測されている。タイでは、強制加入の確定拠出型年金制度である国民年金基金（National Pension Fund）が導入されたことに加えて、前述の通り、政府貯蓄債券の販売プロセスが効率化された。また、タイ SEC は、投資信託も重

6　ハッカソンは、ハック（hack）とマラソン（marathon）を掛け合わせた造語であり、ソフトウェア開発者が一定期間集中的にプログラムの開発やサービスの考案を共同で行い、その技能やアイデアを競うイベントである。

要な役割を担うと期待しているものの、投資信託の残高は近年5兆バーツ程度[7]で伸び悩んでいる。投資信託の購入を含む中長期的な資産形成に対する国民の意識を高めることが求められており、若年層を中心に金融リテラシーの向上が必要と認識されている。この点に関して、例えば、日本で開始された高校での金融教育の導入といったような取り組みがタイにおいて検討される可能性も考えられよう。

　タイが今後、政府や金融規制当局等による様々な施策・取り組みを通じて、資本市場を量と質の両面から強化することで、中長期的に持続的な経済成長につなげることができるか注目される。

＜参考文献＞

・Asian Development Bank. (2022). Asian Development Outlook 2022 Update.
・Baker McKenzie. (2022). A Complete Guide to the Regulations on Cryptocurrency and Digital Token Offering in Thailand (2022 Edition).
・Bank of Thailand. (2021). The Way Forward for Retail Central Bank Digital Currency in Thailand.
・Bank of Thailand. (2021). Retail Central Bank Digital Currency: Implications on Monetary Policy and Financial Stability in Thailand.
・Corporate Knights. (2020). Measuring Sustainability Disclosure: Ranking the World's Stock Exchanges 2019.
・International Monetary Fund. (2022). World Economic Outlook Database, October 2022.
・Nakavachara, Voraprapa. (2022). "An Analysis of Thailand's Digital Asset Market: Current Situation and Future Outlook", Nomura Journal of Asian Capital Markets, Autumn 2022.
・Thai Institute of Directors Association. (2022). Corporate Governance Report of Thai Listed Companies.

7　当該残高には、ミューチュアルファンドだけでなく不動産投資信託やインフラファンドも含まれる。

- The Securities and Exchange Commission, Thailand. (2017). Corporate Governance Code for listed companies 2017.
- The Securities and Exchange Commission, Thailand. (2022). Annual Report 2021.
- The Stock Exchange of Thailand. (2022). Annual Report 2021.
- The Thai Bond Market Association. (2022). Annual Report 2021.
- Working Group on Sustainable Finance. (2021). Sustainable Finance Initiatives for Thailand.
- 北野陽平（2021）「タイ資本市場における公的部門主導のブロックチェーン活用—政府貯蓄債券の販売や規制の整備を中心に—」『野村資本市場クォータリー』2021年夏号、野村資本市場研究所。
- 北野陽平（2021）「ポストコロナを見据えたタイ資本市場の強化に向けた取り組み」『野村資本市場クォータリー』2021年秋号、野村資本市場研究所。

第9章

ステークホルダー資本主義とアジア各国のコーポレート・ガバナンス施策の変化

はじめに

　これまで、企業は株主のために利益を追求するという株主資本主義が主流な考え方とされてきた。しかし、欧米で経営者と従業員の報酬に大きな差が見られるなどの所得・富の偏在といった格差問題、温暖化の進行などの気候変動問題がもたらす影響が大きくなるにつれ、企業は従業員、顧客、サプライヤー、地域社会、株主を含む全てのステークホルダー（利害関係者）のために利益を追求すべきというステークホルダー資本主義の考え方が喧伝されるようになっている。全世界的に流行した新型コロナウイルス感染症はステークホルダー資本主義を重要視する流れを大きく加速させたように見える。これらの動きは、ステークホルダーの視点をコーポレート・ガバナンス（企業統治）に反映させる動きを活発化させている。

　コーポレート・ガバナンスは企業という大きな船を舵取りすることであり、企業が将来に向けて進路を間違えないようにすることが役割である。コーポレート・ガバナンスでステークホルダーが重視されるようになってきたことは大きな変化である。その変化は、現在進行形で国、企業、投資家を巻き込んで一大トレンドになっている。アジア通貨危機以降、アジアの企業のコーポレート・ガバナンスの対応は総じて強化されてきた。最近では、アジアの企業でも株主に加え、それ以外のステークホルダーの視点をコーポレート・ガバナンスに反映させる対応に迫られている。

　本稿の目的は、アジアの規制当局が進めるコーポレート・ガバナンスの強化、特にサステナビリティ情報（非財務情報、ESG 情報）[1]の開示を中心とした施策を考察することである。その際、こうした施策が実施される全世界的な背景にも触れる。

1　本稿で使用する社会・経済の持続可能性に関わるサステナビリティ情報、財務以外の情報を指す非財務情報、環境・社会・ガバナンスに関わる ESG 情報は全て同義として使用する。なお、後述の図表9 – 3で示しているが、E（環境）は気候変動、資源枯渇、廃棄物、S（社会）は人権、労働条件、従業員関係、G（ガバナンス）は役員報酬、取締役会／理事会の多様性及び構成、贈賄及び腐敗などが該当する。

最初に株主資本主義とそこで指摘される弊害について整理し、企業が主な
メンバーである経済団体や研究者によるステークホルダー資本主義の議論を
概観する。次に、国際連合（以下、国連）が提唱した責任投資原則（Princi-
ples for Responsible Investment：PRI）で大きく変化した投資家の ESG 情
報の扱い方やステークホルダーへの向き合い方に触れる。最後に、持続可能
な社会や経済を作るべきという世界的な潮流を踏まえて、アジアの規制当局
が実施したコーポレート・ガバナンスにおけるサステナビリティに関連する
施策を見ていく。

■ 第2節
ステークホルダー資本主義の考え方

Ⅰ　株主資本主義の考え方とそれがもたらした影響

(1)　株主資本主義の考え方

　ステークホルダー資本主義と対比される考え方として、アングロサクソン
型の資本主義の支柱的な役割を果たしてきた株主資本主義がある。米国で
は、1970年代後半以降に機関投資家の株式保有比率が増大する中で、株主資
本主義が複数の要因によって企業経営で強い影響力を持ったとされる。すな
わち、小さな政府、規制緩和、市場重視、グローバル化を標榜したレーガン
政権の新自由主義の推進、エージェンシー理論、ロースクールやビジネスス
クールでの教育、そして Milton Friedman の思想などである（林2021、
57-58頁）。

　Milton Friedman の思想は「フリードマン・ドクトリン」として有名なも
のである。ノーベル経済学賞を受賞した Milton Friedman が1970年に発表
した "A Friedman doctrine- The Social Responsibility Of Business Is to
Increase Its Profits" と題する論考で、いわゆる株主資本主義の考え方が示
された。内容はタイトルそのもので、企業の社会的責任は利益を稼ぐことと
いうものである。経営者は株主の被雇用者であり、雇用主である株主に対し
て直接の責任を負う。その責任は法律と倫理的慣習の両方で具体化された社

会の基本的なルールを遵守しながら、一般的にできるだけ多くのお金を稼ぐこととされている。自分の家族、国、教会などに対する経営者個人が担う社会的責任は、経営者が企業において対応するのではなく、個人として行うべきとする。例えば、環境問題を改善させるために企業にとって最善の利益を超えて、社会的目標の達成などに関わるべきではないとする。株主資本主義の考え方は米国のみならずアングロサクソンの国々で株主中心の経営システムの形成をもたらしたとされる。

(2) 指摘される弊害

しかし、近年、株主資本主義に基づく企業経営の弊害が指摘され始め、ステークホルダー資本主義を重視する見解が増えてきている。すなわち、株主だけでなくステークホルダー全体の利益を追求すべきという考え方である。

株主資本主義からステークホルダー資本主義へと考え方の見直しに向けた声が大きくなったのは、一部の富裕層に資本や報酬が集中したことによる格差の拡大が挙げられる。米国のシンクタンクの Economic Policy Institute から発表された論文では、米国の上位350社の CEO の報酬と労働者の報酬の格差が調査されている。それによれば、1965年には報酬格差は21.1倍であったが2000年には365.7倍となり、直近の2020年には351.1倍になったとしている（Mishel & Kandra 2021、6頁）。2000年から2020年にかけて、格差は若干縮小しているものの、非常に高い水準にある。なお、報酬の定義は給料、ボーナス、ストックオプションなどの株式報酬であり、ストックオプションなどは行使した価値で算出している。

経営層と労働者の比較ではなく、グローバルな所得格差を示したものとして、例えば、ブランコ・ミラノヴィッチが提唱したエレファントカーブがある。国・地域に関係なく、世界の貧困層から超富裕層を所得階層別に左から右へと横軸に並べて、1988〜2008年の実質所得の累積増加率を縦軸に示した場合、折れ線グラフの推移が象のシルエットに見えることからエレファントカーブと呼ばれる（図表9－1）（ミラノヴィッチ2017、18頁）。象の鼻先に当たる超富裕層と象の背中に当たる第40百分位から60百分位の中間層が多くの所得を得ている。多くの所得を得た第40百分位から60百分位の人々は中国

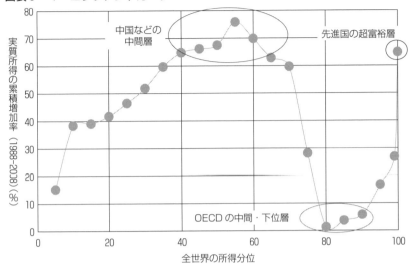

図表 9 - 1 エレファントカーブ

実質所得の累積増加率（1988-2008）（%）

中国などの
中間層

先進国の超富裕層

OECD の中間・下位層

全世界の所得分位

（出所）Lakner, Christoph, and Milanovic, B.（2013）, "Global Income Distribution: From the Fall of the Berlin Wall to the Great Recession," World Bank Policy Research Working Paper No. 6719.（p.31）より大和総研作成

などのアジア新興経済の中間層である。一方、象の鼻先に当たる超富裕層の多くは、先進国に存在している。図表 9 - 1 は実質所得の累積増加率であるが、このデータを実質所得の増加分の割合で示すと第40百分位から60百分位の人々はそれぞれ 1 ％〜 2 ％程度しか得られていない。一方で、象の鼻先に当たる超富裕層の95百分位から100百分位の人々は全体の44％程度を得ており、この期間に生み出された所得の多くが上位 5 ％の人々に分配されたことになる（同27〜28頁）。国連は「先進国と途上国でともに、経済的苦悩や不平等の拡大、雇用不安が相まって、大規模な抗議行動に火がついている。所得格差と機会の欠如は世代を問わず、不平等、苛立ち、不満という悪循環を作り出している」（United Nations 2020、前書き 2 頁）と、格差が社会・経済の分断をもたらすとして問題視している。

　また、温暖化に代表される気候変動の影響も、株主資本主義からステークホルダー資本主義へという考え方の見直しが進んだ要因として挙げられる。現在、地球が直面する気温上昇、海面の上昇、山火事、干ばつ、豪雨、洪水

などの問題は、人間の経済活動が環境への負荷要因になったことが大きな原因の一つと考えられる。環境を破壊する生産活動・資源利用・消費活動に依拠した企業活動は持続可能ではないことが明らかであり、見直していく必要がある。Swiss Re Institute は "The economics of climate change: no action not an option"（April 2021）で、2050年までに気温変化がなかったケースと気温が上昇したケースを比べて、GDP への影響を推計している（図表9－2）。2015年に採択されたパリ協定に基づいて産業革命前からの気温上昇幅が2度よりも十分に下回る水準を達成できたケースと気温変化がなかったケースを比べると世界の GDP が4.2％減少、気温上昇幅が2度のケースは GDP が11.0％減少すると推計されている。気温の上昇幅が大きくなると、それだけ経済へのネガティブな影響が大きい。また、地域別では、先進国よりも新興国へのマイナスの影響が大きくなることが示されている。

さらに、2020年に世界中で流行した新型コロナウイルス感染症（以下、新

図表9－2　2050年までの気温上昇幅別の GDP への影響

（%）	上昇幅が2度より十分低い	2度上昇	2.6度上昇	3.2度上昇
	パリ協定の目標	あり得る上昇幅		厳しいケース
世界	−4.2	−11.0	−13.9	−18.1
OECD	−3.1	−7.6	−8.1	−10.6
北米	−3.1	−6.9	−7.4	−9.5
南米	−4.1	−10.8	−13.0	−17.0
欧州	−2.8	−7.7	−8.0	−10.5
中東とアフリカ	−4.7	−14.0	−21.5	−27.6
アジア	−5.5	−14.9	−20.4	−26.5
アジア先進国	−3.3	−9.5	−11.7	−15.4
ASEAN	−4.2	−17.0	−29.0	−37.4
オセアニア	−4.3	−11.2	−12.3	−16.3

（出所）Swiss Re Institute．（2021），"The economics of climate change: no action not an option（April 2021），".（p.2）より大和総研作成

型コロナ）は、ステークホルダー資本主義の考え方を浸透させることにつながったと思われる。コロナ禍では、自社の従業員や仕入先の安全が確保されなければ、モノやサービスを作ることが難しく、顧客も同様に安全でなければ、生産されたモノやサービスを購買することができないことが強く意識された。新型コロナが蔓延すれば経済が回らなくなり、経済が回らなくなれば、最も弱い立場の人々が職を失うことになる。企業は社員の感染を避けるために在宅勤務を推奨し、加えてマスクや消毒液などの医療物資を配布した。医療物資の製造を本業とする企業だけでなく、本業は異なるものの医療物資を製造する施設や知見がある企業は医療物資の製造に取り組んだ。国は生活困窮者や休業を余儀なくされた企業に給付金を配布した。

　これまで世界は経済成長をしてきたが、その成長の恩恵が全員に行き渡ったわけではなく、さらに自然環境に負荷を強いた上で成り立っている。格差拡大や気候変動などが及ぼす影響は社会や経済を不安定化し、人々を分断する。このような状況では、企業が中長期的に企業価値を高めることはもちろん、事業を継続することすら厳しい状態になる。すなわち、株主以外のステークホルダーの利益をないがしろにすると、持続可能な社会や経済活動を行うことが難しくなる。

Ⅱ　ステークホルダー資本主義への修正

⑴　議論のきっかけになった経済団体の声明

　弊害を指摘する声が大きくなる中で、ステークホルダー資本主義を重視する見解として注目されたのは、米主要企業の経営者団体であるビジネス・ラウンドテーブル（BRT、Business Roundtable）が2019年8月に公表した「Statement on the Purpose of a Corporation」（以下、BRT 声明）であろう。BRT 声明は米国企業の181人の CEO が署名し、企業は顧客への価値の提供、従業員の能力開発への取り組み、サプライヤーとの公平で倫理的な取引、地域社会への貢献、株主に対する長期的価値の提供を行うことを明示した[2]。ステークホルダーの視点をコーポレート・ガバナンスに取り入れることにコミットしたものと言えるだろう。企業の目的は株主利益の最大化であるとい

う1997年に BRT 自らが打ち出した考え方を再定義した格好である。

　2020年に行われたダボス会議（世界経済フォーラム年次総会）でも、ステークホルダー資本主義について議論が行われ、大きな話題になった。ダボス会議では、1971年の創設時に「企業は、株主だけでなく、すべてのステークホルダー（従業員、供給業者、地域社会など）に利益にもたらすべき（筆者注：原文ママ）」（Parker 2020）という基本理念が置かれていた。議論が行われた「ダボスマニフェスト2020」は、基本理念に基づき「公平な課税、反汚職、役員報酬、人権の尊重を含め、現代における重要な問題に言及するステークホルダー資本主義のビジョンを示すもの」（世界経済フォーラム2020）とされる。

　日本では、日本経済団体連合会（以下、経団連）から持続可能な資本主義に関する提言として「。新成長戦略」（2020年11月17日）が公表された。タイトルにある「。」はこれまでの成長戦略路線に一旦終止符を打ち、新しい戦略を示すという意味が込められており、2030年に実現したい未来像を描写し、そのための方策が挙げられている。経団連は、これまでの利潤追求のみを目的とした経済活動の拡大が環境問題や格差問題を引き起こしたと考えており、現在を資本主義の転換期と見ている。資本主義が持続可能であるために、マルチステークホルダーの多様な価値を踏まえて、協力し合うことで、誰ひとり取り残さないインクルーシブな資本主義を志向している。

(2)　研究者の議論

　研究者の中では、「フリードマン・ドクトリン」を問題視して、資本主義の再構築に言及する者もいる。焦点を絞り、ステークホルダーを考慮したコーポレート・ガバナンスを目指していくべきという見解も見られる。

　ハーバード・ビジネススクール教授のレベッカ・ヘンダーソンは、経済格

2　BRT 声明に対しては批判的な声もある。カリフォルニア州職員退職年金基金（CalPERS）などの米国のアセットオーナーがメンバーである米国機関投資家評議会（CII）は、「全ての人に対する説明責任を負うことは誰に対しても説明責任を負わないことを意味する」（Council of Institutional Investors 2019）とした。そのうえで、CII は BRT がステークホルダーガバナンスに対して新たなコミットメントを明確にし、「(1)株主の権利の縮小に取組み、(2)他のステークホルダーに対して取締役会や経営層の説明責任を果たす新たなメカニズムを提案していない」（同上）と批判した。

差や大規模な環境破壊を目の当たりにし、資本主義の再構築が必要と述べている。企業の社会的責任は利益を稼ぐことという「フリードマン・ドクトリン」に対しては、私たちが直面する問題の主因と指摘し、ある特定の時期や場所など特定の制度的条件が揃わなければ、成立しないとしている（ヘンダーソン2020、27頁）。資本主義を再構築するために、①収益を上げるだけでなく、居住可能な地球と健全な社会という枠組みの中で繁栄を築き、自由を確保することを目指すべきという共有価値の創造（同43-49頁）、②目的・存在意義（パーパス）主導型の組織を構築する（同49-51頁）、③環境問題や社会問題を解決するためのコストとメリットを捉えた、監査が可能で複製可能な指標を使い、インパクト投資家などの新たな資金調達の経路への見直し（同51-53頁）、④企業・第三セクター・政府がそれぞれ手を組み、協力体制をつくる（同53-56頁）、⑤社会の仕組みを創り変え、政府を立て直す（同56-58頁）、ことが必要とされている。

　2014年にノーベル経済学賞を受賞したジャン・ティロールは、コーポレート・ガバナンスを経済学や法律学の研究者が言及してきた株主の利益を防御する手段（the defense of shareholders' interests）ではなく、ステークホルダーの幸福（welfare）を内製化する経営にしていく、または推し進める機関構造と定義した（Tirole 2001、4頁）。すなわち、ステークホルダー全体を考慮したコーポレート・ガバナンスを提唱した。経営者の報酬規程や組織を制御する機関設計は、全てのステークホルダーに与える影響に説明責任を負うようにしなければならないとする。経営者による意思決定は投資家だけではなく、その他のステークホルダーにも大きな影響が及ぶため、ステークホルダーに配慮したコーポレート・ガバナンスを考えている。

■ 第3節

投資家の対応の変化

Ⅰ　エポックメイキングになったPRIの提唱

　投資家の企業への対応も変化している。大きなきっかけは2006年に国連か

ら提唱された PRI である。PRI の使命は、世界が格差や気候変動という課題に直面する中で、「経済的に報われると同時に、環境や社会全体に利益をもたらす持続可能な国際金融システム」（国連2021、3頁）の達成を目指すことである。PRI では、環境、社会、ガバナンスという ESG 情報を投資決定やオーナーシップに組み込む戦略や慣行を責任投資と定義する。投資分析、意思決定のプロセス、所有方針に ESG 要素を包含し、投資対象の主体に対して ESG 情報の適切な開示を求めるなどの責任投資6原則を定め、機関投資家やアセットオーナーへコミットメントを求めている（図表9－3）。すなわち、これまでは投資対象の企業価値を企業が創出するキャッシュフローや利益などの財務情報に基づいて算定してきたが、ESG という非財務情報を加味して判断する方向へと変化が生じたということである。

　国連の資料によれば、2022年6月30日時点で PRI の署名は世界で5,020機関であり、署名企業の純資産額は121.3兆米ドルに及ぶ。日本では年金積立金管理運用独立行政法人（GPIF）が2015年に署名したことで、保険会社や

図表9－3　ESG 情報と責任投資6原則

ESG 情報 　環境　　　　　　　社会　　　　　　　ガバナンス ・気候変動　　　　・人権　　　　　　・役員報酬 ・資源枯渇　　　　・労働条件　　　　・取締役会／理事会の多様性及び構成 ・廃棄物　　　　　・従業員関係　　　・贈賄及び腐敗 責任投資6原則 1．私たちは、投資分析と意思決定のプロセスに ESG の課題を組み込みます 2．私たちは、活動的な所有者となり所有方針と所有習慣に ESG の課題を組み入れます 3．私たちは、投資対象の主体に対して ESG の課題について適切な開示を求めます 4．私たちは、資産運用業界において本原則が受け入れられ実行に移されるように働きかけを行います 5．私たちは、本原則を実行する際の効果を高めるために協働します 6．私たちは、本原則の実行に関する活動状況や進捗状況に関して報告します

（出所）国際連合（2021）「責任投資原則」（4、6頁）より大和総研作成

アセットマネジメント会社といった機関投資家の署名が広がり、2022年6月30日時点で116機関が署名している（United Nations 2022、34-35頁）。

Ⅱ　投資家から投資先企業への書簡

　ESG 情報を投資判断に際して加味することが広がる中で、PRI の使命と同様に持続可能な社会や経済にすることを目指すステークホルダー資本主義を積極的に説く投資家もいる。

　世界最大の資産運用会社であるブラックロックのラリー・フィンク CEO は投資先企業の CEO に毎年書簡を送っている。2018年以降、企業がステークホルダーに資する取組みを行うべきことを述べている（経済産業省2021、85頁）。

　2018年の書簡では、「企業が継続的に発展していくためには、すべての企業は、優れた業績のみならず、社会にいかに貢献していくかを示さなければなりません。企業が株主、従業員、顧客、地域社会を含め、すべてのステークホルダーに恩恵をもたらす存在であることが、社会からの要請として高まっているのです。」と述べている。

　2022年の書簡では、「株主に長期的な価値をもたらすには、企業はすべてのステークホルダーのために価値を創造し、またすべてのステークホルダーからその価値を認められなければなりません。」としている。ステークホルダー資本主義を有効に機能させることで、企業が持続的に収益を上げられるように、企業の資本が効率的に配分されるという。もっとも、市場が企業を判断する尺度はあくまで長期的な収益性であるということも強調している。

　また、ラリー・フィンクはステークホルダーに対する施策の開示を求めている。2022年の書簡では、新型コロナの蔓延で雇用主と従業員の関係性が変わり、「従業員は雇用主に対し一段と高い柔軟性や仕事そのものの意義など、より多くを求める」ようになったとしており、投資家として、企業が従業員との絆を深めるための対策、従業員に想像力や生産性を発揮させるための対策を講じているかを理解したいとしている。従業員に関わるものだけではなく、気候変動問題やサプライチェーンなどについても開示を求めてい

る。一連の書簡では、企業が持続可能な形で成長するためにステークホルダーの利益を踏まえることが重要であり、企業価値向上に向けて対策を行い、その対策の開示も要請している。

Ⅲ　機関投資家の ESG 情報の活用

　では、機関投資家は上場企業から提供された ESG 情報をどのように活用しているのであろうか。ESG の視点での投資手法には「ネガティブ・スクリーニング」「ポジティブ・スクリーニング」「国際規範スクリーニング」「ESG インテグレーション」「サステナブル・テーマ投資」「インパクト／コミュニティ投資」「エンゲージメント（投資家行動）」の７つがある。その中で、投資資産残高が最大の戦略は「ESG インテグレーション」である（GLOBAL SUSTAINABLE INVESTMENT ALLIANCE 2021、11頁）。

　この戦略は、財務分析において ESG に関する非財務情報の要素を考慮する投資手法である。企業価値を計算する方法として、企業が創出する将来キャッシュフローを現在価値に割り引いて計測する DCF（割引キャッシュフロー）法がある。例えば、将来キャッシュフローを予測する際に、数年後の貸借対照表、損益計算書、キャッシュフロー計算書を作成するが、「ESG インテグレーション」では非財務情報の中で重要な情報をその作成に織り込んで算出することが考えられる。

　人的資本に関する非財務情報の活用方法の一例として、新分野進出・新製品の開発などを行う経営戦略に対する評価が挙げられる。企業がプロジェクトを立ち上げ、新たな人材の確保と既存人材に対する教育が必要になる場合、投資家は企業評価の際に新たなプロジェクトの意義を明確化し、必要とされる人材の定義・人数、プロジェクトのタイムラインごとの施策を確認する。投資家は、その情報を用いてプロジェクトの実効性が高いと判断する場合、将来の売上高や利益などの業績予想と目標株価を引き上げ、その銘柄に対して「買い」の判断を行う（井口2022、1〜2頁）。

　1四半期先などの短期の業績予測期間で投資判断するというより、数年先の業績予想に基づいて投資判断する際に、当然に考慮しなくてはならない情

報が非財務情報には含まれていると言えそうである。

アジア各国のコーポレート・ガバナンス関連施策の変化

Ｉ　国際的な動き

こうしたステークホルダーの利益を踏まえた企業の行動や非財務情報の開示を求める投資家の動きに呼応する形で国際機関や国でも様々な施策が実施されている。

気候変動分野に限ったものとして、企業に取組みを情報開示させる気候関連財務情報開示タスクフォース（Task Force on Climate-related Financial Disclosures：TCFD）がある。G20の要請を受け、主要国地域の中央銀行、金融当局、国際機関等で構成される金融安定理事会（FSB）により、気候関連の情報開示及び金融機関の対応を検討するために設立された。TCFD は2017年6月に最終報告書が公表され、企業に対して気候変動が及ぼすリスクと機会について開示することを推奨した。具体的な要求項目は図表9－4に示した。ガバナンス、戦略、リスク管理、指標と目標に分け、推奨される開示内容が示されている。

上述した2020年のダボス会議では、世界の企業経営者が自社の年次報告書の中で主要な計測方法を調整して、温室効果ガスの排出量、ダイバーシティ、従業員の健康などの非財務情報に関する開示をすることを支持した。投資家などが企業の持続可能なパフォーマンスを評価するにあたって、比較可能な非財務情報に関するレポートがないという現状に合わせた対応である。その後、2020年9月には、企業が開示すべき非財務情報を「ガバナンス」「地球環境」「従業員」「持続的成長」の4項目に分け、21個の指標を示した非財務情報開示のあり方について提言がまとめられた。

直近では、国際会計基準（International Financial Reporting Standards：IFRS）の策定に関わる IFRS 財団が、2021年11月に国際サステナビリティ

図表 9 - 4 　TCFD の要求項目

要求項目	ガバナンス	戦略	リスク管理	指標と目標
項目の詳細	気候関連のリスク及び機会に係る組織のガバナンスを開示する	気候関連のリスク及び機会が組織のビジネス・戦略・財務計画への実際の及び潜在的な影響を、重要な場合は開示する	気候関連のリスクについて組織がどのように選別・管理・評価しているかについて開示する	気候関連のリスク及び機会を評価・管理する際に使用する指標と目標を、重要な場合は開示する
推奨される開示内容	a）気候関連のリスク及び機会についての取締役会による監視体制の説明をする	a）組織が選別した、短期・中期・長期の気候変動のリスク及び機会を説明する	a）組織が気候関連のリスクを選別・評価するプロセスを説明する	a）組織が、自らの戦略とリスク管理プロセスに即し、気候関連のリスク及び機会を評価する際に用いる指標を開示する
	b）気候関連のリスク及び機会を評価・管理する上での経営者の役割を説明する	b）気候関連のリスク及び機会が組織のビジネス・戦略・財務計画に及ぼす影響を説明する	b）組織が気候関連のリスクを管理するプロセスを説明する	b）Scope1，Scope2及び該当するScope3のGHGについて開示する
		c）2℃以下シナリオを含む様々な気候関連シナリオに基づく検討を踏まえ、組織の戦略のレジリエンスについて説明する	c）組織が気候関連リスクを識別・評価・管理するプロセスが組織の総合的リスク管理においてどのように統合されるかについて説明する	c）組織が気候関連リスク及び機会を管理するために用いる目標、及び目標に対する実績について説明する

【原典】気候関連財務情報開示タスクフォース「気候関連財務情報開示タスクフォースによる提言（最終版）」(2017)

（出所）環境省「TCFD を活用した経営戦略立案のススメ～気候関連リスク・機会を織り込むシナリオ分析実践ガイド ver3.0～」(2021年3月) より大和総研作成

基準審議会（International Sustainability Standards Board：ISSB）の設立を公表した。ISSB は既存のサステナビリティ開示基準を統一しつつ、国際的に比較可能な情報を開示するための基準の提供を目指している。本稿執筆時点では 2 つの草案を公表しており、2023年前半にサステナビリティ開示基準の最終化を目指している。

Ⅱ　シンガポール、マレーシア、日本の動向

　欧米をはじめとした各国の金融当局や証券取引所でも非財務情報の開示やステークホルダーの視点を取り込むための行動があり[3]、それはアジアでも見られ始めている。ここでは、東南アジアの中でも先進的な取組みを行っているとされるシンガポール、マレーシア、そして日本の施策について言及する[4]。これらの国々では証券取引所がコーポレートガバナンス・コード（以下、CG コード）を作成して、程度は異なるものの上場企業に遵守を求めている。以下では、各国の CG コードの制定の背景に触れた後、現在、企業に求められる CG コードへの対応や非財務情報の開示などの内容を考察する。

3　米国では、SEC が2022年 3 月に気候関連情報の開示を強化・標準化する規則案を公表した。原稿執筆時点では、成案に至っていないものの、規則案では企業に対して気候変動が戦略・ビジネスモデル・将来見通しに与える影響、気候関連リスクのガバナンスやリスク管理、財務指標への影響などの開示が求められる。欧州では、欧州委員会が2018年から非財務情報開示指令（Non-Financial Reporting Directive：NFRD）を施行し、従業員500名以上の上場企業、銀行、保険会社等を対象に環境問題、社会的問題、従業員の待遇、人権の尊重、腐敗防止及び贈収賄、取締役会の多様性に関する情報の公開を義務付けた。2021年 4 月には NFRD を基として企業サステナビリティ報告指令（Corporate Sustainability Reporting Directive：CSRD）案を公表した。対象企業の拡大、開示情報の監査・保障の要求、開示事項の詳細化などが主な内容である。2022年11月に欧州議会と EU 理事会で最終承認された。

4　Asian Corporate Governance Association（ACGA）が隔年で公表するアジア太平洋の12か国・地域のコーポレート・ガバナンスを調査して順位付けした "CG Watch 2020: Future Promise" では、上位 5 か国にシンガポール（2 位）、マレーシア（同率 5 位）、日本（同率 5 位）が位置する。なお、1 位はオーストラリア、2 位は香港、4 位は台湾（19頁）である。

（1）　シンガポール

①　CG コードの制定背景

　シンガポールのコーポレート・ガバナンスが強化された大きなきっかけ
は、1997年から1998年に起きたアジア通貨危機とされる（中村、2021年、27
頁）。アジア通貨危機のシンガポール経済への影響はアジアの他の国よりも
比較的軽微であったものの、国内の企業などが変化と競争に備えていなけれ
ば、新しいグローバルな環境において生き残るための重要な機会を失うとい
う意識が醸成され、アジア通貨危機の最中であっても改革の動きは中断され
なかった（Monetary Authority of Singapore 1999、52頁）。

　具体的には、1997年後半に中央銀行にあたるシンガポール通貨庁（Mone-
tary Authority of Singapore：MAS）が金融セクターを発展させるために関
連した政策を抜本的に見直したことから始まる。MAS は1998年2月に投資
家にとって友好的な規制環境の構築を含む一連の金融セクター改革を打ち出
した。さらに、金融セクターに対する提言を行うために、銀行開示委員会
（the Committee on Banking Disclosure：CBD）とコーポレートファイナン
ス委員会（the Corporate Finance Committee：CFC）、シンガポール証券取
引所レビュー委員会（the SES Review Committee：SES）などの委員会が
創設された。この中の CFC が企業に対する法規制のフレームワーク、開
示・会計基準、コーポレート・ガバナンスを検討するため、企業法制・ガバ
ナンスポリシー委員会（the Corporate Regulation and Governance Policy
Committee：CRGP）を1999年12月に設置した。CRGP が設置されたのは、
企業に対する規制とコーポレート・ガバナンスが経済をうまく機能させるた
めの重要な分野と認識されたことに加え、シンガポールのコーポレート・ガ
バナンスの水準はアジアでは高いと認識されているものの、英国・米国・豪
州よりも劣後しているという評価がなされていることから、国際的な開示基
準やコーポレート・ガバナンスの水準を高めることにある（Hu 2001）。シ
ンガポールでの初めての CG コードの作成は CRGP 傘下のコーポレート・
ガバナンス委員会（the Corporate Governance Committee：CGC）で行わ
れ、2001年に制定された。その後、CG コード（Code of Corporate of
Governance）は2005年、2012年、2018年に改訂されている。

②　CG コードと非財務情報

　現状、上場企業はCG コードへの対応や非財務情報の開示を行う必要がある。2021年には、シンガポール取引所（Singapore Exchange：SGX）が気候変動に関する開示と取締役会でのダイバーシティの強化を義務付けており、非財務情報の開示とステークホルダーの視点を取り込む動きが活発化している。

　CG コードはSGX の上場規程で対応が求められており、上場企業は年次報告書で自社のコーポレート・ガバナンスの状況を開示する。2018年改訂CG コードは、広く受け入れられている優れたコーポレート・ガバナンスである「原則」（principles）と、原則の遵守をサポートするように設定された「規定」（provisions）で構成される。上場企業はCG コードを「comply or explain」という、"遵守する、または遵守しないのであれば説明する" ことが求められる。企業は、「原則」と「規定」の両方を参照しながら、自社のコーポレート・ガバナンスについて、「原則」にいかに適合しているかを説明することが要求される。企業は、「原則」を遵守しなければならず、「規定」を遵守することが期待されている。企業が、自社のコーポレート・ガバナンスが当該「原則」の目的および理念との整合性を説明する限りにおいて、「規定」の内容との相違は容認される。

　2018年改訂CG コードは「Introduction」に加えて、「原則」が13、「規定」が51で構成される。「Introduction」では、長期的な株主価値を高めること、その他の利害関係者の利益を考慮することが期待されている。CG コードの概要は図表 9 - 5 の通りである。

　2021年 8 月には、SGX で取締役会の多様性に関わるコンサルテーションペーパーが公表され、意見募集が実施された。この結果、2022年から年次報告書で性別、スキルと経験、および多様性などに対処する取締役会の多様性ポリシーを設定しなければならない。また、取締役会の多様性に関する方針と、多様性の目標、計画、タイムライン、進捗状況などの詳細を年次報告書に記載する必要がある。

　シンガポールではCG コードに加えて、2011年からサステナビリティ報告書の公表が任意で推奨されてきた。2016年には、SGX の上場規則において

➤ 取締役に関する事項
・独立取締役の選任（取締役会議長が独立取締役ではない場合、独立取締役が取締役会の過半数を占める）
・スキル・知識・ジェンダー・年齢などの多様性を適切に組み合わせた取締役会の構成
・取締役会の多様性方針と目標を含む取締役会の多様性方針の実施に向けた進捗状況を年次報告書で開示
・指名委員会の役割・構成
・取締役会の実効性評価
➤ 取締役会と主要なマネジメントの報酬に関する事項
・報酬委員会の役割・構成
➤ 説明責任と監査
・内部統制、リスク管理
➤ 株主の権利と責任
・株主総会、IR
➤ 株主とのエンゲージメント

（出所）Monetary Authority of Singapore, & Singapore Exchange. (2018), "Code of Corporate Governance" (6 August 2018) より大和総研作成

サステナビリティ報告書の「comply or explain」ベースでの開示が義務化された。SGX は、財務報告と非財務情報を組み合わせることで、上場企業の財務見通しと経営の質をより適切に評価でき、ビジネスがどのように行われているか、および現在のビジネスが将来にわたって持続可能かどうかという判断が補完されるとしている（Singapore Exchange "Mainboard Rules Practice Note 7.6 Sustainability Reporting Guide"）。SGX は「シンガポール市場では、サステナビリティ報告が企業の市場価値と正の関係にあることを示唆する実証結果がある」（Singapore Exchange "Sustainability Knowledge Hub"）としており[5]、実証結果もサステナビリティ報告書の義務化につながっていると推測される。

5　例えば、Lawrence Loh, Thomas, T, & Wang, Y. (2017), "Sustainability Reporting and Firm Value: Evidence from Singapore-listed Companies," Sustainability 2017, 9 (11). がある。

2021年には、上場企業に対してサステナビリティ報告書の中でTCFDに基づいた気候変動関連開示を義務付けることも決まった。2022年から開始される会計年度では、全ての上場企業が「comply or explain」ベースで開示する必要があり、2023年から開始される会計年度では金融、農業・食品・林業、エネルギーで気候変動関連の開示が義務化される。2024年から開始される会計年度は資材・建築、運輸で開示が義務化される。2023年と2024年にそれぞれ挙げた以外の業種は、「comply or explain」ベースでの開示が引き続き必要になる。

　サステナビリティ報告書での報告内容は図表9－6の通りである。

図表9－6　シンガポールのサステナビリティ報告書の概要

(a)　重要な ESG 要因
　　重要な ESG 要因を特定し、ビジネス、戦略、財務計画、ビジネスモデル、および主要な利害関係者への関連性または影響を考慮して、選択の理由とプロセスの両方を説明
(b)　気候関連の開示
　　TCFD の提言に沿って、気候リスクと機会に関連する開示
(c)　ポリシー、慣行、およびパフォーマンス
　　特定された重要な ESG 要因に関連するポリシー、慣行、およびパフォーマンスを示し、説明と定量的な情報を示す。パフォーマンスは、以前に開示された目標に照らして説明
(d)　ターゲット
　　特定された重要な ESG 要因に関連した目標を設定。目標は短期、中期、および長期の期間について検討する必要があり、経営戦略および財務報告に使用される目標と一致しない場合は、不一致の理由を開示
(e)　サステナビリティ報告の枠組み
　　サステナビリティ報告の枠組みを業界およびビジネスモデルに沿って選択（気候関連は TCFD に基づいて報告）し、その理由を説明
(f)　理事会の声明
　　重要な ESG 要因を特定・管理・監視に関する取締役会の声明を開示。サステナビリティを巡る課題に対するガバナンスにおける取締役会と経営陣の役割を説明

（出所）Singapore Exchange. "Mainboard Rules Practice Note 7.6 Sustainability Reporting Guide". より大和総研作成

また、サステナビリティ報告書とは別に上場企業に対してCore ESG Metricsという27のESG指標のリスト作成も推奨されている。温室効果ガスの排出、エネルギー消費量、水消費量、ジェンダー、雇用などが指標に含まれる。上場企業が共通で標準化された形で情報を提供でき、投資家も整備された情報へアクセスすることが可能になる。

(2) マレーシア

① CGコードの制定背景

マレーシアでCGコード（Malaysian Code on Corporate Governance）が初めて制定されたのはシンガポールよりも早い2000年であり、アジア通貨危機が大きな契機となった。

シンガポールに比べて、マレーシアはアジア通貨危機による経済への影響が非常に大きかった。自国通貨の投機的な売りと資本流出によって、通貨が大きく減価し、株価も短期間で大きく下落した。マレーシア当局は、自国通貨と米ドルのペッグ、居住者と非居住者による国外へのリンギ資金の送金に対する制限、非居住者保有のリンギ建て証券の売却代金および満期償還金を1年間リンギ建て預金で保有（外貨への転換禁止）、海外の銀行などに対する居住者による信用供与禁止などの厳しい規制を実施した。一連の規制によって、自国通貨は安定し、経済は回復過程に入った。

しかし、マレーシア市場に対する投資家の信頼は大きく棄損した。上述の資本規制に加えて、アジア通貨危機で急速に経営が悪化したレノングループの政府による救済も要因とされる。国内最大のコングロマリットであるレノングループはアジア通貨危機で巨額の債務を抱えて経営が悪化した際に、破綻を回避するために政府が同社の子会社であるUEM（United Engineers Malaysia）による救済買収を支援した。親会社が子会社に救済されたことや、買収に当たっての情報開示、株主承認などの手続きが行われなかったことで投資家によるレノングループへの不信をもたらした。UEMの株価は大幅に下落し、一般株主は大きな損失を被った（金京2010、69頁、Kamarudin & Wan Ismail 2018、27頁）。

こうしたことを背景にコーポレート・ガバナンス改革に向けた機運が高

まった。1998年に財務省によって the High Level Finance Committee on Corporate Governance が設置された。アジア通貨危機で露呈したコーポレート・ガバナンスの脆弱性を特定し、詳細な調査を実施した。他方で、マレーシアの証券取引所であるブルサマレーシアなどは公開企業のコーポレート・ガバナンスを調査し、マレーシアでのコーポレート・ガバナンスのベストプラクティスを推奨した。その結果はレポートとしてまとめられ、2000年に制定された CG コード（MALAYSIAN CODE ON CORPORATE GOVERNANCE）につながった。その後、2007年、2012年、2017年、2021年にコードが改訂されている。

② CG コードと非財務情報

　シンガポールと同様に、直近では CG コードへの対応や非財務情報の開示が強化されている。

　CG コードはブルサマレーシアの上場規程で対応が求められており、上場企業は自社のコーポレート・ガバナンスの状況を年次報告書などで開示する。2021年改訂 CG コードでは重要な原則（Principles）として(a)取締役会のリーダーシップと効率性、(b)効率的な監査とリスクマネジメント、(c)誠実な報告とステークホルダーとの意義のある関係、が挙げられている。これらを土台にして、会社に達成を期待する内容を示した「意図した成果」（Intended Outcome）、「意図した成果」を達成するための行動・手続きなどを示した「慣行」（Practices）、「意図した成果」を達成するために慣行を適用する際に企業の役に立つ「ガイダンス」（Guidance）で CG コードは構成される。自社の事業活動、規模、ビジネスの複雑さなどを考慮に入れて、「慣行」を「apply or explain alternative」する、すなわち適応するかまたは代替案を説明することが求められる。マレーシアでは2012年改訂 CG コードまではシンガポールと同様に「comply or explain」が採用されていたが、2017年改訂 CG コードから「apply or explain alternative」に変更された。「apply」は、単にルールを遵守するということではなく、実質的に好ましいコーポレート・ガバナンスに適応するという意味があるとされる。チェックボックスのように CG コードの形式的な遵守ではなく、企業の考え方や文化を変えるような取り組みが求められるのが「apply」とされる。「慣行」を実

施できなければ、取締役会は「意図した成果」に合うように適切な代替策を採用しなければならない。CG コードの対象は全上場企業であるが、「慣行」の中には対象を大企業に限定したものがある。大企業とは FTSE Bursa Malaysia Top 100 Index の構成銘柄と20億リンギ以上の時価総額のある銘柄である。

2021年改訂 CG コードは「意図した成果」が13、「慣行」が48、「ガイダンス」が44で構成される。改訂内容は独立取締役の在職期間、取締役会議長の監査・指名・報酬委員会の兼任不可などに加え、サステナビリティを巡る課題への対応、取締役会における女性の割合に関する事項など多岐にわたる。図表 9－7 では2021年の CG コードの全体の概要を示している。

非財務情報については、2015年に上場規定が改められ、年次報告書で経済、環境、社会に関するリスクと機会の管理方法を示すことになった。企業に対して社会的責任を求める考え方から、企業の持続可能性の強化へと視点を移したものであり、経営戦略の中に持続可能性を組み込むことで、リスクを適切に管理すると同時に機会を活用して、利害関係者の期待に応えることが目的とされる。競争力を高め、企業が長期的に成長していくことが期待されている。

シンガポールは全ての上場企業に対して「comply or explain」を求めているが、マレーシアでは大企業を中心とした Main Market と新興企業向けの ACE Market で課される項目が異なり、それぞれの項目について自社の対応を説明させる形式である。Main Market で年次報告書に開示が義務付けられた内容は、「経済、環境、社会に関するリスクと機会」（sustainability matters）を管理するためのガバナンス構造、年次報告書の対象範囲、重要な sustainability matters の特定とその理由、sustainability matters への対応方法である。ACE Market では、sustainability matters を年次報告書で開示をすべきとされる。

2022年 9 月には、ブルサマレーシアで非財務情報の開示が強化された。投資家を含めたステークホルダーによるサステナビリティ情報に対する需要の強さや、開示の質に関する改善を意識したものである。上場企業に新たに求められるのは次の図表 9－8 の通りである。

図表 9 － 7　マレーシアの CG コードの概要

➤　取締役会の責任
・企業の行動規範や戦略的目的の設定
・取締役会議長の人選・役割
・サステナビリティ戦略・目的の設定などの管理に責任を持つ
・サステナビリティ戦略、優先事項、目標、およびそれらの目標に対する
　実績が、社内外の利害関係者に確実に伝達される
・気候関連のリスクと機会を含めたサステナビリティを巡る課題を把握し、
　適切に対処
・取締役会と上級管理職の業績評価に、持続可能性のリスクと機会の管理
　を含める
➤　取締役会の構成
・独立取締役の導入
・独立取締役の任用期間の設定
・取締役会・経営層の選任
・取締役会における女性取締役の割合を少なくとも30％
・取締役会の実効性評価
➤　取締役の報酬
・取締役会による報酬指針と手続きの決定
・報酬委員会の設置
・取締役個人の報酬の開示
➤　監査委員会
・監査委員会の議長の人選
・監査委員会の方針・手続きの内容
➤　効率的な監査とリスクマネジメント
・リスクマネジメントと内部監査フレームワークの設定
➤　株主とのエンゲージメント
・株主と効率的で定期的なコミュニケーション
➤　株主総会の実施
・株主総会の開催告知
・全取締役の株主総会の参加
・バーチャル株主総会の実施

（出所）Securities Commission Malaysia.（2021），"Malaysian Code on Corporate
　　　　Governance," より大和総研作成

図表9－8　マレーシアで新たに求められる非財務情報の開示内容

(a)	全てのセクターに対して腐敗防止、社会、多様性、エネルギーマネジメント、健康と安全、労働慣行と標準、サプライチェーンマネジメント、データプライバシーとセキュリティ、水という9項目の関連するデータ
(b)	TCFD に基づいた気候変動関連情報の開示
(c)	定量的な情報の開示を強化するために、少なくとも3会計期間のデータ、目標、サマリーの開示

（出所）Bursa Malaysia.（2022），"Amendments to Bursa Malaysia Securities Berhad Main Market Listing Requirements in relation to Enhanced Sustainability Reporting Framework（"Enhanced Sustainability Disclosures"），"．より大和総研作成

⑶　日本

①　CG コードの制定背景

　日本の CG コードの制定は2015年であり、シンガポールやマレーシアよりもだいぶ遅かった。2012年末に成立した第二次安倍内閣が、「大胆な金融政策」、「機動的な財政政策」、「民間投資を喚起する成長戦略」を3本の矢とするアベノミクスを実施し、コーポレート・ガバナンスの強化は第3の矢である成長戦略の中心に位置づけられた。

　安倍政権発足から半年後の2013年6月に公表された「日本再興戦略－JAPAN is BACK－」で、「コーポレートガバナンスを見直し、公的資金等の運用の在り方を検討する」（12頁）とされた。コーポレート・ガバナンスを見直す背景は「株主等が企業経営者の前向きな取組を積極的に後押しするようコーポレートガバナンスを見直し、日本企業を国際競争に勝てる体質に変革する」（3頁）ことにある。「『日本再興戦略』改訂2014」において、「東京証券取引所と金融庁を共同事務局とする有識者会議において、秋頃までを目途に基本的な考え方を取りまとめ、東京証券取引所が、来年の株主総会のシーズンに間に合うよう新たに「コーポレートガバナンス・コード」を策定することを支援する」（31頁）との施策が盛り込まれ、2015年の CG コード制定に至った。その後、安倍政権の成長戦略ではコーポレート・ガバナンスの強化が欠かさず触れられていた。

安倍内閣退陣後の菅内閣の成長戦略である「成長戦略実行計画」でも16章のうちの一つの章がコーポレート・ガバナンス改革であった。さらに、その後の岸田内閣の経済政策である「新しい資本主義のグランドデザイン及び実行計画〜人・技術・スタートアップへの投資の実現〜」ではコーポレート・ガバナンスの文字は見受けられないが、株主との意思疎通の強化のための人的資本などの非財務情報の見える化や、人権、気候変動、ダイバーシティなどの社会面・環境面での責任を企業が果たすことなどが触れられている。2022年9月にニューヨーク証券取引所で行われた岸田総理のスピーチでは、大切な政策としてコーポレート・ガバナンス改革が取り上げられた。これを受けて、2022年9月に金融庁において「ジャパン・コーポレート・ガバナンス・フォーラム」が設置された。海外投資家を含めたステークホルダーから意見を聞き、さらなる改革を推し進めるとしている。

　第二次安倍内閣以降、コーポレート・ガバナンスは経済政策の一翼を担う存在である。2015年に初めて制定されたCGコードは2018年、2021年と3年に1度改訂されており、改訂されるたびに上場企業に求められるガバナンスの水準は上がっている。

②　CGコードとサステナビリティ情報

　シンガポールやマレーシアと同様に、直近では非財務情報開示を含めた施策の改訂が行われた。

　CGコードは東京証券取引所（以下、東証）の上場規程で対応が求められており、コーポレート・ガバナンス報告書で状況を開示すべきとされている。「基本原則」「原則」「補充原則」で構成されており、新興企業向けの市場であるグロース市場は「基本原則」のみ、プライム市場とスタンダード市場は「基本原則」「原則」「補充原則」の全てをコーポレート・ガバナンス報告書で「comply or explain」で示さなければならない。「原則」「補充原則」の中にはプライム市場のみに対応が求められる項目もある。市場ごとなどで対応する内容が異なるのはマレーシアと似ている一方で「comply or explain」という方式はシンガポールと同じである。

　2021年の改訂後のCGコードは、「基本原則」が5、「原則」が31、「補充原則」が47で構成されている。改訂内容は独立社外取締役の拡充、株主との

図表 9 - 9　日本の CG コードの概要

- ➤ 株主の権利・平等性の確保
  - ・株主が権利を適切に行使できる環境整備
  - ・政策保有株式に関する方針の開示
- ➤ 株主以外のステークホルダーとの適切な協働
  - ・サステナビリティを巡る課題について対応
  - ・女性・外国人・中途採用者の管理職への登用、中核人材の登用、人材育成方針・社内整備方針を実施状況も含めて開示
- ➤ 適切な情報開示と透明性の確保
  - ・経営戦略・経営計画などの開示
  - ・サステナビリティに関する取組みを開示、TCFD に基づいた開示
- ➤ 取締役会等の責務
  - ・取締役会が経営理念や戦略的方向付けを行う
  - ・取締役会は経営陣幹部による適切なリスクテイクを支える環境整備を行う
  - ・取締役会はサステナビリティに関する取り組みについて基本的な方針を策定
  - ・取締役会はジェンダー、国際性、職歴、年齢などを勘案して構成
  - ・独立社外取締役の増員
- ➤ 株主との対話

（出所）東京証券取引所「コーポレートガバナンス・コード〜会社の持続的な成長と中長期的な企業価値の向上のために〜」（2021 年 6 月11日）より大和総研作成

対話、株主総会などに加えて、取締役会や管理職・中核人材での多様性、気候変動を含むサステナビリティを巡る課題への対応などである。図表 9 - 9 では2021年の CG コードの全体の概要を示している。

　CG コードに加えて、2022年 6 月に公表された「金融審議会ディスクロージャーワーキング・グループ報告 − 中長期的な企業価値向上につながる資本市場の構築に向けて − 」では有価証券報告書での気候変動、人的資本・多様性を含むサステナビリティ情報の拡充が示された。これを受けて、2022年11月に金融庁から「企業内容等の開示に関する内閣府令」等の改正案が公表された。新たに求められたのは、有価証券報告書でのサステナビリティに関する情報の記載欄の新設、人材の多様性の確保を含む人材の育成に関する方針

などの人的資本に関する情報の記載、女性管理職比率・男女間賃金格差などの多様性に関する情報の記載である。開示拡充は2023年3月31日以後終了する事業年度に係る有価証券報告書から適用される予定である。

■ 第5節

まとめ

　ステークホルダー資本主義の考え方に基づいて、コーポレート・ガバナンスでステークホルダーを重視する動きは、その実施の程度には様々な違いがあるものの、当面は大きなトレンドであり続けることは疑いの余地はなさそうである。企業が中心となる経済団体からは、自らステークホルダーを重視していくべきという提言があった。研究者からもステークホルダーを考慮したコーポレート・ガバナンスを考えていくことに加え、資本主義を再構築していくべきという意見があった。投資家も企業の継続的な発展のためには、ステークホルダーに価値を創造しなければならないとしており、同時に、サステナビリティに関する情報開示を求めている。国際的な動きも活発で、非財務情報の比較可能な開示基準も今後成案になることが見込まれる。シンガポール、マレーシア、日本のいずれにおいても非財務情報の開示やステークホルダーへの対応やその視点を取り込む動きが見られている。

　ただ、共通する部分がある一方で、異なる部分もあった。CGコードや非財務情報の開示対応については、3か国の上場企業は共通して行う必要があるものの、方法に違いがあった。シンガポールと日本では「comply or explain」が採られ、マレーシアではCGコードが「apply or explain alternative」、非財務情報を説明する形が採られている。シンガポールと日本でも異なり、シンガポールではCGコードは「原則」は遵守が求められ、「規定」は遵守できない場合は説明することになるが、日本は「基本原則」「原則」「補充原則」ともに遵守できない場合は説明することになる。

　内容では、サステナビリティを巡る課題に対応するガバナンス、経営戦略の中でのサステナビリティを巡る課題への対応、目標の設定、TCFDに沿った開示など共通する部分が見られた。一方で、取締役会の女性比率を少

なくとも30％にするというマレーシアのCGコードはシンガポールや日本と比べてドラスティックな部分もある。また、非財務情報に関する定量的なデータの開示の実施はシンガポールとマレーシアで共通するものの、シンガポールは推奨ベースであるが、マレーシアは開示が求められるという点で異なる。このように、上場企業にとってマレーシアはCGコードへの対応や非財務情報の開示などの要請度合いが強い一方で、シンガポールと日本は裁量が比較的大きいように見える。

　上述した状況を俯瞰すると、現状は開示内容の増加やステークホルダーへの対応など、これまであまり行われてこなかったことへの対応という面が強いように思われる。いわば、企業は株主のために利益を追求するという方向に振り切っていた針を、格差や環境問題などを発端として、それらの解決に向けてステークホルダーの利益を追求する方向に戻している状況にある。今後はその針をどこまで戻すのかということに興味や関心が移るだろう。つまり、企業にどこまで情報を開示させるのか、ステークホルダーへの対応をどこまで行うのかということが焦点になる。その際に考慮すべき重要な点は、利用者である投資家がどのような情報を求めており、どのように情報を使うのかという視点である。およそサステナビリティに関係しそうな全てのことを開示させるなどの闇雲な対応は、企業に無用な負担を強いるだけになる。企業、投資家、その他のステークホルダーにとって適切な状況を模索する動きが出てくることを期待したい。

<参考文献>

・井口譲二（2022）「ESG投資の潮流と『望ましい人的資本の開示』」非財務情報可視化研究会（第2回）資料4（2022年3月7日）
・小野沢純（2001）「転機に立つマレーシアのUMNO系ブミプトラ企業群」『国際貿易と投資』Autumn 2001/No.45、20-23頁
・環境省（2021）「TCFDを活用した経営戦略立案のススメ〜気候関連リスク・機会を織り込むシナリオ分析実践ガイド ver3.0〜」（2021年3月）
・金融庁（2022）「金融審議会ディスクロージャーワーキング・グループ報告−中長期的な企業価値向上につながる資本市場の構築に向けて−」(2022

4年6月13日)

・金京拓司（2010）「東アジアのコーポレート・ガバナンス改革－タイ，韓国，マレーシアの事例を中心に－」『神戸大学経済学研究年報』第56号、59-76頁

・経済産業省「第1回 サステナブルな企業価値創造のための長期経営・長期投資に資する対話研究会（SX研究会）資料5 事務局説明資料」（2021年5月31日）

・国際連合（2021）「責任投資原則」

・柴田努（2022）「株主第一主義の転換と企業支配構造」『比較経営研究ポスト株主資本主義の経営－ポスト株主資本主義とポストコロナの経営（学）の探究－』第46号、3-23頁

・首相官邸（2013）「日本再興戦略-JAPAN is BACK-」（2013年6月14日）

・首相官邸（2014）「『日本再興戦略』改訂2014－未来への挑戦－」（2014年6月24日）

・首相官邸（2021）「成長戦略実行計画」（2021年6月18日）

・首相官邸（2022）「新しい資本主義のグランドデザイン及び実行計画～人・技術・スタートアップへの投資の実現～」（2022年6月7日）

・世界経済フォーラム（2020）「ステークホルダー資本主義：持続可能で団結力ある世界を築くための宣言」（2020年1月14日）

・東京証券取引所「コーポレートガバナンス・コード～会社の持続的な成長と中長期的な企業価値の向上のために～」（2021年6月11日）

・ブランコ・ミラノヴィッチ（2017）『大不平等エレファントカーブが予測する未来』（訳者：立木勝）みすず書房

・内閣官房（2021）「新しい資本主義実現会議（第1回）資料4 新しい資本主義（ステークホルダー論）を巡る識者の議論の整理」（2021年10月26日）

・中村みゆき（2021）「シンガポール国家持株会社Temasek社におけるコーポレート・ガバナンス－公企業（SOEs）の所有とガバナンスの関係を巡って－」『創価経営論集』第45巻第1号、23-47頁

・日本経済団体連合会（2020）「。新成長戦略」（2020年11月17日）

・日本証券業協会（2022）「ステークホルダー資本主義－企業の付加価値の

分配と新しい資本主義−」（2022年4月）

・林順一（2021）「英国・米国における『会社の目的』に関する最近の議論とわが国への示唆−株主のための会社か、ステークホルダーのための会社か−」『日本経営倫理学会誌』第28号、51-64頁

・ラリー・フィンク（2018）「LETTER TO CEO 2018：A Sense of Purpose」

・ラリー・フィンク（2022）「2022 letter to CEOs：資本主義の力」

・レベッカ・ヘンダーソン（2020）『資本主義の再構築公正で持続可能な世界をどう実現するか』（訳者：高遠 裕子）日本経済新聞出版

・Asian Corporate Governance Association. (2021), "CG Watch 2020: Future Promise,".

・Business Roundtable. (2019), "Statement on the Purpose of a Corporation,".

・Bursa Malaysia. (2022), "REVIEW OF THE SUSTAINABILITY REPORTING REQUIREMENTS UNDER THE MAIN MARKET AND ACE MARKET LISTING REQUIREMENTS," CONSULTATION PAPER NO. 1/2022.

・Bursa Malaysia. (2022), "Amendments to Bursa Malaysia Securities Berhad Main Market Listing Requirements in relation to Enhanced Sustainability Reporting Framework ("Enhanced Sustainability Disclosures"),".

・Parker, Ceri. (2020)「世界経済フォーラム50年の軌跡とこれから：年次総会のハイライト、そしてその先へ」（2020年1月21日）

・Lakner, Christoph, and Milanovic, B. (2013), "Global Income Distribution: From the Fall of the Berlin Wall to the Great Recession," World Bank Policy Research Working Paper No. 6719

・Council of Institutional Investors. (2019), "Council of Institutional Investors Responds to Business Roundtable Statement on Corporate Purpose,".

・Friedman, Milton. (1970), " A Friedman doctrine-- The Social Responsibility Of Business Is to Increase Its Profits," The New York Times, Sept. 13, 1970.

・GLOBAL SUSTAINABLE INVESTMENT ALLIANCE. (2021), "GLOBAL SUSTAINABLE INVESTMENT REVIEW 2020".

・Kamarudin, Khairul Anuar, and Wan Ismail, W.A. (2018), "The history of corporate governance and control in Malaysia," ACCOUNTING BULLETIN Faculty of Accountancy UiTM Kedah 2018. Faculty of Accountancy, UiTM Kedah, pp. 26-28.

・Mishel, Lawrence, and Kandra, J. (2021) "CEO pay has skyrocketed 1,322% since 1978–CEOs were paid 351 times as much as a typical worker in 2020,".

・Loh, Lawrence, Thomas, T, and Wang, Y. (2017), "Sustainability Reporting and Firm Value: Evidence from Singapore-listed Companies," Sustainability 2017, 9 (11).

・Monetary Authority of Singapore. (1999), "Annual Report 1998/99,".

・Monetary Authority of Singapore, & Singapore Exchange. (2018), "Code of Corporate Governance" (6 August 2018).

・Hu, Richard. (2001), "Opening Address by Minister For Finance, Singapore, Dr Richard Hu at the Third Asian Roundtable On Corporate Governance,".

・Securities Commission Malaysia. (2021), "Malaysian Code on Corporate Governance,".

・Singapore Exchange. "Mainboard Rules Practice Note 7.6 Sustainability Reporting Guide,".

・Singapore Exchange. "Sustainability Knowledge Hub,".

・Swiss Re Institute. (2021), "The economics of climate change: no action not an option (April 2021),".

・Tirole, Jean. (2001), "Corporate Governance," Econometrica, 69, 1 (2001) :pp.1-35.

・United Nations. (2020), "WORLD SOCIAL REPORT 2020 INEQUALI-

TY IN A RAPIDLY CHANGING WORLD,".

· United Nations. (2022), "Signatory Update April to June 2022,".

· Mak, Yuen Teen, and Chng, C.K. (2000), "Corporate Governance Practices and Disclosures in Singapore," OECD/World Bank 2nd Asian Roundtable on Corporate Governance, Conference paper.

コロナ後のアジア金融資本市場

令和5年3月31日

定価（本体2,500円＋税）

編集兼　発行者　公益財団法人　日本証券経済研究所
東京都中央区日本橋2－11－2
（太陽生命日本橋ビル12階）　〒103-0027
電話　03（6225）2326代表
URL　http://www.jsri.or.jp/
印刷所　奥　村　印　刷　株　式　会　社
東京都北区栄町1－1　〒114-0005

ISBN978-4-89032-061-5　C3033　¥2500E